からだで感じるモラリティ
情念の教育思想史

菱刈晃夫

成文堂

まえがき

本書は，拙著『近代教育思想の源流―スピリチュアリティと教育―』（成文堂，2005年）に続く論考を，一冊にしたものである。

　前著で，わたしはスピリチュアリティすなわち霊性を，ひとまず「聖なるもの」を感得する心の働き，と捉えた。それは，わたしたちの実存に究極的な「意味」を与えてくれる働きである。「聖なるもの」とは，わたしたちの全人生―いまここに存在していること―を最終的に支えてくれる，いわくい難い「何か」のアクチュアルなクオリアである[1]。わたしたちがいまここに存在して「よい」（あるいは「よかった」）という基本的信頼感の起源でもある。近代教育思想のはるか源流にまで遡り，こうした究極の意味づけ（永遠の価値）によって教育論を展開した人々の軌跡の一部を，このなかで辿っ

1）　前著の後書でも述べたように，結局これは「分かる」という仕方では「分からない」。オットー（Rudolf Otto, 1869-1937）のいう「語りえぬもの」であり，概念的把握を寄せつけない，といっても過言ではない。R. オットー『聖なるもの』（久松英二訳，岩波文庫，2010年），18頁参照。これを定義することは不可能である。しかし「できるのは，ただそれについて論ずることのみ。聞き手がそれを理解するのに助けとなる方法はただ一つ，論ずることをとおして，聞き手を自分自身の心的境地に達するよう導くことである。そうすれば聞き手の内部でその範疇がおのずから胎動し，発現し，意識されるに違いない。この方法を効果的に遂行するには，すでによく知られ慣れ親しまれているほかの心情領域で経験される，これと類似したもの，あるいは逆に特徴的に対をなすものを提示した上で，つぎのように言い添えればよい。『われわれのXはこれではないが，これに似ている。しかし，あれとは正反対である。さて，それがなにであるか，君にはおのずとわかるのではないか』。言いかえるならば，われわれのXは，厳密に言うと，教示することができず，ただ刺激され，目覚めさせられるものでしかないということだ。『霊から』来るものは，みなそうなのである」（22頁）。スピリチュアリティも教示はできないが，しかし，刺激し目覚めさせることはできるであろう。その方法についても本書では模索してみた。スピリチュアリティのさらに詳しい考察については，差し当たり，湯浅康雄監修『スピリチュアリティの現在―宗教・倫理・心理の観点―』（人文書院，2003年）など，とくに123頁以降参照。クオリアについては，本書228頁以下参照。

た。ただし，『ルターとメランヒトンの教育思想研究序説』（溪水社，2001年）に続く研究成果であったため，おのずとキリスト教のスピリチュアリティと信仰に基づく思想家を多く取り上げることになったが，最後にスピリチュアリティに根ざす教育（方法）学的探究を課題としてあげておいた。その成果の一部が，本書では収められている。

ところで，現代社会に生きるわたしたちの多くは，ますます自己存在の無意味感もしくは不安に苛まれつつある[2]。こんなことをしていったい何になるのか。みんなやりたいように勝手にやればいいではないか。そもそも生きて存在すること自体に何か意味などあるのか。わたしたちの人生すべてを究極のところで支えてくれる「何か」が感じられない。すると，道徳や教育も，この行為そのものを原理的に駆動させる意味を失うと同時に，その目的も見失われてしまう。結果として，世俗化が進行した後の世界，はたしてヴェーバー（Max Weber, 1864-1920）の予言どおりなのだろうか。

> こうした文化発展の最後に現われる「末人たち」》letzte Menschen《にとっては，次の言葉が真理となるのではなかろうか。「精神のない専門人（Fachmenschen ohne Geist），心情のない享楽人（Genußmenschen ohne Herz）。この無のものは，人間性のかつて達したことのない段階にまですでに登りつめた，と自惚れるだろう」と[3]。

現代社会において道徳や教育が原理的に拠り立つ意味とは，何か。さらに，その目的とは。これが，本書のメイン・テーマである。

もしかすると，人間存在（ヒューマン・ビーイング）にはとくに意味や目的はないのかもしれない。人間や他の生物を含めた世界全体は，ただ物体（モノ）としてあるのみで，それ自身の生成変化を繰り返しているだけかもしれない。すると，この儚い人間が求

---

2) 詳しくは，宮野安治・山﨑洋子・菱刈晃夫『講義 教育原論―人間・歴史・道徳―』（成文堂，2011年）所収，第Ⅲ部第11講「変容する近代社会と道徳」を参照。

3) M. ヴェーバー『プロテスタンティズムの倫理と資本主義の精神』（大塚久雄訳，岩波文庫，1989年），366頁。（ ）内引用者，原著より。Weber, Max. *Die protestantische Ethik und der Geist des Kapitalismus*, Köln : Anaconda, 2009/1920, S.165.

めるべきは，せいぜい自分の情念のままに動物らしく楽しむことだけ（快楽の追求）でよいではないか。こうした囁きも，しばしば聞こえてくる。

　世の中には，とりわけ人生の意味や目的など考えることなく，自明のままに生きられる人々も多い。そのほうが幸せかもしれない。が，道徳や教育の問題と少しは根本的に向き合おうとするわたしたちにとって，この問いは避けて通れない。たとえ，これが謎に満ちた人間にとっては大きすぎる問いであるにせよ，この問いと対峙するなかでしか，道徳と教育の原理が拠り立つ意味や目的は見出されないであろう。そして，最終的には道徳と教育のみならず，わたしたち人間そのものが存在することの希望も見出されないであろう。

　こうした問題意識に基づき，本書では道徳と教育の拠り所と方法をめぐって，とりわけ人間の情念とどう向き合うかをめぐって，さまざまな角度からの論考が集められている。折に触れて書かれたものを集めているので統一がとれているとは決していい難いが[4]，しかし，一貫して求めるところはただひとつ。現代に生きるわたしたちの道徳と教育のもつ意味や目的であり，そして希望である。

4）　とくにメランヒトンに関する，より専門的な論考は，目下準備中の別著に譲る。

目　　次

まえがき ……………………………………………………………… i

第1章　からだで感じるモラリティに向けて ……………… 1
　　1節　感情と道徳 …………………………………………… 2
　　2節　脳科学から見た感情と道徳 ………………………… 9
　　3節　生存と感情 …………………………………………… 13

第2章　情念と教育 …………………………………………… 24
　　1節　古代ギリシアにおける情念と教育 ………………… 26
　　2節　ルターとエラスムスの場合 ………………………… 31
　　3節　メランヒトンからトマジウスへ …………………… 40

第3章　道徳の基礎としての自然法 ………………………… 48
　　1節　メランヒトンにおける自然法 ……………………… 51
　　2節　メランヒトンにおける十戒の要点 ………………… 57
　　3節　メランヒトンの学習改革 …………………………… 62

第4章　リベラル・アーツと道徳 …………………………… 68
　　1節　リベラル・アーツの源流 …………………………… 69
　　2節　修道院と大学におけるリベラル・アーツ ………… 77
　　3節　初期ドイツ啓蒙主義における学習改革と
　　　　　リベラル・アーツ …………………………………… 89

第5章　快楽と道徳 …………………………………………… 103
　　1節　エピクロスの快楽説 ………………………………… 104

2節　キリスト教から見たエピクロス ……………………………… 108
3節　サドから見た快楽と道徳 ……………………………………… 109

第6章　欲動と道徳　114

1節　フロイトにおける人間の本質と道徳観 …………………… 115
2節　カントにおける悪の起源と人類の発展 …………………… 119
3節　フランクルにおける3つの価値 …………………………… 123

第7章　生きる希望としてのオプティミズム　134

1節　オプティミズムと悪 ………………………………………… 135
2節　悪とは ………………………………………………………… 139
3節　オプティミズム論争 ………………………………………… 141

第8章　徳と悪徳　148

1節　プラトンとアリストテレスにおける徳と悪徳 …………… 148
2節　ホッブズとスピノザにおける徳と悪徳 …………………… 158
3節　ドルバックとルソーにおける徳と悪徳 …………………… 170

第9章　情動知能の育みと道徳教育　178

1節　欲望と意志―ショーペンハウアー，ニーチェ，
　　　サドの視点から― …………………………………………… 180
2節　情動知能（エモーショナル・インテリジェンス）を
　　　めぐって ……………………………………………………… 188
3節　道徳教育につながるEIの育み―ペスタロッチを
　　　手がかりに― ………………………………………………… 197

第10章　センス・オブ・ワンダーを育む特別活動　203

1節　「生きる力」とセンス ………………………………………… 205
2節　センスをなくした子どもと今後の特別活動 ……………… 210

3節　センス・オブ・ワンダーを育む実践 ……………………………… *217*

第11章　センス・オブ・ワンダーを育む道徳教育に向けて
　　　　　…………………………………………………………………… *225*

　　1節　センス・オブ・ワンダーの所在としてのからだと心
　　　　　―受動意識について― ……………………………………… *228*
　　2節　社会生物学から見た道徳性 ………………………………… *231*
　　3節　脳のなかの道徳 ……………………………………………… *239*

第12章　道徳と教育の未来 ………………………………………… *248*

　　1節　「わらの犬」としての人間 …………………………………… *249*
　　2節　自然へのセンス・オブ・ワンダー ………………………… *251*
　　3節　それでも希望を求めて ……………………………………… *252*

あとがき ……………………………………………………………………… *255*
　初出一覧 ………………………………………………………………… *257*
　索　　引 ………………………………………………………………… *259*

第1章
からだで感じるモラリティに向けて

　本章では，まず人間を自然の一員（生物・動物）と見なし，そこにモラリティがどのように位置づくのか，脳科学からの知見を手がかりに確認してみたい。

　他人にも自分にも優しく（humanely）なれるのは理屈ではない[1]。ヒューメインであることはすでに行為であり，そこには身体が先立っている。反対に，他人にも自分にも攻撃的な場合，すでにそのように駆り立てるからだが先にある。身体(からだ)こそ，自然を求める不自然な人間に残された最後のネイチャーである。からだ・自然は，意識や言葉に先立ってすでに存在し，常に生成の渦中にある。ゆえに，わたしたちは human being であり，この be-ing は絶えず生死を含めた生成の只中にあって，運動し続けている。からだ(コルプス)は，ひとつの物体であり，物質である。その一部が脳であり，脳は心を生み出す臓器である[2]。

---

[1]　いわば倫理的道徳的行為は理屈ではなく実行であるが，「然るに今日の倫理の教え方は議論に流れ去っている」と嘆いたのは，すでに新渡戸稲造であった。『新渡戸稲造論集』（鈴木範久編，岩波文庫，2007年），11頁以下参照。青年の心を養うのに，理屈をこねたり説得したりするよりも，まずは感じること，悟ること，そして実行することの重要性を説いている。新渡戸には今日でも道徳教育の理論と実践に関する有益な示唆が溢れている。『修養』（たちばな出版，2002年），『武士道』（矢内原忠雄訳，岩波文庫，2007年），『随想録』（たちばな出版，2002年）などを参照。詳しい考察は別の機会に譲る。あわせて，岡潔『情緒の教育』（燈影舎，2001年）も参照。

[2]　たとえば，茂木健一郎『クオリア入門―心が脳を感じるとき―』（ちくま学芸文庫，2006年）参照。

1節　感情と道徳

　脳科学や心理学，さらにロボット工学といった領域においても，最近では「感情」(sentiment, feeling)，「情動」(emotion)，「情念」(passion) などが，注目を集めている[3]。人間という生物が，ある道徳的・倫理的選択を，意識的にも無意識的にも繰り返しながら生き延びていく上で，ロゴスだけではなく，これを下支えする感情に，関心が集まっている。その重要性をいち早く訴えた思想について，先に瞥見しておきたい。派生して，今日の道徳教育の課題についても触れよう。

　エヴァンズが指摘しているように，西洋では啓蒙時代の哲学者たち，デイヴィッド・ヒューム (David Hume, 1711-1776)，アダム・スミス (Adam Smith, 1723-1790)，トマス・リード (Thomas Reid, 1710-1796) らが，情動に魅せられていた[4]。ルソー (Jean-Jacques Rousseau, 1712-1778)，カント (Immanuel Kant, 1724-1804)，ショーペンハウアー (Arthur Schopenhauer, 1788-1860) もまた，これには無関心ではいられず，サド (Marquis de Sade, 1740-1814) やフーリエ (Francois Marie Charles Fourier, 1772-1837) に至っては，高らかな情念讃美を見出すことができる[5]。が，彼らはほんの一部であり，

---

[3] 情動，感情，情念など，こうした言葉の定義については，差し当たり，福田正治『感情を知る―感情学入門―』(ナカニシヤ出版，2003年)，同『感じる情動・学ぶ感情―感情学序説―』(ナカニシヤ出版，2006年)。R. R. コーネリアス『感情の科学―心理学は感情をどこまで理解できたか―』(齋藤勇監訳，誠信書房，1999年)，濱治世ほか『感情心理学への招待―感情・情緒へのアプローチ―』(サイエンス社，2001年)，畑山俊輝編『感情心理学パースペクティブズ―感情の豊かな世界―』(北大路書房，2005年)，大平英樹編『感情心理学・入門』(有斐閣，2010年) などを参照。教育学でこの点に注目したものとしては唯一，坂元忠芳『情動と感情の教育学』(大月書店，2000年) がある。

[4] D. エヴァンズ『感情 A Very Short Introduction EMOTION』(遠藤利彦訳，岩波書店，2005年)，v 以下参照。

[5] J. ビーチャー『シャルル・フーリエ伝―幻視者とその世界―』(福島知己訳，作品社，2001年)，196頁以下参照。P. アザール『十八世紀ヨーロッパ思想―モンテスキューからレッシングへ―』(小笠原弘親ほか訳，行人社，1987年) や石井洋二郎『フランス的思考―野生の思考者たちの系譜―』(中公新書，2010年) も参照。

「情意」(affection) やパッションを問題にした思想家は，次章で見る古代ギリシア以来[6]，キリスト者に至ってはアウグスティヌス (Aurelius Augustinus, 354-430) やルター (Martin Luther, 1483-1546)，それにメランヒトン (Philipp Melanchthon, 1497-1560) など，枚挙に暇がないほどである。

メランヒトンは，『ロキ（神学要覧）』(*Loci commumes rerum theologicarum*, 1521) で，人間が生来自然にもつ情念の意向，すなわち情意(アフェクトゥス)について，次のような興味深い記述を残している。

自己愛は人間の自然本性の最初の情意であり，また最終の情意でもある[7]。

経験は情意が自由をもたないことを教える[8]。

内的な情意はわたしたちの意のままにはならない。わたしたちは経験と習慣によって，意志が自ら自発的に愛や憎しみ，あるいはこれと同様の情意を取り除くことができないことを学んでいるが，情意は情意によって克服される[9]。

自由意志とのかかわりのなかで情意について述べられた箇所であるが[10]，キリスト教ではこれを「罪」(peccatum) の問題と関連させるものの，メランヒトンがルター神学を踏まえて，人間の動物としての「どうしようもなさ(けもの)」を，深く自覚していたことが窺われよう。換言するに，ある種の情意や情念に対抗するには，そのアフェクトゥスよりさらに強力なアフェクトゥスもしくはパッションをもってするしか方法がない，との素朴な経験をいいあらわ

---

6) 廣川洋一『古代感情論―プラトンからストア派まで―』（岩波書店，2000年）参照。

7) 『宗教改革著作集4―ルターとその周辺II―』（教文館，2003年），191頁。*Melanchthos Werke in Auswahl*, II. Bd. 1. Teil, Gütersloh : Gütersloher Verlagshaus Gerd Mohn, 1978, S. 33. ただし原典に応じて改訳した。以下同様。

8) 同前書，212頁。*Ibid*., S. 54.

9) 同前書，185頁。*Ibid*., S. 27.

10) 拙著『ルターとメランヒトンの教育思想研究序説』（溪水社，2001年），143頁以降参照。

している。これは現代のわたしたちにも，容易に直観されるのではなかろうか[11]。加えて，ヒュームの言葉をも想起させる。

> 理性は情念の奴隷であり，またそれだけのものであるべきであって，理性は情念に仕え，従う以外になんらかの役目をあえて望むことはけっしてできないのである。（中略）
> いったい，情念は原初的な存在である（A passion is an original existence.）。あるいはそう呼びたければ存在の原初的な変容である。つまり，情念は，これをなにかほかの存在，あるいは変容の写しとするような再現的性質をなにも含んではいない[12]。

理性（reason）は情念（passion）の奴隷（slave）である，とはヒューム自身がコメントするように確かに衝撃的な表現ではあるが，メランヒトンと同様，かといって理性が完全に無力であるというわけではない。ただ，リーズンはパッションのスレイヴ，パッションこそが人間という生き物にとってオリジナルなものであるとのいい回しは，自然はパッションを，いい換えればエモーションを動力原理（まさにê-motion）[13]としていることを，単純に示しているといえよう。

　では，感情なり情動が，なぜ道徳の源泉となりうるのであろうか。それは，すでに記したように，理屈ではなく行為であるからである。思わず知らず優しくせざるをえないからである。気がつけば，先にからだが動いてしまっているからである。このような「からだで感じるモラリティ」については，すでに『孟子』のなかで語られている。

---

[11]　「たとえ善き認識が忠告しても，意志は善き認識を拒み，情意によってこれを誘惑する」。『宗教改革著作集4』，182頁。*Ibid.*, S. 23.「分かってはいるが止められない」という日常の事態である。

[12]　D. ヒューム『人性論』（土岐邦夫・小西嘉四郎訳，中公クラシックス，2010年），179頁。Hume, David. *A Treatise of Human Nature*, London : Penguin Classics, 1985/1739/40, p. 462.

[13]　F. ジュリアン『道徳を基礎づける―孟子VS. カント，ルソー，ニーチェ―』（中島隆博・志野好伸訳，講談社現代新書，2002年），59頁参照。

本性が自然のままに発露すれば，人間は誰でも必ず善をなすはずである。これがわたしのいう「人の本性はみな善だ」という説なのだ。ところが，人間はたしかに善くないことを行うことがあるが，それは素質の罪（所為(せい)）ではなくて，外物に誘われた一時の過ちにすぎない。なぜならば，人間なら惻隠(そくいん)の心すなわち他人の不幸をあわれみいたむ同情心を誰でもみな持っている。羞悪(しゅうお)の心すなわち悪を恥じにくむ正義感は誰でもみな持っている。恭敬の心すなわち長者(めうえ)をつつしみ敬う尊敬心は誰でもみな持っている。是非の心すなわち善悪(よしあし)を見わける判断力は誰でもみな持っている。この惻隠の心は仁の徳の発露(あらわれ)であり，羞悪の心は義の徳の発露であり，恭敬の心は礼の徳の発露であり，是非の心は智の徳の発露である。されば，この仁義礼智の四つの徳は，自分の心を外から鍍金(めっき)して飾りたてたもの（いわゆる付け焼刃(やきば)）ではなく，もともと自分の心に持っているものである。ただ，人々はボンヤリしていて自覚しないだけのことだ[14]。

　仁義礼智という四元徳。とりわけ「惻隠の心」は，他人の不幸を憐れみいたむ「同情心」，つまり「仁」そして愛，すなわち仁愛に起源している。これを『孟子』では，人間が自然本性として生まれつきからだに得た徳に由来するとしたのである（四端）。まさしく「徳は得なり身に得るなり」である。すると，道徳教育との関連でいえば，今日のわたしたちも自分たちや子どもたちに本来宿っているはずの仁や愛，同情心，惻隠の心を目覚めさせるように努力しさえすればよいということになる。他人のからだ全体で表出される「情」を，おのれの「情」と同じくする同情に，優しさや愛の根源を『孟子』では見出していることが明らかである。ここに，人間としてのモラリティの起源は，からだで感じる同情という情動・感情に求められる。

　同様のことを，ヒュームやスミスもまた語っている。その名も『道徳感情論』(*The Theory of Moral Sentiments*, 1759) の著者として知られるスミスは，同情を「共感」(sympathy) と呼んでいる。まずはヒュームに触れておこう。『人性論』(*A Treatise of Human Nature*, 1739-40) では，こう記されて

14）『孟子（下）』（小林勝人訳注，岩波文庫，1972年），234-235頁。

いる。

　およそ人性の性質のうちで，それ自身にも又その結果に於ても最も顕著な性質といえば，他人に共感する向癖，すなわち他人の心的傾向や心持が我々自身のそれといかほどに異なっていても，いや反対であっても，それら他人の心的傾向や心持を交感伝達によって受取る向癖，これに勝るものはない。これは，自分に提出されるすべての意見を暗黙裡に奉じてしまう児童に於て歴然としているだけではない。判断力と知性とを最も多く具えた人々にあってすら同様であって，それらの人々も，友人や日々の伴侶の理知や心的傾向に対立してまで自己の理知や傾性に随うことは甚だ困難であると見出すのである[15]。

　人間本性(ヒューマン・ネイチャー)には，他人の感情をさまざまな交感伝達(コミュニケーション)を通じて感受するセンサーとしての共感(シンパシー)が，生来的に具わっているとの記述である。これは子どもにとってとくに大きく作用するが，立派な大人にも依然としてあるという。では，なぜか。

　およそ，一切の人間のあいだには大きな類似が自然に保存されている。〔更に詳しく言えば，〕他人のうちに認められるいかなる情緒ないし原理にせよ，我々自身のうちに何らかの程度で同類を見出すことができないようなものは，決してない。これは分明である。また，この点は身体の仕組みも心のそれも同じである。〔それらに於ては，〕部分や大きさがどれほど異なっていようと，構造や構成は概して同じである。あらゆる多様の真只中に甚だ顕著な類似が保存されている。そしてこの類似は，我々をして他人の心持のうちに入らせ，これを〔自己の心持として〕軽易に且つ快感を以て抱かせる上に〔換言すれば他人の心持に共感させる上に〕，頗る多く貢献するに相違ない[16]。

---

15) D. ヒューム『人性論（3）』（大槻春彦訳，岩波文庫，1951年），69頁。*Ibid*., p. 367.
16) 同前書，71頁。*Ibid*., p. 368.

身体にせよ心にせよ，同じ人類であればその仕組みは，みな同じである。わたしたちは互いに似たもの同士である。よって，他人の感情や情念は，共感を通じて容易にわたしの心に注入されることになる。また逆に，わたしが他人の感情や情念といった心の状態に入り込むこともできる。こうした類似(リゼンブランス)とシンパシーによって作動させられる感情や情念に，モラリティが起源しているとするのが，ヒュームである。というのも，先にも述べたように，パッションこそが人間にとっては根源的なものであり，これこそが人を行動に駆り立てる原理となるからである。すると，やはり今日の道徳教育との関連でいえば，たとえばいじめによって悲しみ苦しむ他人の心の状態に共感できるセンスをいかに磨いていくかが大きな課題となるであろう。

次に，スミスに触れておこう。『道徳感情論』の「同感(シンパシー)」についての冒頭。

人間がどんなに利己的なものと想定されうるにしても，あきらかにかれの本性のなかには，いくつかの原理があって，それらは，かれに他の人びとの運不運に関心をもたせ，かれらの幸福を，それを見るという快楽のほかにはなにも，かれはそれからひきださないのに，かれにとって必要なものとするのである。この種類に属するのは，哀れみまたは同情(ピティー)(コンパッション)であって，それはわれわれが他の人びとの悲惨を見たり，たいへんいきいきと心にえがかせられたりするときに，それに対して感じる情動(エモーション)である。われわれがしばしば，他の人びとの悲しみから，悲しみをひきだすということは，それを証明するのになにも例をあげる必要がないほど，明白である。すなわち，この感情は，人間本性の他のすべての基本情念と同様に，けっして有徳で人道的な人にかぎられているのではなく，ただそういう人びとは，おそらく，もっともするどい感受性をもって，それを感じるであろう。最大の悪人，社会の諸法のもっとも無情な侵犯者でさえも，まったくそれをもたないことはない[17]）。

---

17) A. スミス『道徳感情論（上）』（水田洋訳，岩波文庫，2003年），23-24頁。Smith, Adam. *The Theory of Moral Sentiments*, New York : Prometheus Books, 2000/1759, p. 3.

人間本性には，利己心もしくは自己愛を超えて他人の心情に深く共感し，とくにその悲しみの情を同じくする共苦（com-passion）のエモーションが自明のものとして具わっている，とスミスはいう。それをかき立てるのは，想像力(イマジネーション)である。

> 想像力によってわれわれは，われわれ自身をかれの境遇におくのであり，われわれは，自分たちがかれとまったく同じ責苦をしのんでいるのを心にえがくのであり，われわれはいわばかれの身体にはいりこみ，ある程度かれになって，そこから，かれの諸感動についてのある観念を形成する（中略）[18]。

もしわたしが彼の立場なら，もしわたしが彼女の境遇(シチュエーション)に置かれていたなら，というように，わたしたちはみずからのイマジネーションをフルに駆使して他人の身体に入り込み，とくに感受性豊かでセンスに優れた人であれば，その人自身になりきることさえできるのである。まるで名役者が，その人物になりきるかのように。すると，やはりヒュームと同様に，ここに道徳の起源が求められることになる。道徳教育との関連でいえば，自分を他人の身体に入り込ませる想像力，つまり他人の境遇に自分をリアルに置くことのできる想像力を育むことが，道徳教育の課題であるといえるだろう。

以上ごく簡単に，からだで感じる情の重要性と，これに根ざす道徳について語る思想を確認した。彼らによれば，感情と道徳とは深く結びついている。

道徳教育の課題としても，3つのことがあげられた。①惻隠の心（仁愛）の覚醒，②同情や共感というセンスの育成，③想像力の育成である。これらについては，後の第9-11章で扱いたい。

では，近頃の脳科学において感情や情動と道徳とのかかわりは，どう見られているであろうか。次節では，神経学者・ダマシオ（Antonio R. Damasio, 1944- ）の説を中心に見てみよう。

---

[18] 同前書，25頁。*Ibid*., p. 4.

2節　脳科学から見た感情と道徳

　他人の痛みや苦しみに共感するからだ，そして心。ダマシオは，（脳科学者としてはめずらしく）心とからだとを，ひとつの有機体として捉える。ここで脳は身体の「獄中の聴衆」（captive audience：いやでも話を聞かされる聴衆）として位置づけられる。脳を，さらに心をキャプチャーしているものこそ，からだに根ざす感情であり，情動である。よって，意志も理性も知性も，じつはすべてがこのからだに起源する感情や情動をベースとしていることになる。すると，道徳も当然のことながら，このからだに根ざすということになる。

　しかもダマシオのユニークなところは，こうした感情を理性と必ずしも対立するものとは見なさない点にある。つまり，感情や情動と理性や知性は，協働関係にあるという。

> 理性は，われわれのほとんどが考えているほど，あるいはそう願うほど，純粋ではないのかもしれない。情動と感情はけっして理性という砦への侵入者ではないかもしれない。情動と感情は，よかれ悪しかれ，理性のネットワークに絡んでいるのかもしれない[19]。

率直にわが身を振り返ってみさえすればだれしも納得のいくことかと思われるが，「感情が最善の状態にあるとき，感情はわれわれをしかるべき方向に向け，論理という道具を十分に活用できる意志決定空間の中の適切な場所へとわれわれを導く」[20]のを経験したことのない人間はいないであろう。からだがベストとはいわずとも多少なりに良好なコンディションにあるとき，人はだれしも思わず知らず微笑みを浮かべ，快活に行動したくならないであろうか。このとき，合理性も最高の形で発揮される。その逆もまた然り。から

---

[19]　A. R. ダマシオ『デカルトの誤り—情動，理性，人間の脳—』（田中三彦訳，ちくま学芸文庫，2010年），21頁。
[20]　同前書，22頁。

だが，そして感情や情動が概ね優れない状態にあるとき，つまり不機嫌なとき，わたしたちは往々にして理性を失い，悪い意味で感情的に振る舞いがちである。これも経験より自明であろう。要するに，「情動と感情のプロセスのある種の側面は合理性にとって不可欠」[21]なのである。SF「スタートレック」に登場するようなミスター・スポックやデータのような人間は，ふだんわたしたちの周りにはめったに存在していない[22]。

　　感情は，人類が何千年ものあいだ，精神とか魂と呼んできたものに対する基盤を形づくっているのだ[23]。

すでにヒュームが喝破した通り，理性は感情の奴隷である。からだに根ざす感情を離れて理性が作動することなどありえず，また感情に起源しない道徳などというものもフィクションである。そこで，ダマシオは心の基盤を次のように捉えている。

(1) 人間の脳と身体は分かつことのできない一個の有機体を構成し，それは，相互に作用し合う生物化学的調節回路と神経的な調節回路（内分泌，免疫，自律神経要素を含む）によって統合されている。
(2) この有機体は，一個の総体として環境と相互作用している。それは身体だけの相互作用でもないし，脳だけの相互作用でもない。
(3) われわれが心と呼んでいる生理学的作用は，その構造的・機能的総体に由来するものであり，脳のみに由来するものではない。心的現象は，環境の中で相互作用している有機体という文脈においてのみ，完全に理解可能になる[24]。

このように，脳と身体，心とからだ，さらに環境とを総合的に捉えるところにダマシオの大きな特徴がある。そのベースは，あくまでもからだ全体とい

---

21) 同前。
22) エヴァンズ前掲書，28頁以降参照。ただし，2009年日本公開の映画「スタートレック」では，論理よりも感情に従え，とスポックはいうようになるが。
23) ダマシオ前掲書，27頁。
24) 同前書，28頁。

うひとつの有機体である。しかも「生ける有機体はつぎつぎと『状態』を帯びながら，絶え間なく変化している」[25]。この刻々の変化のなかで，わたしたちはモラリティを無自覚に作動させているといえよう。

すると，人間にとって徳もしくは美徳とは，いったい何のためにあるのだろうか。ダマシオは，こう述べる。

> 人間の社会には社会的慣習，倫理的規則がある。それらは有機体がすでに備えている慣習や規則の上に積み上げられている。それらの付加的な調整層は，急速に変化していく複雑な環境に本能的行動が柔軟に適応できるように，また前もってセットされている一連の生得的反応では即刻あるいは最終的に逆効果になってしまうような環境の中でのその固体とほかの個体（とくに両者が同じ種に属している場合）の生存を保証するように，本能的行動を方向づける[26]。

つまり，わたしたちの生存のために慣習，倫理，規則，道徳といったものが必要不可欠だということである。さもなくば，この変化に富む現代社会のなかで，人々の行動や判断は逐一混乱をきたし，ひいては各自の生存すらおぼつかないという事態に陥りかねない。

> 倫理的規則と社会的慣習は，その目標がどんなに高尚でも，そのほとんどはより単純な目標と，そして欲求や本能と，意味をもって結びついているように思う。なぜそうでなければならないのか。なぜなら，純化された社会的目標を達成したりしなかったりという結果が，間接的ではあれ，生存に，そしてその生存の質に影響するからだ[27]。

わたしたち人間のまずは生存(ホメオスタシス)と，その質の保証のためにモラリティは必然的に作動せざるをえない。これは，わたしたちの感情，そしてからだに根ざしているのである。そこでダマシオは，理想とする人間像を次のように示

---

[25] 同前書，147頁。
[26] 同前書，201頁。
[27] 同前書，202頁。

す。

　私が描いている人間像は，自動的な生存機構をもって生まれ，教育と文化的適応によって社会的に許容される好ましい一連の意思決定戦略が付加され，今度はその戦略が生存を強化し，生存の質を著しく改善し，〈人格〉形成の基盤となっている，そんな有機体像である[28]。

　自動的な生存機構。それはすでにからだのなかに組み込まれており，情動や感情がその根源で作動している。次に，わたしたち人間は教育と文化とを発達させた。それはもちろん，わたしたちを含む地球環境全体の生存の質を改善するように作用していかなければならない。こうしたことを試みようとする〈人格〉としての教育者，もしくは教育組織や制度やカリキュラムが，いま求められているといえよう。

　しかるに，昨今話題のいじめと呼ばれる現象は，生物としての人間の本能的行動が硬化したまま表出されたものであり，かえってわたしたちの生存を危うくさせ，ひいてはその質を著しく低下させ，踏みにじるものであるといえよう。まさに「前もってセットされている一連の生得的反応」がいじめとして表面化するのだが，これががん細胞のように，かえってわたしたちの生存に対して逆作用を及ぼし始めている。問題は，ダマシオのいうような教育がうまく浸透していかないところにあろう。

　いじめも道徳も，ともに同一のからだに根ざしている。ゆえに，いじめと無関係な人間はいない。道徳についても然り。いじめは情動や感情によって駆動され，他方で道徳の根源にも情動と感情がある。この情動や感情，さらに西洋思想史では長らく情念と呼びならわされてきたものとは，教育においても，じつにやっかいな「自己自身」である。それは，実際に行動しているときにはなかなか対象化しえない，他ならぬわたし自身の無意識のからだそのものだから。

　しかし，「自然は合理性の装置を生体調節装置の上に組み立てただけでな

---

[28]　同前書，203頁。

く，〈そこから〉，そして〈それを使って〉組み立てたのだ」[29]。もはや，心とからだとを切り離して，肉体だけを悪者にする時代ではない。そこで次に，いましばらく生存と，情動や感情や情念との関連について，西洋思想史の断片を振り返っておくとしよう。

3節　生存と感情

　ダマシオは『感じる脳―情動と感情の脳科学・よみがえるスピノザ―』で，先の自然のメカニズムを思想として明確に表現し，現代の脳科学からしても先駆的とされる哲学者・スピノザ（Baruch de Spinoza, 1632-1677）を賞賛している[30]。

　自然は，単なる生存という恩恵に満足せず，どうやらすばらしい後知恵も使ったようだ。じつは，生得的な生命調整装置は生と死の中間的な状態を目標とはしていない。そうではなく，ホメオスタシスの努力の目標は中間よりも優れた命の状態を，つまり，思考する豊かな生き物であるわれわれ人間が「健康でしかも〈幸福〉である」とみなす状態へと導くことだ[31]。

幸福こそが，人間にとっての生存とその努力のすべてをかけた最終目標であ

---

29) 同前書，205頁。同じく脳科学者 M. S. ガザニガ『脳のなかの倫理―脳倫理学序説―』（梶山あゆみ訳，紀伊國屋書店，2006年）参照。同『人間らしさとは何か？―人間のユニークさを明かす科学の最前線―』（柴田裕之訳，インターシフト，2010年）には，「私たちの人生は，意識ある合理的な心と，脳の無意識の情動系との闘いに費やされると言っても過言ではない」（226頁）と述べられている。下條信輔『サブリミナル・インパクト―情動と潜在認知の現代―』（ちくま新書，2008年）も参照。
30) 反対にデカルトについては，これを前掲『デカルトの誤り』として批判している。「我思う，ゆえに我在り」（Je pense donc je suis. Cogito ergo sum.）に対する批判である。要するに，存在は思考に先立つということ，はじめにからだありき，とするのがダマシオ。「われわれは存在し，それから考え，ひとえに，存在するゆえに考える。思考は存在の構造と作用によって引き起こされるのだ」（375頁）。身体と心とを峻別して考える点について，これをデカルトの誤りとしている。
31) A. R. ダマシオ『感じる脳―情動と感情の脳科学・よみがえるスピノザ―』（田中三彦訳，ダイヤモンド社，2005年），60頁。

る[32]。「ホメオスタシスの全プロセスは，われわれの体一つひとつの細胞の中で，刻一刻，命を調整している」[33]が，これは「ポジティブに調整された命の状態を実現しようという連続的な試み」[34]に他ならない。この試みこそ，スピノザのいう〈コナトゥス（conatus）＝自身を保存しようとする執拗な努力〉である。『エチカ』から抜き出してみよう[35]。

定理6　どのようなものでも，それ自身の主体のうちにとどまるかぎり，自己の存在に固執しようと努力する。

定理7　いかなるものでも自己の存在（エンス）に固執しようとする努力は，もの本来の生きた本質にほかならない。

定理8　あらゆるものが自己の存在に固執しようとする努力は，かぎられた時間ではなく，無際限の時間をふくんでいる。

わたしたち人間もひとつの存在として，だれひとりとして例外なく，おのれに固執しつつ努力しているが，このコナトゥスは，悲しみと喜びと欲望という3つの感情（アフェクトゥス）によって構成されているという。スピノザは「感情とは，身体そのものの活動力を増大させたり，あるいは促したりまた抑えたりするような身体の変様であると同時に，そのような変様の観念であると，私は理解する」（Per affectum intelligo corporis affectiones, quibus ipsius corporis agenda potntia augetur vel minuitur, juvatur vel coercetur, et simul harum affectionum ideas.）[36]と述べる。わたしたちが生きものとして生得的に所有するポテンシャリティを大きくしたり小さくしたりするものが，アフェクシ

---

32) 教育との関連では，N. ノディングズ『幸せのための教育』（山﨑洋子・菱刈晃夫監訳，知泉書館，2008年）参照。
33) ダマシオ前掲『感じる脳』，60頁。
34) 同前書，61頁。
35) 下村寅太郎編『世界の名著 30　スピノザ／ライプニッツ』（中央公論社，1980年），195-196頁。Baruch de Spinoza, *Ethik in geometrischer Ordnung dargestellt Lateinisch-Deutsch*, Hamburg: Felix Meiner Verlag, 1999, S. 238-241.
36) 同前書，186頁。*Ibid.*, S. 222-223.

3節　生存と感情　　15

ョンである。これは自然に組み入れられたメカニズムであり，善というわけでも悪というわけでもなく，ただの自然のままの機能である。「自然のうちに起こるもので，自然自体の欠陥のために生ずるようなものはありえない。なぜならば，自然は，常に同じ自然であり，また自然の力とその活動する力は，いかなるところでも同一」[37]である。ゆえに「憎しみ，怒り，妬みなどの感情も，それ自体で考察されるならば，感情以外の他の個物の場合と同じく，自然の必然性と力から生ずるのである」[38]から。先にも触れたように，いじめでさえも，わたしたちの内に例外なく具わる「自然の必然性と力」(naturae necessitate et virtute) に基因している。そこで，ダマシオはスピノザのコナトゥスを現代生物学的に，こう換言している。

　それは，ひとたび内的あるいは外的状況により活性化されるや，生存と幸福の双方を求めようとする〈脳回路中に書き留められている一連の傾性〉である[39]。

代謝調節，基本的反射，免疫反応を基盤として，その上にゾウリムシのような単細胞生物にも具わる快と不快の接近・回避行動，さらに動因と動機が加わり，情動と感情へと分化した生き物としての人間[40]。最終的に「理性はわれわれに道を示し，感情はわれわれにしかるべき決断をもたらす」[41]。「『理性』という言葉は，明白な論理的推論を意味するのではなく，いま情動を示している有機体の利益になるような行動または結果を連想することを意味している」[42]。そして，「それらはみな同じ全体的目標―幸福を伴う生存―を目指している」[43]。ゆえに，道徳教育との関連でいえば，感情を伴った理性的判断，理性を伴った感情的決断を可能にするような方策が求められるといえ

---

37)　同前書，185頁。*Ibid*., S. 220-221.
38)　同前。*Ibid*.
39)　ダマシオ前掲『感じる脳』，62頁。
40)　同前書，63頁の図2-2を参照。
41)　同前書，355頁。
42)　同前書，198頁。
43)　同前書，63頁。

よう。ともに根本にあるのは，感情が根ざすからだである。

ところで，こうした感情や情念―パッション―の重要性を力強く訴えかけたのはスピノザに限らない。以下では，ルソー，サド，フーリエについてごく簡単にスケッチしておこう。まず，ルソーは『エミール』でこう記している。

> われわれの情念は，自己保存のための主要な道具である。それゆえ，情念を根絶しようと望むのは，むなしく，またばかげた企てである。それは自然を抑制することであり，神の作品を造り変えることである[44]。

が，ルソーは，情念をうまくコントロールすることが必要だし，またできると述べる。

> しかし，情念をもつことが人間の自然にかなっているからといって，われわれが自分のうちに感ずる，あるいは他人のうちに見る情念が，すべて自然であると結論しようとしたなら，それは正しく推論していることになろうか。情念の源は自然である。それは確かである。しかし無数の小さな流れがその源を大きくしてしまった。いまやそれはたえず水嵩を増してゆく大河であり，そこにわれわれはもとの水源から発した水を，ほんとの数滴も見いだすことができないだろう[45]。

ルソーは人間にとっての根源的情念を自己愛（l'amour de soi）であるとし，この自己愛を原理とした人間学を構築する。

> われわれの情念の源泉，その他のすべての情念の起原であり根源であるもの，人間とともに生まれ人間が生きているかぎりけっして人間から離れることのない唯一の情念は自己愛である。それは原始的・先天的なものであり，他のあらゆるものにさきだつ情念である。他のすべての情念は，ある意味においてその変形にすぎない[46]。

---

[44] 平岡昇編『世界の名著 36 ルソー』（中央公論社，1978年），166頁。
[45] 同前。
[46] 同前書，467頁。

これは，まさに先のホメオスタシスと幸福とを希求するコナトゥスであるといえよう。ゆえにルソーは，あらゆる宗教の義務を「いかなる国，いかなる宗派においても，何ものにもまして神を愛し，おのれの隣人をおのれのごとく愛することが，戒律の要点であること，道徳の義務を免除するような宗教は存在しないこと，真に本質的な義務はそれだけしかないこと」[47]と語った。まずは自分自身を真に大切にし，その幸福を求める自己愛が，すべての人類にとっての幸せの原点である。ここには強力な情念(パッション)がある。次に，サドについて見てみよう。

サドの場合は，ルソーよりもさらにラディカルであり，自然の一部分である人間が自然から得ている情念のすべてを肯定してしまう。そこでは，美徳ならず悪徳の追求すら，幸福に至る通路を形成する。まさに『美徳の不幸』であり『悪徳の栄え』である[48]。だが，思考実験として，道徳について根本的に再考する上で，ニーチェ（Friedrich Wilhelm Nietzsche, 1844-1900）やバタイユ（Georges Albert Maurice Victor Bataille, 1897-1962）とともに，サドも注目に値しよう。『新ジュスティーヌ』のデステルヴァル夫人のせりふには，こうある。

> あたしたちがしていることは，きわめて単純なことなのよ。ひとは自分の気質に従って行動していれば，自然の道から外れることはけっしてないわ。はっきり言うけれど，あたしの夫も，あたしも，こうした気質をすべて自然のみから享けているのよ[49]。

気質の下には情念の運動がある。それは欲望でもある。

> 想像しうる幸福の最大量に自分を近づけようとすることは，じつに素直で自然な人間の欲望じゃありませんか[50]。

---

47) 同前書，500頁。傍点引用者。
48) M. サド『美徳の不幸』（澁澤龍彦訳，河出文庫，1992年），同『悪徳の栄え（上・下）』（澁澤龍彦訳，河出文庫，1990年）。
49) M. サド『新ジュスティーヌ』（澁澤龍彦訳，河出文庫，1987年），25頁。
50) 同前書，40頁。サド前掲『美徳の不幸』では「おれは自然によっておれの幸福のみを背負わされて」いると述べている（266頁）。

じつにサドとスピノザには，通底するものがありそうである[51]。この幸福のために各人はおのれの気質や情念や欲望に忠実となって思う存分その趣味を追求するがよい，とサドはいう。そのなかでは，悪も必要な役割を演じることになる。次は『美徳の不幸』のなかの一節である。

> ソフィー，そうして早く悟るがいいわ，神の摂理そのものが悪を必要とする立場にあたしたちを追いこみ，同時に悪を行使する可能性をあたしたちに残しておいてくれたのだからして，この悪はまさしく善と同様神の法則に役立つものであり，神の摂理は善におけると同様悪においても価値をあらわすものであるということをね。神があたしたちのために創ってくれた状態は平等なのだから，それを乱そうとする者がそれを回復しようと努める者より罪があるとも言えたものじゃないわ。両者とも当り前な衝動によって事を行っているのではあるし，両者とも，この衝動にしたがい，目をつぶって享楽しなければならない運命を負っているのですからね[52]。

善と悪とは人間の思考の産物であり，自然にはただ変化し続ける物質があるだけである。人間もその一部。すべては様態を変え続ける生成の最中にある。ここには厳密な死もありえない。死も変容のひとつのプロセスだから。死，破壊，そして誕生…。この生成の渦中に善／悪と名づけられる働きがある。これも自然の，つまり神の摂理。人間も，地球というカプセルにわいてでた蛆虫と変わりない[53]。各自ただ，おのれの幸せを最大限に展開させよう

---

51) 佐藤拓司『堕天使の倫理―スピノザとサド―』（東信堂，2002年）参照。
52) サド前掲『美徳の不幸』，46頁。
53) ただし，自己意識をもつ「考える葦」としての不思議な蛆虫である。ちなみに，バタイユのメタファーを想起してみよう。「主要な二運動は回転運動と性的運動であり，その結合は車輪とピストンから成る機関車によって代表される。これらの二運動は互いに一方がもう一方に変形する。このことから察せられるように，地球は回転することによって動物をそして人間を交接させ，そして（派生するものは誘発するものと同様に原因となるが故に）動物はそして人間は交接することによって地球を回転させる。錬金術士たちが賢者の石の名称のもとに追求したものは，これらの運動の力学的結合もしくは変形である。この魔術的価値の結合を応用することによって，天然の懐のなかで人間の現実的状況が左右されるわけだ」（G. バタイユ『ジ

と努力しさえすればよい。ただし，人間が生存しようが死滅しようが，持続しようが断絶しようが，そんなことは自然にとっては全く関係のないことである。そこには，よく見れば常に強者にとって都合のいい道徳や法律や持続可能性への固執がある。が，決してこれが悪いわけではない。また，とくに善いというわけでもない。要するに，これがコナトゥスであり，自然なのだから。すると，道徳に対してもサドなりの完結した結論が見出されることになる。つまり，道徳は無価値であり，世の中すべてが堕落し悪徳に染まりきってしまえば，それが自然となるということである。『ジェローム神父の物語』では，「何とも心外千万なのは」と，次のようなせりふが語られる。

> 道徳に何らかの価値を置くようなあほうな人間が大勢いることだ。はっきり言うが，おれは道徳が人間にとって必要だなどと，一度だって考えたことはない。堕落が全世界のひとびとに行きわたってしまえば，もう堕落は危険でも何でもなくなる。悪性の熱をもった病人のそばにわれわれが行きたがらないのは，伝染を怖れるからである。しかし，もし自分が熱病にかかってしまえば，もう怖いものは何もない。完全に悪徳に染まった社会の成員のあいだには，どんな不都合もありえないだろう。すべての人間が同じ程度に堕落してしまえば，すべての人間が互いに危険なしに交際しうるからだ。そうなれば，もう危険なものは美徳以外に何もなくなる。美徳はもう人間の常態ではないので，美徳を採用することが逆に有害となるわけだ。ある状態から他の状態への変化のみが，不都合なことを招き寄せるのかもしれない。すべての人間が互いに似ており，すべての個人が同じ場所にとどまっていたならば，もはや危険はありえないだろう。すべての人間が善良ならば，善良であることが好ましいこととされるし，すべての人間が邪悪ならば，邪悪であることが好ましいこととされる。善良であれ邪悪であれ，要するにまったくどちらでも同じことなのだ。ただ，社会の基調が美徳である場合，邪悪であることが危険になり，社会の基調が悪徳であ

ョルジュ・バタイユ著作集　眼球譚』生田耕作訳，二見書房，1971年，149-150頁）。
もうすでに地球は何回転したのだろうか？

る場合,善良であることが有害になる[54]。

自然や摂理に比するに,道徳の相対性(たとえば戦時下の日本の道徳を想起しよう)を明快に解明したせりふである。サド思想における道徳の問題については,第5章でも見ることにして,最後に,同じく情念を重視した思想家フーリエについても,触れておこう。

ビーチャーが指摘しているように,フーリエは「人間は単に受動的な存在でもただ合理的な存在でもないと主張する。それどころか人間行動とは根本的な本能的衝動によって指図されており,こうした衝動は永遠に変えたり抑圧したりできないものなのだ。フーリエはこうした衝動を情念と呼んだ」[55]。フーリエ自身,情念の分析こそが最大の自己業績だと自負していた[56]。サドとフーリエの2人は,18世紀において情念を極めて強力に擁護する思想家である。「フーリエは,幸福で調和的な社会とは唯一,情念を解放し利用する社会であると,固く信じていた」[57]。しかも,彼は情念を詳細に分析した結果,それが本来的に調和するはずのものだと信じていたのである。

もし情念が本来的に調和的な傾向を備えているとすれば,最も平和的で最も生産的な社会とは,個人の欲望の発現を最も広く許す社会になるだろう。フーリエによれば,最終的な目標は欲望の完全な充足である。つまり完全な快楽主義者は必然的に完全な調和人なのだ。したがって社会理論の任務は,情念が最も満足され最も洗練されうる手段を探すことにある。哲学者たちは情念を「抑制,抑圧,圧迫し」ようと無駄な努力を重ねるのではなく,情念の幅を拡げ,その強度を高めようとすべきだった。「情念に盲目的に身を委ねれば,個人は善へ向かって進んでゆくはずなのだ」,とはフーリエの弁である[58]。

---

[54] サド前掲『美徳の不幸』,264-265頁。傍点引用者。
[55] ビーチャー前掲書,196頁。
[56] 同前。
[57] 同前書,198頁。
[58] 同前書,212頁。

何ともサドと似かよっている。情念，そして良識に従おう，と『愛の新世界』でフーリエはいう。

> 近代のある雄弁家はまさしく見事に，「くだくだしい学問より単なる良識のほうが大概は確実な指針となる」と述べた。良識はわれわれに神の実在を告げるが，学者たちは25世紀にわたってくだくだ議論を重ねたすえ，ある者は「神などいない」と主張し，ある者は「神はいるにはいるが，無気力で，力もなく，われわれの境遇など気にもとめていない」と主張する。私は良識の導くところにそのまま従う。良識によれば，神はわれわれの欲求に必要なものを授けてくれたのであり，そのために，われわれに必要なものを見いだす手段も按配したはずである[59]。

幸福追求という人生航海の羅針盤を提供することが，哲学者・フーリエの課題である。たとえば，情念には悪性などというものはなく，本来はすべて必然で善いものとするところなども，サドを想起させる。ただ，サドはさらに過激であるが，フーリエはこう語る。

> 悪性の情念は一時的に抑圧しなければならないという説は誤っており，あらゆる学者たちを迷わせている。悪性の情念などというものは一切なく，ただ悪性の発展のみがある。たしかに，殺人，窃盗，ぺてんは悪性の飛翔である。だが，それらをうみだす情念はよいものであり，こういう情念をつくりだした神によって有益だと判断されたにちがいないのだ[60]。

数々の種類の情念を含め，この世にあるもので不必要なものは何ひとつとして存在しえない，というのが彼らの主張である。たとえ悪と呼ばれる働きにせよ，それも必要で役立つからこそ存在しているのである。道徳に関しては，こう述べられる。

> 習俗や道徳とはしきたりにもとづいたものであり，時代によって，国によ

---

[59] C. フーリエ『愛の新世界』（福島知己訳，作品社，2006年），13頁。
[60] 同前書，537頁。

って，立法家によってさまざまなものだから，道徳を一定不変にする手段を見つけなくてはいけない。その手段こそ習俗を情念の望むところに連繋させることである。なぜなら，情念とはいついかなる場所でも変化しないものだからである。われらの理論体系に情念が屈したことがあっただろうか。運動のつくり手〔である神〕が示してくれた道を，情念は威風堂々，なにもたじろぐことなく歩むのだ。あらゆる障害は覆される。理性は万にひとつも情念には勝てないだろう[61]。

・情・念・と・連・繋・し・た・道・徳・教・育が必要である。

　以上，生存と感情，つまりパッションが人間の幸福追求と強固に結び合っている様子を，スピノザとフランス啓蒙期思想家3人を参照しながら素描した。

＊　＊　＊

　ともすれば美化されがちな人間のヒューマニティでありモラリティであるが，自然のなかに再定位させてみることが，本章での課題であった。結論として，モラリティはからだに根ざすものと捉えられた。そのからだとは，はじめに身体ありきという点で，まず無意識的であり，死に至るまで常に情動や感情が生滅し，運動し続けるコルプスであった。ただし，意識や言葉による反省の回路というロゴスを経た後，思考したことを書き記した結果に残る（本章で語られたような）道徳には，書き記される時点で，すでに何らかの意　図（インテンション）が作動してしまっている。言葉は事象そのものを決してオンタイムで捉えることはできない。言葉を用いる場合，わたしたちはひたすら現象の痕跡を辿り，その余韻を想像力によって味わい，「それ」としか指示しえないクオリアを想起する他はない。もはや，わたしたちはどうあがいても自然ではいられないし，あがけばあがくほど不自然かつ反自然な生き物になってしまう宿命にある。

　畢竟するに，現代社会は，人間という生き物の生命の根源にマグマのごと

---

61)　同前書，539頁。

く自然に具わる情念を，いったいどうしようというのであろうか。結局，この近代文明社会は，パッションを窒息させることなくうまく秩序づけることができるのであろうか。教育に，パッションという大河の水路づけは可能なのだろうか。情念は，どう教育されるのだろうか。からだで感じるモラリティは，どのように育まれるのであろうか。

　デカルト（René Descartes, 1596-1650）は，『情念論』（Les Passions de L'ame, 1649）の末尾を，こうしめくくっている。

> 情念に最も動かされる人間は，人生において最もよく心地よさを味わうことができる。たしかに，かれらは，情念をよく用いることを心得ておらず，偶然的運にも恵まれない場合には，人生においてまた最大の辛さを見いだすかもしれない。けれども，知恵の主要な有用性は，次のことにある。すなわち，みずからを情念の主人となして，情念を巧みに操縦することを教え，かくして，情念の引き起こす悪を十分堪えやすいものにし，さらには，それらすべてから喜びを引き出すようにするのである[62]。

この言葉に関しては，だれも決して「デカルトの誤り」とはいえないであろう。以降，わたしたちも知恵を求めていこう。

---

[62]　R. デカルト『情念論』（谷川多佳子訳，岩波文庫，2008年），181頁。デカルトにとっても，情念はその本性上すべて善である（261頁以下参照）。

第2章
情念と教育

　人間とは，はたして「理性」的動物なのか，それとも理性的「動物」なのか。理性に力点を置くか，動物に力点を置くか。教育をどう捉えて実践するかは，このアクセントの違いにも大きく左右されよう。西洋文明の根底にあるキリスト教による教育思想を振り返るに，「神」と繋がる理性，そして霊性を具えるとされる人間が，いかに動物としての自己自身と関係しながら「人間」になれるのか，あるいは，この世を人間化，文明化，道徳化させていくのか，模索されてきた。問題は，人間に元来具わる，理性以前の動物的なもの―感情，情感，情動，熱情，情緒，情意，情念など―すなわち，からだで感受する「情」と，どうかかわるかである。近代教育学の源流にあるキリスト教的な教育論が情念とのかかわりのなかでどのようにして生成してきたのか，主にルターとその周辺―エラスムス（Desiderius Erasumus, 1466-1536）やメランヒトンなど―を手がかりに明らかにしつつ，本章では西洋における情念の教育思想史を振り返ってみたい。

　まずは前章で見たように，アフェクションもパッションも受動（passive）であることに注意しておきたい。これは決して能動ではない。受肉したからだ，受け取られたからだ，いまここにあるからだ，わたしという意識や自我が立ち上がる以前に，すでに作動し，さまざまな活動を無意識的に行いつつ，すでに生きている身体が先にある，という現実から出発しよう。はじめにからだありき（In principio erat corpus.）である。

　すると，ここに意志や理性はどう接続し，さらに教育にはいったい何ができるというのだろう。また，何をしようというのだろう。

　からだとは，動物としての人間そのままである。そこに，理性が具わると，古代ギリシア以来の思想史では，人間は理性的動物であるとされてき

た。そして，理性に力点を置く人間観，教育思想が展開された。

さらに，キリスト教が加わると，人間は神による創造物となる。神の像（imago Dei）としての人間である。神は，まず男・アダムを作り，次に女・エバが作られる。人間は人間として，他の存在とは区別されて，最初から特別に作られてあるとの神話。その後，人間の罪をあがなうイエスは，神の子として，性交抜きの処女生誕によって，神の子として生まれたとされる。同時に，イエスは人の子・人間でもある。性交なくして誕生した人間。だが，これははたして人間なのか。

ところが，ここに人間のいわば下半身，つまり動物性を否定して誕生した「人間」神話が生まれた。イエスこそは，ニーチェとは違った意味での超人である。しかし，イエス・キリストにならえ（imitatio Christi）とは，キリスト教教育史上，古来繰り返されるモチーフである[1]。

すると，人間は超人・キリストの後に従い，人間を超えて真の「人間」を目指さなければならないのか。それは，自らの土台，情念うずまく動物性を否定することではないか。そんなことをすれば，逆に人間は人間でなくなってしまうのではないか。

そうすると，やはりニーチェがいうように，そもそも「真の」という「理想」を口にすること自体がばかげていたのではないか，ともいいたくなる。「あるべき人間，これは，『あるべき樹木』ということと同じく，わたしたちの耳にはいとわしく響く」[2]。

───────────────

1） 拙著『近代教育思想の源流―スピリチュアリティと教育―』（成文堂，2005年），62頁以降参照。ただし，宗教改革以前は，主に修道院という世俗外において「キリストのまねび」が求められた。宗教改革は，これを世俗内にもち出し，世界変革の積極的な原動力となる。A. E. マクグラス『宗教改革の思想』（高柳俊一訳，教文館，2000年），320頁以降参照。

2） F. ニーチェ『権力への意志（上）―ニーチェ全集12―』（原佑訳，ちくま学芸文庫，1993年），322頁。下半身に否定的なキリスト教については，一例として「キリスト教はエロスに毒を飲ませた。―エロスはそのために死にはしなかったけれど，頽廃して淫乱になった」，と『善悪の彼岸　道徳の系譜―ニーチェ全集11―』（信太正三訳，ちくま学芸文庫，1993年，143頁）において，キリスト教によってかえって情念が害われたとニーチェはいう。

それでも，教育は心のどこかに「べき」を保ちつつ行われざるをえない。現代に生きて教育にたずさわるわたしたちは，いったいどうすればいいのか。

1節　古代ギリシアにおける情念と教育

古代ギリシア人は，わずか3-4世紀のあいだに人間社会のあらゆる形態の変遷を経験し，思想の世界においても，さまざまな経験を先取りしている[3]。わたしたちが問題にしようとしている情念と教育をめぐっても，現代にまで影響を及ぼす数々の思想が，ここですでに示されている。

まずは，プラトン（Platon, 前427/427-348/347）から振り返ってみよう。よく知られた，人間の魂の3部分説である[4]。人間のいのちを，翼（徳(アレテー)）をもった2頭立ての馬車とその馭者になぞらえ，国家において人間は，3つの階級に拡大される。頭・胸・下腹部がそれぞれに適したことをなすことによって，正義の徳が実現される。知恵には，教育と教導によって到達可能とされる。イデア界への魂の向け変え（転向）のテクネーが，教育である。それは，哲学の問答法（ディアレクティケー）によってなされる。これが，本格的教育としての知性的段階である。

問題は，それに至る以前である。魂が欲望的部分によって引きずり回されて堕落することのないように，まずはその状態を調和のとれたものに調律する準備教育としての倫理的段階である。それには，外部から施される陶冶が必要である。その手段は，音楽と体育である。

詳細は別に譲るとして[5]，ここではプラトンが欲望の教育可能性を認めて

---

[3] W. K. C. ガスリー『ギリシア人の人間観―生命の起源から文明の萌芽へ―』（岩田靖夫訳，白水社，2007年），286頁参照。H. ワインシュトック『ヒューマニズムの悲劇―西洋的人間像における真と偽―』（樫山鉄四郎・小西邦雄訳，創文社，1976年）も参照。

[4] 前掲拙著『近代教育思想の源流』，21頁以降参照。

[5] 同前書，および廣川洋一『古代感情論―プラトンからストア派まで―』（岩波書店，2000年）参照。

いる点について，確認しておきたい。『法律』の一節には，こうある。

> わたしの見るところでは，人間にとってすべては三つの必要と欲望とにもとづいており，そしてもし人びとが正しい指導を受ければ，そこから徳が生まれ，悪しき指導を受ければ，その反対が結果します。そしてこのような欲望としては，生まれると直ちに人間にそなわっている，食べることと飲むことがあります。それらに対しては，すべての動物は，いかなる場合にも，本能的な愛を持っており，それらすべてに対する快楽と欲望を満足させて，あらゆる苦痛を避けること以外に，ほかになすべきことがあるのだと誰かが言おうものなら，いきりたって反抗するのです。ところで，わたしたちにとっての第三の欲望，最大の必要であり最も鋭い愛欲であるものは，最後にあらわれてきますが，これは人間を狂気によってまったく火のように燃え上がらせます。それは，あのこの上ない激しさをもって燃え上がる生殖への欲望のことです。これら三つの病いに対処するには，人びとをいわゆる最高の快楽から最大の善へと向けかえ，三つの最も力あるもの，すなわち，恐怖と法律と真なる言論とによって，それらを抑制するように努めなければなりません。さらに，ムッサたちや競技を司る神々の助けを借りて，これらの病いの増大と蔓延とを食い止めなければならないのです[6]。

恐怖と法律と，そして真なる言論(ロゴス)による欲望の教育。その必要性と可能性が，ここには示されている。

　それにしても，この欲望に対するプラトンの憎悪のようなものは，いったい何なのだろう。ニーチェは，それを「《感性》に対する戦い」として『古典ギリシアの精神』のなかで指摘している[7]。イデアという真理認識の点においても，またふだんの生活をかき乱す点においても，血筋の悪い馬である下腹部（下半身）の欲望は，抑制もしくは節制される必要があるとされる。

---

6) 『プラトン全集 13』（岩波書店，1976年），388頁。
7) F. ニーチェ『古典ギリシアの精神―ニーチェ全集 1―』（戸塚・泉・上妻訳，ちくま学芸文庫，1994年），64-65頁。

しかし，ニーチェもいうように，これらを抜きにしては胸も頭も成り立ちえない。できれば知性と理性だけの神になりたい人間。だが，下半身と血肉のため，神にはなりきれない人間。ここに葛藤がある。

もし，感性や感覚，そして情念から解放された純粋知性というものが存在するならば，はたしてそこに普遍的な道徳法則のようなものもあるのだろうか。が，それはフィクションではないのか。それこそ不自然あるいは反自然ではないのか。古代ギリシアにおけるノモス＝フュシス論争について見る前に，いましばらく，古代ギリシア人の情念に対する見方を一瞥しておきたい。プラトンから少し離れてみよう。ドッズは『ギリシァ人と非理性』のなかで，こう述べている。

> ギリシァ人はいつも情念（パッション）におそわれる体験を，何か神秘的で畏怖すべきもの，自分の内にあって自分が所有していると言うよりも，むしろ，自分にとりついている或る力の体験と感じたものであった。パトスという言葉そのものがその証拠になる。ラテン語のパッショという同義語と同じように，これは人間に「襲いかかる」何ものかを意味し，人間はそれに対しては無抵抗の犠牲者である。アリストテレスは情念にかられている人間を，眠っている，正気でない，あるいは，酔いしれた人々になぞらえて，情念にかられている人の理性は，このような人々の理性と同様に不安定な状態にあるという。われわれは（中略），ホメロスの英雄たちやアルカイク時代の人々が，そのような体験をアーテーと解したり，メノスの伝達と解したり，あるいは，人間の精神と身体を道具のように使う，ダイモーンの直接的な働きという風に，宗教的な言葉で表現しているのを見た。これが素朴な人々の普通に抱く考え方なのである[8]。

このような受動的パトスは，はたして能動的ロゴスによって，どこまで制御可能なのであろうか。さらに，ドッズはエウリピデスの悲劇『メデイア』を

---

8) E. R. ドッズ『ギリシァ人と非理性』（岩田靖夫・水野一訳，みすず書房，1972年），228-229頁。

例にあげている[9]。分かってはいるけれども,どうしようもできない激情や怒りという強力なパッション。こうした情念を前にして,意志も理性も,ほとんど無力である。

　ここで注目しておきたいのは,自分が悪いことをしようとしているのを,自分で「分かっている」という点である。理性や分別は,確かに作動している。しかし,それ以上に強大な情念の運動がある。ふだんの日常生活では抑圧や忍耐によってさほど表沙汰にはならないが,しかし,いったん危機的状態にあるとき―たとえば夏目漱石が『こころ』でも描いているように―,人間のなかのさまざまな情念が働き出すのを,わたしたちは体験的に知っている。

　しかし悪い人間という一種の人間が世の中にあると君は思っているんですか。そんな鋳型に入れたような悪人は世の中にある筈がありませんよ。平生はみんな善人なんです,少なくともみんな普通の人間なんです。それが,いざという間際に,急に悪人に変るんだから恐ろしいのです。だから油断ができないんです[10]。

思想や哲学は,やはり漱石の言葉でいえば「事実を蒸留して拵えた理論」[11]である。情念と教育をめぐる議論も,どうしてもそうならざるをえない。人間の「原(もと)の形そのまま」[12]は,混とんとしていて複雑である。
　さて,古代ギリシアに戻ると,エウリピデスは「非理性主義者」となるのであろうか。理性は道徳的に無力なのか。ドッズは,エウリピデスの後期の作品は「人間の理性が無力であるということよりも,むしろ,人間の生き方の規制や世界の支配の中に,何か理性的な意図が見つけられないか否かという,もっと広い疑問」[13]に向けられたと指摘している。

---

9) 同前書,229頁。
10) 『夏目漱石全集8』(ちくま文庫,1988年),79頁。
11) 同前書,226頁。
12) 同前。
13) ドッズ前掲書,230頁。

ともかく，理性も知性も無力で役立たずなら，むしろ自然のままの情念に従って，快楽のままに生きるのがよいではないか。こう主張するフュシス〔自然〕の学徒と称される人々が，エウリピデスにもプラトンにも登場する。これとノモス〔慣習・習慣・約束・法律〕，あるいは道徳法則あるいは道徳律の普遍性や正当性を主張する人々との論争，ノモス＝フュシス論争について簡単に押さえておこう。

　このフュシスの学徒は，情念は「自然的」なものだから正当なものであり，道徳は慣習であるから捨て去るべき束縛であると言い立てて，人間の弱さに当世風の言い訳を設けたのであった[14]。

プラトンの『ゴルギアス』では，こう述べられている。

　彼らはたしかに法にも従っているのだ。しかしその法とは，自然の法であって，おそらくわれわれが勝手に制定するような法律ではないだろう[15]。

すると，社会生活はどうなるのか。ノモスを擁護する必要が生じる所以である。ガスリーは，こう述べている。

　この時代に激烈な論争の的となった問題というのは，はたして，道徳法則は絶対的で普遍的な妥当性をもつ自然の秩序の一部なのか，それとも，それはなにか二次的で人為的なものであって，或る特定の社会秩序に由来する一時的な約束と相関的なものか，という問題であった[16]。

むろん，プラトンは前者を主張するし，時代を経てカントもそうであろう。後者を主張したのは，やはりカントの時代のサドであって，前章で確認したように，これを徹底的に相対化して捉えた。ニーチェも，周知の通り『善悪の彼岸』や『道徳の系譜』などにおいて，こうした問題に取り組んでいる。ともかく自然とか神とかイデアとか，ある「普遍的なもの」とのかかわりに

---

14) 同前書，230-231頁。
15) 『プラトン全集9』（岩波書店，1974年），115頁。
16) ガスリー前掲書，190頁。

おいて，モラルや人間の在り方・生き方を問い続けるスタイルが，ここにはある[17]。このように，人間の在り方・生き方に関して現代人が問題とすることのほとんどが，古代ギリシアにあらわれている。

　少しだけ補足すると，やはり理性への信頼は大きかった。「理性こそは，ギリシア人の目には，人間と野獣とを本質的に区別する能力」[18]であった。確かに「人間は純粋理性の生活を極く短期間しか維持できないことを，アリストテレスは知っていた」[19]。が，だからこそ「彼とその弟子たちは，人間本性をありのままに理解するためには，行動の中にある非理性的要因を学ばなければならぬということを，おそらく，どのギリシア人よりもよく察知していた」[20]のである。

　ここからストア派，エピクロス派など，知性主義に至れば，情念を人間生活から払いのけようとし，・ア・タ・ラ・ク・シ・ア・ー〔感情の妨げからの離脱〕が理想として唱えられるようになる[21]。

　・理・性・的・動・物における，頭，胸，下腹部の3者間の戦闘は，いまもなおわたしたち各自のなかで展開されている。

2節　ルターとエラスムスの場合

　宗教改革の時代へと目を転じてみよう。古代ギリシア・ローマの遺産の上に，キリスト教が加わり，長い中世を経てルネサンスとともに誕生した宗教改革。Renaissanceは，古代のパイデイアあるいはフマニタスに再び（re）息を吹き込み，Reformationは，キリスト教本来の信仰に再び（re）立ち返る運動である。エラスムスが生んだ卵をルターが孵した，とよくいわれるように，古典古代の教養と研究なくして宗教改革はありえない。エラスムスや

---

17)　前掲拙著『近代教育思想の源流』，19頁以降参照。
18)　ガスリー前掲書，178頁。
19)　ドッズ前掲書，290頁。
20)　同前。
21)　同前書，291頁参照。

メランヒトンを指して、しばしばキリスト教的ヒューマニストといわれるが、古典古代の著作や著作家の研究（studia humanitatis）とキリスト教信仰は、彼らの場合、決して矛盾するものではなかった[22]。ただし、ルターにおいては、信仰のみ（sola fide）に端的にあらわされるように、「受動的な義」（iustitia passiva）としての信仰に最大のウエイトが置かれている。つまり、受動的な生（vita passiva）としてのキリスト教的人間の在り方・生き方、そして教育である。ルターから簡単に見ていこう。

ルターの人間の捉え方としては、金子が解明しているように、哲学的人間学と神学的人間学に大別できる[23]。哲学的人間学とは、古代ギリシア以来の伝統を踏まえて、人間の自然本性を捉えたものであり、『マグニフィカート』（*Das Magnificat Vorteutschet vnd auszgelegt*, 1521）で、すでに完成されている。霊（geist）・魂（seele）・身体（leip）の3部分から人間は構成されている。

> 霊・・・人間の最高、最深、最貴の部分。人間はこれにより、理解しがたく目に見えない永遠の事物を把握することができる。信仰と神の言葉が内住するところ。
>
> 魂・・・自然本性によれば霊と変わらないが、働きが異なる。魂が身体を生けるものとし、身体を通じて魂は具体的な活動を行う。これは、理解しがたい事物を把握するのではなく、理性（vernunfft）が認識し推量できるものを把握する。理性がこの家の光。ただし、霊がより高い光である信仰によって照明され、さらにこの理性の光を統制しなければ、理性は誤謬なしにはありえない。理性は神的事物を扱うには余りにも無力である。知恵（sapientia）は霊に、知識（scientia）は魂に帰属する。また、憎悪、愛、喜び、恐怖なども、魂に帰属する。

---

[22] 拙著『教育にできないこと、できること【第2版】―教育の基礎・歴史・実践・探究―』（成文堂、2006年）、77頁以降参照。

[23] 金子晴勇『ルターの人間学』（創文社、1975年）参照。

身体・・身体の働きは，魂が認識し，霊が信じるものに従って実行し，これを適用することにある。

　現代人にとって霊はあまりなじみとはいえないが，魂なら理解できるであろう。これは，メランヒトンでは心（cor）とも表現さている。漱石の「こころ」を想定してもよい。人間の内面性である。ここは理性の光が統制すべきであるが，しかし，ルターはそれだけに止まらない。理性の光は信仰の光によって照明された信仰に導かれない限り誤りを犯す，と記している点に注目しよう。理性による自律（Autonomie）ではなく，理性を超えた霊性による神律（Theonomie）の主張である。さらに，理性の光が及ぶ範囲（この世界のことがら）と及ばない範囲（神的世界にかかわることがら）が明確に区別されている点も重要である。そして，憎悪，愛，喜び，恐怖といった情念が，魂に帰せられている点にも，着目しておきたい。これらは，あくまでも魂，つまり心の作用であって，身体に起因するという伝統的な見方には従っていない。ルターには，からだを忌まわしいものと捉える見方はない。すべては，魂や心といった内面的信仰から，身体という外面的行動になってあらわれ出てくると考えられている。これが信仰義認論であり，すべての人間は，神の前（coram Deo）において，その内面の意志や意図の在り方（心根）によって，正／不正が判断されるという。決して，その逆（行いによる）行為義認論ではない。ゆえに，どこまでも個人の内面における意志の正邪に，焦点が合わされることになる。

　さて，こうした構造をもつひとりの人間が，全体として霊的か肉的か，ということが問題になる。再び漱石ではないが，人間はふだん霊的でも，あるとき突然肉的にもなりうる。1日の内でも，1時間の内でも，霊的になったかと思えば，瞬間的に肉的になる場合もあろう。あるいは，その逆も然りである。他者とかかわりながらこの人間社会で生き抜いていくなかで，わたしたちはこの霊／肉の戦いを回避できない。

　しかも，ルターは，人間の自己中心的罪の貪りを徹底して認識していた。人間の根源にある，どうしようもない我欲。他者であれ，神であれ，何であ

れ，自己の利益を追求しようとする自己愛である。この悪しき自己愛から自由な人間はひとりもいない。この透徹した自覚を，「罪人であって同時に義人」(simul iustus et peccator) というフレーズが見事に示している。ふだんは善人でも，ときに悪人になったり，ふだんは悪人でも，ときに善人になったり。完全な善人もおらず，完全な悪人もいない。すべて人間は，この両者を分けもちながら人生を歩み続けることになる。

だから，もはやこの自己に頼るわけにはいかない。このどうしようもない自己を放棄して，この人間に共通の罪を引き受け，それでも努力して生きることを肯定したキリストの十字架のみに信頼を置いて（これがルターの信仰)，わたしは神の側から再び新しく生まれ変わらなければならない。

> 信仰は私たちのうちにおける神の働きである。この神の働きは私たちを変え，私たちを神によって新しく生まれさせ—ヨハネによる福音書第一章〔二節〕—古いアダムを殺して，私たちを，心，勇気，感覚，あらゆる力をもった別の人間とする[24]。

すべてを神の働きに委ね切ること。神の前に，完全な受動の状態になること。もはや，自己を信頼せず，神のみを信頼すること。キリストの十字架と復活のみに望みを託すこと。自己の自発的な自由意志によっては，罪によって汚染されていない正しい行いはありえない。神による再生という受動の状態に至らなければ，人間の意志は，ひたすら罪や情念の奴隷である（奴隷意志 servum arbitrium)。バイヤーは，こう強調している。

> 信仰は知識でも行いでもないし，形而上学でも道徳でもない。また活動的生でもなく，観想的生でもない。それは，受動的生 (vita passiva) である[25]。

神の独占活動と人間の受動的生。神の能動と人間の受動。すると，人間の受

---

24) ルター研究所編『ルター著作選集』(教文館, 2005年), 366頁。Cf. Bayer, Oswald. *Martin Luthers Theologie*, Tübingen: Mohr Siebeck, 2003, S. 39.
25) *Ibid.*, S. 40.

動から再生後の能動へ。この反復と往還。受動と能動の逆説的転換点は，信仰のみにある。

　しかしながら，ここに罪や情念を糧として自己を高めていこうとする陶冶論が，結果として誕生することになる。罪あるがゆえのキリスト，情念うずまくがゆえの十字架。罪人のための福音。すべては十字架の神学へと通じている。罪と情念との積極的な取り組みによって，ルターは逆説的に，キリスト教的人間としての自己陶冶論を準備したといえよう。次に，エラスムスについて見てみよう。

　ルターとエラスムスは，自由意志（liberum arbitrium）をめぐる論争での対立で有名である[26]。要するに，ルターはいま見たように，人間の罪への奴隷意志を説き，徹底して受動の状態にされたときの神の全能の意志と独占活動を主張するのだが，エラスムスは，人間にも多少の自由意志を認め，恩恵とともにキリスト教的人間としての正しい在り方・生き方へと自らを準備していけると説いたのであった。が，この「多少」において，ルターとエラスムスは（とくにルターは），激しく対立した。これは，エラスムスが人間の罪や情念とどうかかわったのかを，浮き彫りにしてくれる。また，これの教育可能性についても。

　エラスムスの人間の捉え方についても，すでに金子が明らかにしている[27]。『エンキリディオン』（$Enchiridion\ militis\ christiani$, 1504）に，その全体像が示されている。

　はじめにエラスムスは，人間生活が不断の戦闘（militia）以外の何ものでもないと主張している。とりわけ，人間の肉的部分，わたしたちの内なる「女」エバは，いまでも狡猾な蛇によってそそのかされ，わたしたちの精神を死に至らせる情欲（volputas）へと誘惑しているという[28]。本書は，キリ

---

[26]　金子晴勇『宗教改革の精神―ルターとエラスムスの思想対決―』（講談社学術文庫，2001年）参照。
[27]　金子晴勇『近代自由思想の源流―16世紀自由意志学説の研究―』（創文社，1987年）参照。
[28]　『宗教改革著作集2―エラスムス―』（教文館，1989年），9頁参照。

スト者としてこの世の生活のなかで，わたしたちが勇敢に戦うためのガイドブックである。エラスムスの人間学の全体像は，こうである。

> 人間は二つあるいは三つのひじょうに相違した部分から合成された，ある種の驚くべき動物です。つまり一種の神性のごとき魂と，あたかも物いわぬ獣とからできています。もし身体についていうなら，私たちは他の動物の種類にまさるものではなく，むしろそのすべての賜物においてそれに劣っています。しかし魂の面では私たちは神性にあずかるものであり，天使の心そのものをも超えて高まり，神と一つになることができるのです。もしあなたに身体が与えられていなかったとしたら，あなたは神のような存在であったでしょうし，もし精神が付与されていなかったら，あなたは獣であったことでしょう。相互にかくも相違せる二つの本性をかの創造者は至福な調和（concordia）へと結び合わせたのでした。だが平和の敵である蛇は不幸な不和（discordia）へとふたたび分裂させたので，猛烈な激痛なしに分かれることもできないし，絶えざる戦闘なしに共同的に生きることもできません。（中略）
> 　私はあなたと一緒に生きることができないし，さりとてあなたなしに生きることもできない（nec tecum possum vivere nec sine te.)[29]。

人間は「魂と身体」(anima et corpus) から2元的に構成されている。エラスムスによれば，「身体をもった人間が魂において神と一つになるように超越することこそ人間の本来的存在」[30] である。しかし，いまでは罪が，それを容易に許さない。よって，戦いとなる。

> 〔罪が生じる〕以前は精神が労苦することなしに身体を支配していたし，身体の方も心に喜んでかつ自発的に服従していたからです。それに反し，いまや事物の秩序は転倒したため身体の情念（affectus corporis）が理性

---

29) 同前書，36頁。Erasmus von Rotterdam, *Ausgewählte Schriften*. Bd. 1. Darmstadt : WBG, 2006, S. 108.
30) 金子前掲『近代自由思想の源流』，287頁。

(ratio) に対し戦いを挑んで指導権を握るようになり，理性は身体の意向に譲歩すべく強いられているのです。

それゆえ人間の心胸が内乱にみちたような国家と比較され得るというのも無意味ではありません[31]。

この点について金子は，次のように指摘している。「エラスムスは人間を創造の秩序から考察した後に，身体の情念と理性との対決を述べ，後者が前者に屈服するようになったところに罪が生じたとみなしている。人間の心身の構造の矛盾と不安定さは所与の事実であるとしても創造の秩序を破壊したのは罪であり，それは身体の情念によって生じている」[32]。問題は，身体の情念が理性的魂に挑戦し反逆するようになることであり，それでは情念をどう制御するかである。エラスムスの情念論を見てみよう。彼は情念を，貴族的にして高尚なものと，平民的で下等なものの2つに区別している。

しかし人間において理性が王の役割を果たしています。あなたは情念のあるものを―それは身体的ではあっても，しかし同時に下劣なものではない―貴族として考えてもよいでしょう。この種の高尚な情念には親に対する生れながらの敬愛，兄弟姉妹への愛，友人にたいする好意，不幸な人たちに対するあわれみ，不名誉に対する怖れ，名声に対する欲望，およびその他類似のことが属しています。それに対し理性の命令にできるかぎり対抗し，最悪のことには家畜の卑しさにまで転落している人たちの心の運動を，平民の最も下等なかすのごときものと考えなさい。これに属するものには情欲，放蕩，嫉妬とそれに類似した心の病いがあり，これらは最後の一つにいたるまでことごとく不潔で野卑な奴隷のようです。ですからもし彼らにできるならば主人によって指図された仕事と行動とを達成するように，またもしそれができないなら，すくなくとも何ら実質的な損害を与えないように獄舎に閉じ込めなければなりません[33]。

---

31) 『宗教改革著作集2』，37頁。*Ibid*., S. 110.
32) 金子前掲『近代自由思想の源流』，288頁。
33) 『宗教改革著作集2』，38頁。*Ibid*., S. 110.

理性が，人間における王としての不動の位置を占めていることはゆるぎない。問題は，とくに平民的で下等な情念に，どう対処するかである。結論を先取りしていえば，エラスムスはこれが，人間の意志によって統制可能であると信じている。

> 人間の心が自分自身にはげしく命じたものでかつて実現をみなかったものは何もないのです。キリスト教の重要な部分は心をつくしてキリスト教徒となろうと意志すること (velle) です。始めに克服しがたいと思われるであろうものは，進行してゆく間にずっと近づきやすくなり，経験によりらくになり，習慣になることによりついに喜びとなるでしょう。次のヘシオドスの言葉はあまねく知られています。
> 　徳の路の初めは険しくとも，頂上に登攀せしあかつきは，確かな平和汝を待たん。
> 　動物のなかで人間の世話によって馴らされることができないほど野蛮なものはいません[34]。

このように，エラスムスは，人間の意志の力，経験と習慣，そして世話によって，人間の内なる「動物」である情念も教育可能であると考えていた。プラトンを例に引きながら彼は，良馬としての善なる情念，悪馬としての劣悪な情念があるとしつつも，理性が神からの援助によって，これらの情念を正しく制御できるとする。人間にとって「べき」という当為は実現可能であり，そのための意志は自由だと説くのである。この辺りは，ルターとの最大の違いであろう。ルターが恩恵を欠いた自由意志によって何をなし・え・ない・か，と否定的に問うのに対して，エラスムスは恩恵の助けにより自由意志は何をなし・う・るのか，と肯定的に問う[35]。両者は，最初から問いに対して相反する立場から出発している。

さて，エラスムスがプラトンの『ティマイオス』を手がかりとして，2種類の魂について論じている箇所を確認しておこう。神的で不滅な魂が身体と

---

34) 同前書，44頁。*Ibid*., S. 124.
35) 金子前掲『宗教改革の精神』，67頁参照。

調和していれば問題はないのだが，もうひとつの可死的でさまざまな騒乱に復した魂が身体と結びついて引き起こす不調和が，問題となる。『ティマイオス』には，こうある。

> ところがこの種の魂は，自分のうちに恐ろしい諸情態を，必然的に蔵しているものなのです[36]。

諸情態とはパトスであって，アフェクション，パッション，エアレーグングと訳される情念である。

ともかく，エラスムスは人間には，善い情念と悪い情念とがあるという。そして，彼はこれらを根絶するのではなく，恩恵の助けによる意志と教育の力によって抑制し，徳へと向け変えることができるという。

> まず初めに心の衝動のすべてが認識されなければなりません。次に理性により抑制され徳の方に向け変えられないほど激烈な衝動はないことを知らなければなりません[37]。

> したがって幸福にいたる唯一の道は次のごとくです。まず第一にあなたが自己自身を知ることです。次に，あなたは何かを情念にしたがってではなく，理性の判断にしたがって行なうことです。さらに理性が健全であって，洞察深くあって欲しいです。つまりただ徳義だけを目指しますように[38]。

以上より，エラスムスの人間観においては，人間の「べき」は理性によって実現可能である。その理性をパウロは，霊，内的人間，心の法則といったとエラスムスはいう。そして，抑制し向け変えられ教育されるべき情念は，肉，身体，外的人間，肢体の法則といわれたという。

ところで，当時のキリスト者の大部分は，ものいわぬ家畜のように自分の

---

36) 『プラトン全集 12』（岩波書店，1975年），127頁。
37) 『宗教改革著作集2』，41頁。*Ibid*., S. 118.
38) 同前書，43頁。*Ibid*., S. 122.

情念に仕え，情念との戦いに訓練を積んでいないといってエラスムスは嘆いている。現代に生きるわたしたちは，どうであろうか。やはり，理性的動物における，今度は霊と肉との戦いは，いまもわたしたち各自のなかで繰り広げられている。ただし，ルターによれば，これは十字架のキリストによってしか解決はつかず，エラスムスによれば，理性と教育，キリストの哲学（philosophia Christi）[39]によって，ある程度の解決がつく戦いであった。

3節　メランヒトンからトマジウスへ

　ルターとエラスムスのあいだにあって，ではメランヒトンはどのような立場をとるのであろうか。彼は概ねこの両者の見方を双方とも採用している。が，時間とともに微妙な差異も示している。ここでは，彼の理性および自然法に対する信頼，そしてこれらが人間社会や教育の分野で果たす意義について，ごく簡単に見ておくことにしたい。しかも，これはドイツ初期啓蒙主義の代表者・トマジウス（Christian Thomasius, 1655-1728）へと流れる地下水脈を形成する。トマジウスは，またルターの奴隷意志とも親和性をもつ。

　すでに示したように，メランヒトンは，アフェクトゥスの猛威について十分理解していたし，それを明記している。しかも，その第一のものは自己愛である。この点において，神の前での救いをめぐって，人間に自由意志は認められない。しかし，人々の前（coram hominibus）＝人間社会の領域における自由意志や理性の力には，大きな信頼を寄せている。つまり，神とかかわる領域と，人間とかかわる領域が明確に区別されていて，ここでの理性の働きや，自然法の存在を強力に主張し擁護する。神の像としての人間の破壊と再生が，これを裏づける。

> 原罪（peccatum originale）とは生れながらにして有する傾向であり，アダムからその子孫全体に植えつけられ，わたしたちをして罪を犯さざるをえなくする，非常に生き生きとした衝動（impetus）であり，活動（energia）

---

[39]　金子前掲『近代自由思想の源流』，304頁以降参照。

である[40]。

罪とは，神の律法に反する情意である[41]。

「にもかかわらず」(tamen)，とメランヒトンは続ける。

> わたしたち人間がそこに向かってつくられたところの目的，律法の認識は，わたしたちに残存しており，理性は，人間にのみ神に関する知が刻印されていることを見いだす[42]。

このように，人間は罪深く，その情念は自己愛によってオリジナルから汚染されているとはいうものの，にもかかわらず，まだ理性の光は人間に残されている。ここでは，人生の目的も，律法によって明示されており，それを理性は確かに認識することが可能だとするのである。

ところで，律法とは，ルターにおいても，またメランヒトンにおいても，自然法と同義に捉えられよう。律法＝十戒＝隣人愛の掟＝黄金律＝自然法とも定式化できよう[43]。キリスト者であれ，非キリスト者であれ，人間は生まれつきの自然理性によって，善悪の区別と認識が可能である。してよいこと，いけないことを区別する法は，どの人間の心にも生まれつき記されている。それを，各自の良心は認識できる。しかも，その生まれつき自然の法＝自然法は，内容からすれば，イエス・キリストによる隣人愛の掟や黄金律，さらには十戒＝律法と何ら変わるところはない。また，どれほど人間が基本的には情念に支配されようとも，この理性の光，自然の光はどの人間にも内在している。よって，たとえ情念の猛威が荒れ狂おうとも，人々は理性を頼りにして，自然法を拠り所にして，これを外的に抑制することは十分に可能である。内的にはどこまでも罪深く，情念の虜となろうとも，それを外的に

---

40) 前掲拙著『ルターとメランヒトンの教育思想研究序説』，125頁。
41) 同前。
42) 同前書，126頁。
43) Andersen, Svend. *Einführung in die Ethik. 2., erweiterte Auflage*, Berlin/New York : Walter de Gruyter, 2005, S. 116.

は，人々の前における社会生活においては，表出させないよう抑圧することはできる。

　このような，神の前と人々の前との区別，信仰の領域と理性の領域の区別は，ドイツ初期啓蒙主義のトマジウスへと受け継がれていくが，いましばらく，メランヒトンにおける自然法の内容を確認しておこう。

　　パウロは，異邦人の中に良心が存在し，その行為を弁護し，あるいは弾劾する，従って一つの律法が存在すると結論するとき，ローマの信徒への手紙第二章十五節で著しく素晴らしい明瞭な論法で「われわれのうちには自然の律法が存在する」と教える。良心とは何らかの律法もしくは共通の規範（communi formulae）によって要求されるわたしたちの行為に関する判断にすぎないものではないか。それゆえ自然の律法はわれわれすべての人が等しく賛同するところの共通の原理（sententia）であり，神がどの人の精神（animus）にも植えつけたこの原理は道徳の形成に適している。またたとえば数学のように理論的な学問において，たとえば「全体は部分より大なり」というような共通の原理あるいは共通の観念もしくは公理があるように，道徳の学問においても何らかの共通の基礎（principia communia），あるいはアプリオリな結論（conclusions primac）—（中略）—すべての人間の行為の規則がある。これをいみじくも自然の律法と呼べるであろう[44]。

人間の精神，あるいは魂，心には道徳に関する共通の基礎があり，またアプリオリな結論や規則さえ予め具わっている，とメランヒトンはいう。これは，人間の創造とともに作られた在り方であって，人間の悟性による発明ではなく，あくまでも神によってわたしたちに植えつけられた道徳である。この点では，アリストテレス（Aristoteles, 前384-322）の哲学と同じであると彼はいう[45]。メランヒトンにおいては，（人間を含め）すべての生物に共通す

---

[44] 『宗教改革著作集 4 ―ルターとその周辺Ⅱ―』（教文館，2003年），214頁。傍点引用者。

[45] 同前書，215頁。

るアフェクトゥス―生命維持や生殖など―には自然法の「自然」は基づいておらず，あくまでも創造の際の理性と連結されている。自然法は人間の自然，すなわち創造において人間にしか付与されなかった理性のみに示されている。メランヒトンにおいて自然は，いわば生物学的な自然と，人間自然との2種類に区別されよう[46]。いわば，人間の生物としての動物的部分と，これも自然（すなわち神）によって与えられた理性とに。メランヒトンの場合，理性的「動物」と，「理性」的動物は，その活動領域が明確にされ秩序づけられているため，両者のあいだの矛盾は，それほど問題にならない。

情念は人間の動物的部分において確かに猛威をふるう。これを含めた全体としての人間の神の前における救いは，信仰によるほかない。しかし，理性による判断は，キリスト者であるなしを問わず，すべての人間において共通の規則に基づき，ここに道徳が形成可能である。これによって，つまり自然法を基礎にした道徳や法によって，わたしたちは情念の暴走による危害を，外的に最小に止めることができる。よって，教育が目指すべき目標は，まずは，この人間共通の道徳の形成および実現へと向けられよう。メランヒトンにおいては，理性によるこの世の道徳化は十分に可能であるし，むしろ積極的な課題ですらある[47]。

さて，こうした考えは，後にドイツ啓蒙主義の先駆者・トマジウスへと流れ込んでいくが[48]，啓蒙主義者のトマジウスとハレ大学での同僚で敬虔主義者のフランケ（August Hermann Francke, 1663-1727）とのあいだには，後に教育に対するスタンスの違いに関しても対立が起こる。そして，この対立は，先に見た人文主義者エラスムスと宗教改革者ルターとのあいだに顕在化した対立の内容と似通っている[49]。端的にいえば，理性か，キリスト教的な神（霊性）か，という点をめぐる対立である。自然科学的な進歩に支えられ

---

[46] Cf. Andersen, *op. cit.*, S. 122f.
[47] 前掲拙著『ルターとメランヒトンの教育思想研究序説』，115頁以降参照。
[48] 曽田長人『人文主義と国民形成―19世紀ドイツの古典教養―』（知泉書館，2005年），32頁。
[49] 同前書，34-35頁参照。

た文化的オプティミズムと，原罪意識に根ざすペシミスティックな人間観との対立である。しかし，敬虔主義は，回心という元来計画し難いものが計画されるという新たな行為主義とドグマ化に陥ってしまった[50]。この点についてもトマジウスは批判を行う[51]。たとえば，生徒の日常生活を厳しく管理するペダゴギウムでの教育に対して，彼は，そうしたやり方が外面的な行動を変えることだけにつながり，かえって見かけだけの偽善的な敬虔さを装うことになるという。トマジウスは（とくに後年になって再びルターの考えに近づいてから），悪の原因は教育にあるのではなく，原罪以来の人間自然の破壊のなかにあると記す。むろんフランケにも罪の認識はあるのだが，しかし，教育者としての強い意志を神の名の下にひたすら敬虔に貫こうとするとき，ここに強引なゆがみが生じることになるのは，いつの時代でも形を変えてあらわれる皮肉である[52]。

では，トマジウスは理性とその役割を，どう捉えていたのであろうか。『理性学入門』（*Einleitung zur Vernunft-Lehre*, 1691）では，「理性の正しい使用」に関して述べられる。冒頭で叡智（Gelahrheit）について，こう記されている。

> 叡智とは，それを通じて人間が，正しいものを間違ったものから，善を悪からはっきり区別し，（中略）自分自身の，そして共同生活のなかでの他の人々の，現世的および永遠的な幸福（Wohlfarth）を促進させるような認識（Erkäntnüß）である[53]。

人間の幸福にとって有用であるような認識を指して，それを叡智だとトマジ

---

[50] 同前，および前掲拙著『近代教育思想の源流』，258-274頁参照。
[51] Cf. Ahnert, Thomas. *Religion and the Origins of the German Enlightenment : Faith and the Reform of Learning in the Thought of Christian Thomasius*, New York : University of Rochester Press, 2006, p. 17.
[52] 前掲拙著『近代教育思想の源流』，258-274頁，鈴木晶子『イマヌエル・カントの葬列―教育的眼差しの彼方へ―』（春秋社，2006年），120-172頁参照。
[53] Thomasius, Christian. *Einleitung zur Vernunft-Lehre*, Hildesheim/Zürich/New York : Georg Olms Verlag, 1998, S. 75f. 成瀬治『伝統と啓蒙―近世ドイツの思想と宗教―』（法政大学出版局，1988年），78頁以降参照。

ウスは断言する。

　　人間の生活において何らかの実益（Nutzen）をつくりださず，また至福（Seligkeit）へと導かないものを，叡智と呼ぶわけにはいかない[54]。

　このように，すべての叡智や学問の目的は，人間の幸福という実益のためにあるとトマジウスはいう。そして，このための認識は，（もはや神をもちだす必要のない）理性によって可能である。しかも，理性はすべての人々に，男にも女にも具わっている自然の光である。これと超自然的な光である啓示は，明確に区別されなければならない。理性の及ぶ範囲は，あくまでもこの世界のもの（人々の前）に限られている。

　さらに，自然の光である理性にとっては，これもまたすべての人間の本性に予め記されている自然法を認識することが可能である。そして，自然法の最高原理とは幸福にある。「ひとはその生活を長く幸福たらしめることをなし，これを不幸たらしめ，または，死滅を早めることを避けなければならない」[55]。このためには，内的平和と外的平和が実現されなければならない。この最高原理を目指して生活する者は賢人（sapiens）であり，これに背いて生活する者は愚者（stultus）である[56]。

　内的平和と外的平和を実現するためには，もちろん法が必要になる。そのひとつが自然法であり，これは「感情によって動かされない平静な理性の推理によってのみ認識され，それ自体として何ら公示を必要としない」[57]。それは，「汝が他人によって行われることを望まざることは，他人に対してこれを行うな」という正義（justum）の要請を原理としている[58]。

　ところで，トマジウスのいう人間の最大の幸福とは何か。彼は，それを「心情の平安」（Gemüths-Ruhe）に求める。が，トマジウスにおいては，人

54）　*Ibid*., S. 87.
55）　和田小次郎『近代自然法学の発展』（有斐閣，1951年），109頁。
56）　同前。
57）　同前書，111頁。
58）　同前書，110頁。笹倉秀夫『法思想史講義〈下〉―絶対王政から現代まで―』（東京大学出版会，2007年），76頁参照。

間の「心」たるゲミュートを，悟性や理性と意志の統一体として捉えている点が，特徴的である[59]。理性も意志も，両者なくしては存在しえない。理性と意志とがひとつになったのが，人間の心情である。

そこで，この心情を駆動させている情念を彼は4つに分けた。「理性的愛」(vernünftige Liebe),「情欲」(Wollust),「名誉欲」(Ehrgeiz),「金銭欲」(Geldgeiz) である[60]。とくに，理性的愛において，理性と情念とは，心情において溶け合い，決して相対するものとは捉えられていない。愛の秩序(ordo amoris)[61]が，ここにはある。あるいは，17世紀以降の情念の新しい時代の幕明けも，感じられよう[62]。

---

59) 成瀬前掲書，92頁参照。
60) Wolff, Hans M. *Die Weltanschauung der deutschen Aufklärung in geschichtlicher Entwicklung*, Bern: A. Francke AG. Verlag, 1949, S. 41.
61) 金子晴勇『愛の思想史―愛の類型と秩序の思想史―』(知泉書館, 2003年) 参照。たとえばアウグスティヌスは，「神への愛」(dilectio Dei),「自己愛」(amor sui),「隣人愛」(dilectio proximi) のあいだの秩序, さらに自己愛については, 本性的自己愛・真の自己愛・罪の自己愛といった区別をし, これらの秩序ある在り方・生き方を模索している。トマジウスもアウグスティヌスからの影響を受けている。Cf. Ahnert, *op. cit.*, p. 30.
62) 包括的には, P. アザール『ヨーロッパ精神の危機―1680-1715―』(野沢協訳, 法政大学出版局, 1973年) や, 同『十八世紀ヨーロッパ思想―モンテスキューからレッシングへ―』(小笠原弘親ほか訳, 行人社, 1987年), P. ゲイ『自由の科学Ⅰ・Ⅱ―ヨーロッパ啓蒙思想の社会史―』(中川久定ほか訳, ミネルヴァ書房, 1982年, 1986年), E. カッシーラー『啓蒙主義の哲学(上)(下)』(中野好之訳, ちくま学芸文庫, 2003年) などを参照。ちなみに, アザールは『ヨーロッパ精神の危機』のなかで,「なんという対照, なんという激変であろう。位階制, 規律, 権威が保証する秩序, 生活を固く律するドグマ――一七世紀の人々はこういうものを愛していた。しかし, そのすぐ後につづく一八世紀の人々は, ほかならぬこの束縛と権威とドグマを蛇蝎のごとく嫌ったのだ。一七世紀人はキリスト教徒だったが, 一八世紀人は反キリスト教徒だった。一七世紀人は神法を信じていたが, 一八世紀人は自然法を信じた。一七世紀人は不平等な階級に分かれた社会でのうのうと暮らしていたが, 一八世紀人はただひたすらに平等を夢見た」(3頁)と, このコントラストを際立たせている。あるいは, ゲイは『自由の科学Ⅰ』のなかで,「情念の処遇においても形而上学の処遇においても, 啓蒙主義とは理性の時代などではなく, 理性主義への反抗なのであった」(157頁)と指摘している。伊藤勝彦・坂井昭宏編『情念の哲学』(東信堂, 1992年)や, 『中村雄二郎著作集Ⅰ―情念論―』(岩波書店, 1993年)なども参照。

3節　メランヒトンからトマジウスへ　　*47*

　こうしてトマジウスは，理性的愛に基づく人間社会の幸福化に向けて努力するのであるが，しかし，後年に至ってはルターの奴隷意志論に近づき，その人間観はペシミスティックな色彩を帯びるようになる[63]。人間において，理性は善きものではあるが，しかし，意志は悪しきものである，との認識への傾斜である。理性的愛ではなくして，非理性的な愛の忌まわしき存在に，どう立ち向かうのか。『倫理学実践』（*Ausübung der Sittenlehre*, 1696）では，これが大きなテーマとなっている[64]。

＊　　＊　　＊

　畢竟するに，どの時代，どの場所においてもやっかいな情念。エラスムスも記していた。Nec tecum possum vivere nec sine te. 理性的動物（理性／動物）である人間は，情念とどうかかわったらよいのか。情念を，ときにどう抑圧したり，管理したり，相殺したりしたらよいのか[65]。あるいは，情念は，いつも理性と対立するものなのだろうか。こうした問いに限りはない。

---

63)　Cf. Wolff, *op. cit*., S. 27-48.
64)　成瀬前掲書，98頁以下参照。
65)　A. O. ハーシュマン『情念の政治経済学』（佐々木毅・旦祐介訳，法政大学出版局，1985年）参照。

第3章
道徳の基礎としての自然法

　19世紀後半，すでにニーチェが「神は死んだ」と公言して以来[1]，わたしたち現代人の多くは，ニヒリズムの只中にある。このわたしたちが生きる世界の根底にあって，人間が少しでも幸せに生きる上で，究極の拠り所となるはずの宗教および道徳の原理が，じつは「妄想」であったというニーチェの指摘は，その後の世界に大きな衝撃をもたらした。世界の背後，あるいは究極の価値の基準は存在しない，ということの明言である。「大きな物語」の喪失。ここに，伝統的な「基礎づけ主義」(foundationalism) の教育は成り立たなくなる[2]。が，それは，すでに18世紀末のフランス革命うずまくパリで，サドによってすでに準備されていた。『ジュスチーヌまたは美徳の不幸』(*Justine ou les Malheurs de la Vertu*, 1791) では，こう語られる。

　　無邪気な若い娘さんよ，あんたが頼りにしている宗教は所詮，人間と神との関係にすぎないのだから，被造物である人間が創造主に捧げねばならんと思った信仰なんて，その創造主とやらの実在それ自体が空想の産物だと証明されれば，たちまち消滅してしまうのだよ，このことをよくおぼえておくがいい[3]。

サドの思想においては，神の代わりに何の目的も意味ももたない自然が君臨する。

---

1) F. ニーチェ『ツァラトゥストラはこう言った（上）』（氷上英廣訳，岩波文庫，1967年），14頁。
2) 「基礎づけ主義」の教育については，拙著『近代教育思想の源流―スピリチュアリティと教育―』（成文堂，2005年）参照。
3) M. サド『ジュスチーヌまたは美徳の不幸』（植田祐次訳，岩波文庫，2001年），87頁。

神なんて存在しない。自然はそれ自身で足りているのだ。自然は創造主を少しも必要としない[4]。

わたしたち人間もまた，たとえば蛆虫と同様の生成変化の渦中にある。第10章でも再び取り上げるが，絶えざる生成と変化のみが，サドのいう自然の現実であり法則である。

しかし，こうした生成変化のる︒つ︒ぼ︒のなかで[5]，おのれの存在の意味や目的を問わずして生きられるほどの強者が，どれほどいるであろうか。それは，ニーチェのいう超人であるが，こうした力をもつ超人へ向けての教育，すなわち力への教育とは，わたしたちが日常的にイメージする教育と，どうかかわるのであろうか[6]。

ともかく，現代社会では，一方では究極的な価値や意味の世界たる「神」が死んで，インモラルな無秩序に向かおうとする趨勢があり，他方では相変わらずの「神」に冀い，戦争や闘争の日々が，やはり無秩序に向かって繰り広げられている。これなら，「神は妄想である」ほうがましではないか[7]。どちらにせよ，わたしたちの日常生活は，世界的に見ても，不道徳かつ無道徳，あるいは反道徳的な色合いを強めつつある[8]。そして，わたしたちはい

---

4) 同前書，88頁。
5) サドはこう述べている。「おれたちが死ぬと，つまりおれたちを形づくっている要素が全体の要素に合体すると，おれたちは卑しい生︒ま︒の物質の微小な部分と化して永久に消滅し，生前の素行がどうであったにせよ，一瞬，自然のるつぼを通り抜け，別の形をとってそこからほとばしり出る。といっても，世にも恥ずべきふしだらな生活にふけった者よりも，ひたむきに美徳に香を捧げた者のほうに多くの特権があるわけではない。なぜなら，自然の機嫌を損ずるものはなに一つとしてないばかりか，だれしも同じように自然のふところから出た人間は，生あるかぎり自然の衝動に従って行動したあと，生存を終えると，自然のふところの中で例外なく同じ終末と同じ運命を見出すからだ」（同前書，90頁）。
6) これに関連して，N. ノディングズ『幸せのための教育』（山﨑洋子・菱刈晃夫監訳，知泉書館，2008年），56頁以降参照。
7) 宗教がもたらす害悪についての遺伝生物学者ドーキンスの言葉。次を参照。R. ドーキンス『神は妄想である―宗教との決別―』（垂水雄二訳，早川書房，2007年），D. C. デネット『解明される宗教―進化論的アプローチ―』（阿部文彦訳，青土社，2010年）。
8) たとえば，次を参照。J. ヤング『排除型社会―後期近代における犯罪・雇用・差

うにいわれぬ実存的不安の最中にある[9]。ただし，ニーチェもいうように，いつも「善人たちは，ただ長生きをし，あわれむべき快適な生活をするために，徳を持っている」[10]。では，わたしたちは，ただ長生きをし，憐れむべき快適な生活をするために，自己中心的な「善人」を育てるために，徳の教育，つまり道徳教育にたずさわるのであろうか。

こうした現代の社会や教育の一般的状況を踏まえた上で，本章では，ドイツの教師・メランヒトンにおける道徳の基礎としての自然法に，あらためて注目してみたい。

宗教改革者ルターの右腕として活躍したメランヒトンは，いうまでもなくキリスト者であるが，元来はギリシア語教師としてヴィッテンベルク大学に赴任した人文学者（ヒューマニスト）である。ルターからの強烈な影響の下，その思想も時間とともに微妙に変化するものの，ルター的なキリスト教信仰を中軸としながら広くギリシア・ローマの古典教養（パイデイア・フマニタス），さらに多くのキリスト教教父の思想に通じていた[11]。彼にとっては，信仰への教育，すなわち（現代的表現を用いれば）宗教教育こそ重要であるとはいうものの，それ以前の（しかも最後の）段階として，徳への教育，すなわち（先と同じく現代的表現を用いれば）道徳教育に対しても大きなアクセントが見られる。主にアリストテレスとキケロ（Marcus Tullius Cicero, 前106-43）の哲学や思想を，ルター神学の観点から変容させた独自のキリスト

　　異―』（青木秀男ほか訳，洛北出版，2007年），同『後期近代の眩暈―排除から過剰包摂へ―』（木下・中村・丸山訳，青土社，2008年）。
9) 次を参照。A. ギデンズ『モダニティと自己アイデンティティ―後期近代における自己と社会―』（秋吉・安藤・筒井訳，ハーベスト社，2005年）。ヤングもいうように，現代では「物質的に不安定で存在論的に不安な状況が，人々のあいだに，自分の感情を他人に投影するという態度を生み出し，道徳主義を広める条件になっている」（ヤング前掲『排除型社会』，13-14頁）。これは現代日本も同様であり，ゼロ・トレランスやあらゆる形での統制，あるいは「道徳教育」や「規範教育」の行きすぎた強調となってあらわれていることは，いうまでもない。
10) ニーチェ前掲書，62頁。
11) Cf. Meijering, E. P. *Melanchthon and Patristic Thought : The Doctrines of Christ and Grace, the Trinity and the Creation*, Leiden : E. J. Brill, 1983.

教的ヒューマニズムに基づいて、彼は道徳教育を大学人としてみずからも実践し、その原理を著し、さらに数多くの弟子や教師たちを育成し、さらに教科書やカテキズムを残し、学校制度改革やカリキュラム改訂にも臨んだのであった[12]。ドイツの教師（Praeceptor Germaniae）といわれる所以である。

メランヒトンにおいては、冒頭で「妄想」あるいは「空想」として否定された神は、むろん現在しているものの、無秩序ではなく秩序ある現実生活へ向けた道徳教育（社会の道徳化）[13]にウエイトが置かれる点が、極めて特徴的である。つまり、やはり「神」（ある者にとっては妄想）をめぐる宗教戦争によって争いの絶えない激動の時代にあって、わたしたち1人ひとりの平和と幸福とを第一に願ったのが、メランヒトンであった[14]。戦う人・ルターとのコントラストは、ここに鮮明である。

キリスト教的ヒューマニストらしく、道徳の基礎を神および自然、すなわち自然法に求めたメランヒトン。本章では、この原理の要点を、わが国では未だ本格的に紹介されていない資料に基づいて浮き彫りにし、さらに具体的な教育課程の一端を明らかにしてみたい。

1節　メランヒトンにおける自然法

西洋における自然法（lex natulalis, Naturrecht）の歴史は、古代ギリシア哲学にまで遡る[15]。すでに前章で見たノモス＝フュシス論争のなかで、法は自然（physis）に基づくものか、それとも約束事（nomos）なのか、と争われた。つまり、わたしたちが現実に生きる上で必要とされるさまざまな法、とりわけ道徳は、その基礎を自然に見出すのか、それとも単なる時代や社会の約束事に見出すのか、という点をめぐる論争である。ソフィストのカリク

---

[12]　拙著『ルターとメランヒトンの教育思想研究序説』（溪水社、2001年）参照。
[13]　同前書、とくに183頁以降参照。
[14]　R. シュトゥッペリッヒ『メランヒトン―宗教改革とフマニスムス―』（倉塚平訳、聖文舎、1971年）参照。
[15]　H. ミッタイス『自然法論』（林毅訳、創文社、1971年）参照。

レスは,「正義」や「平等」などは,弱者が自己防衛のために案出したお題目であり,こうした観念はすべて約束事にすぎない,とした。動物の世界と同様,人間世界においても,弱肉強食が自然本来の姿だというのである[16]。これは,サドやニーチェの思想の根源に位置する。こうした見方に対して,ソクラテスは,人間ならではの「善く生きること」を主張し,プラトンに至っては,「善のイデア」こそが真実在とされたのであった。

　現代においても,道徳の基礎を生物としての自然に求めることが可能かどうか,道徳とはいったい何なのかをめぐって,同様の議論が続けられているが[17],ともかく「善のイデア」は,キリスト教においては「神」となり,わたしたち1人ひとりには,かけがえのない「心」(cor) の実在が想定されるようになる。これは神の像(imago Dei)としての人間,人間の尊厳・品位(dignitas)の根拠ともなる[18]。『カノン法全典』(Corpus Iuris Canonici)のなかに編入されたとされる最古の教会法集成『グラティアヌス法令集』(Decretum Gratiani, 1140頃)の冒頭には,こう記されている。

　人類は二つの法によって規律されている。すなわち,自然法と慣習。自然法とは,聖書および福音書の中に含まれているものである[19]。

これが,後のキリスト教社会における自然法理解のベースとなる。自然法は神に起源する。しかもアウグスティヌス,さらにトマス(Thomas Aquinas, 1225頃-1274)以降,これは人の「心に記された自然法」(lex naturalis in corde scripta)となる[20]。ここに道徳の基礎がある。以下,中世を経て宗教改革の時代,メランヒトンがこれをどう捉えたのか,ポイントを押さえておこう[21]。

---

16) 『岩波　哲学・思想事典』(岩波書店,1998年),653頁参照。
17) 差し当たり,次を参照。J-P. サンジュー監修『倫理は自然の中に根拠をもつか』(松浦俊輔訳,産業図書,1995年)。
18) 金子晴勇『ヨーロッパの人間像―神の像と人間の尊厳の思想史的研究―』(知泉書館,2002年)参照。
19) A. P. ダントレーヴ『自然法』(久保正幡訳,岩波書店,2006年),45頁。
20) 同前書,49頁。
21) すでに一応のまとめを,前掲拙著『ルターとメランヒトンの教育思想研究序説』,

メランヒトンは，先にも触れたように，道徳教育の重要性を重ねて説く点においては，彼をキリスト教的道徳哲学者とも呼ぶことが可能であろう。事実，多芸多才な彼においては，神学者としてのメランヒトン，自然哲学者としてのメランヒトンなど，さまざまな角度からのアプローチを試みることができるが，なかでも道徳哲学あるいは倫理学は，彼にとって重要な領域であった。その道徳哲学者・メランヒトンの最初のまとまった著作が，『倫理学概論―善と悪の究極について―』(*Epitome ethices : De finibus bonorum et malorum*, 1532) である。これは，6年後に『道徳哲学概要』(*Philosphiae moralis epitome*, 1538) としてシュトラースブルクで出版された書物の源流に位置する。その後は，*Philosophiae moralis epitomes libri duo*, 1546. や *Ethicae doctrinae elementa*, 1550. というように，繰り返しメランヒトンは道徳哲学および倫理学について講義をし，これを公に著している[22]。基本形式はアリストテレスの倫理学にならうものであるが，その精神はルターの影響を受けたキリスト教信仰で満たされている。最初にメランヒトンは，こう答える。

1. 道徳哲学 (philosophia molalis) とは何か。

それはすべての徳 (virtus) に対する義務 (officium) について教えてくれる完全な知 (notitia) である。これを理性 (ratio) は人間の本性 (natura) と一致する (convenire) ものとして理解する。しかも，これはいまの市民生活 (civilis vita) を送る上で必要である[23]。

178頁以降で行っているので参照。本書，第2章も参照。メランヒトン初期の自然法理解について詳しくは，次を参照。Maurer, Wilhelm. *Der junge Melanchthon : Zwischen Humanismus und Reformation*, Bd. 2., Göttingen : Vandenhoeck & Ruprecht, 1969, S. 287ff.

[22] 道徳哲学・倫理学者としてのメランヒトンについては，次も参照。Hartfelder, Karl. *Philipp Melanchthon : Praeceptor Germaniae*, Berlin : A. Hofmann & Comp., 1889, S. 231ff. 次もコンパクトにまとまっている。Luthardt, Christoph Ernst. *Melanchthons Arbeiten im Gebiete der Moral*, Leipzig : Doerffling & Franke, 1884.

[23] Heineck, Hermann (hrsg.). *Die aelteste Fassung von Melanchthons Ethik*, Berlin : R. Salinger, 1893, S. 3.

アリストテレスとともにキケロからも多くを学んだメランヒトンは,「命令および禁止することにおける正しい理性」(recta ratio in iubendo et vetendo)[24]の機能を大いに認め,これが人間の本性と一致するのだという。つまり,人間の自然本性には,本来,徳を実現する上での義務と,そのための知が刻印されているという認識である。さて,人間のナトゥーラ,その最終の本体は心である。よって,徳に関するあらゆる情報は,この心に予めインプリントされているということになる。しかも,この道徳は市民生活を送る上で必要不可欠である。

まず,市民生活を平和に送る上で道徳哲学の意味を確認した後,やはりルター派神学者としてのメランヒトンが第一に強調するのは,哲学と福音との区別である。

2. 哲学 (philosophia) と福音 (evangelium) とはどう違うのか。

まずここで,法 (lex) と福音とは別ものであると十分に区別しなければならない。というのも,神の法 (lex dei) はわたしたちがどのようでなければならないかを教え,神と人間とに関してどのような行いが優れているかを教えてくれるから。しかし,福音はわたしたちにキリストによる恩恵 (gratia) によって神に喜ばれることを教えてくれる。これは法ではない。どのようなことで神はわたしたちによってなだめられるか,いわばその原因や法の条件を付加するものではない。哲学は福音でも福音のある部分でもなく,神法 (divina lex) の一部である。というのも,自然法 (lex naturae) そのものは神によって人間の心のなかに (in mentibus hominum) 記されてあり,この自然法は,理性が認識し (intellegere),市民生活にとって必要な徳に関する神の法であることは正に真実であるから。すなわち,哲学とはもともと自然法の説明 (explicatio) 以外の何ものでもない[25]。

このように,メランヒトンはキリスト教の果たす役割を,個人の内面的救済

---

24) ダントレーヴ前掲書,49頁。
25) Heineck, *op. cit.*, S. 3-4.

にかかわる福音の次元と，日常生活を平和に安全に送る上で必要な道徳の次元という2つの次元で捉えていることが明らかである。ともすると，熱狂主義者たちなどは，市民生活つまり道徳を無視した無律法主義やスピリチュアリズムに傾斜しがちであるが，いつの時代でも危惧される宗教のこうした側面に対して，彼は大きな注意を促し続けていた[26]。あくまでも，ふだんの市民生活が秩序あるものとして保たれたところに，1人ひとりの人間が徳ある生活を送るなかで，福音が作用する。そして，信仰において受け容れられた福音は，結果として，わたしたちの道徳的市民生活を，より完全なものにしていく。これが，メランヒトンの教育思想の根底にある確信であった。よって，哲学と福音との区別は，彼において極めて重要であり，かつこの両者が，ともに必要なのであった。

さて，上の箇所では，哲学は神の法，あるいは神法の一部であり，それは自然法でもあって，神によって人間の心に記されているとある。しかも，それは理性によって解読される道徳法でもあって市民生活に必要である，と。この点について，メランヒトンの主著『ロキ（神学要覧）』(Loci communes, Heubtartikel Christlicher Lere, 1553) を参照しつつ[27]，少し整理しておきたい。

神の法に関する章の冒頭で，メランヒトンは「モーセにおける法は，3つの部分に分けられる」[28]という。それは，①道徳法（Lex Moralis, Moralgesetz），②儀式法（Lex Ceremonialis, Zeremonialgesetz），③裁判法（Lex Iudicialis, Judizialgesetz）の3つである。とくに，①と②③とのあいだの区別を，メランヒトンは強調している。①の道徳法は永遠法（das ewige gesetz）であり，後の②③は，この世的であり，時間と場所により変化する。

---

26) Cf. Wengert, Timothy J. *Law and Gospel : Philip Melanchthon's Debate with John Agricola of Eisleben over Poenitentia*, Grand Rapids : Baker Books, 1997.
27) Melanchthon, Philipp. *Heubtartikel Christlicher Lere : Melanchthons deutsche Fassung seiner LOCI THEOLOGICI, nach dem Autograph und dem Originaldruck von 1553*, Leipzig : Evang. Verl.-Anst., 2002.
28) *Ibid.*, S. 176.

道徳法，これは徳に関する法である。これを，わたしはこれからこの書物のなかで，永遠法と呼ぼう。あるいは，罪に対する神の裁きに関する法と[29]。

いずれも重要ではあるが，メランヒトンにとってとりわけ重要なのは，もちろんこの道徳法である。同時に，この永遠法は，メランヒトンによれば十戒として明示されているという。

> わたしたちは先へ進んで高貴なる永遠の法について語るべきなのだが，これを人々は頼りなげな名前で「道徳法」と呼んでいる。わたしたちはこれを十戒と呼ぼう。というのも，永遠法の原理的な部分がこのなかにまとめられているから[30]。

メランヒトンにおいて十戒（die zehen gebott）とは，単なる10の警句ではなく，これこそが永遠法＝道徳法の具体的表記である。

> まず，しかし最初に，こう定義しておきたい。神の法とは，人が道徳法あるいは徳に関する，もしくは神の裁きに関する法，つまり十戒と呼ぶもので，神自身のなかにある永遠に変化することのない知恵（weißheit）であり，正義の規則（regel）である。これは，美徳と悪徳とを区別し，悪徳に対しては激しく怒る。この知恵の一部は，創造の際に（in der schopfung）人間に分与されている。そして，後にわたしたちが神自身の本性を知るようになり，わたしたちが知恵と正義において，神と似たものになる（gleichformig）という要請を知るように，神の言葉が与えられたのであった[31]。

ゆえに，わたしたちは神と似たものになるために，つまり神の像としての完成へと近づくために，まずはこの十戒を，すなわち道徳法を，徹底して学ばなければならない。しかも，原罪後の罪人であるわたしたちにとって，この

---

29) *Ibid.*
30) *Ibid.*, S. 177.
31) *Ibid.*, S. 177-178.

道徳法は，決してそのままの形でおのずと何の障害もなく認識されて実行に移されるものでもないことを，メランヒトンはもちろん押さえていた。『倫理学概要』では，こう記されている。

11. 徳とは何か。
　もしこれをもっとも正確かつ明確に定義したいなら，徳とは正しい理性に従おうと傾く〔心を向ける〕(inclinare) 習慣 (habitus) であるといえる。もちろん，この法は自然本性のなかに初めから置かれていなければならない。正しい理性には従うべきなのである[32]。

しかし，人間はさまざまな情念 (affectus) による妨げなどによって，なかなか理性に服従しがたい。にもかかわらず，メランヒトンは「たとえ自然の病 (morbus naturae) によって損なわれ (vitare)，ある程度は曇らされている (obscurare) にせよ，人間における神的なものの痕跡 (vestigium) であり像 (imago)」[33]としての知恵は，わたしたちのなかにいまでも残存していると見なす。「自然の病」とは「原罪」(peccatum orginale) である。ここに，十戒に始まる教育が，まずは教会と学校において，強力に推進されることが求められる[34]。

　次に，道徳法の具体的表記である十戒について，メランヒトンが強調する要点を確認しておきたい。

2節　メランヒトンにおける十戒の要点

　第1の戒めから第10の戒めまで，メランヒトンはその内容を逐次詳しく解説し，それぞれの戒めに対する違反としての罪と，さらにそれぞれの戒めにおける「善行」(gute werk) とは何かを明らかにしていく。これらすべてが，メランヒトンにおける道徳法の骨子となっている。要点のみ，押さえて

---

32) Heineck, *op. cit*., S. 8.
33) *Ibid*., S. 5.
34) 前掲拙著『近代教育思想の源流』，165頁以降参照。

おこう。

　第1の戒め―あなたには，わたしをおいてほかに神があってはならない。あなたはいかなる像も造ってはならない。これは「真の神の知」(vera notitia Dei, erkantnus des warhafftigen gottes) について述べている[35]。メランヒトンが最初に強調するのは，たとえキリスト教徒ではない異邦人であっても，曇らされた自然の理解によってでさえ，天と地，わたしたちや他のすべての被造物が，もともと賢い全能なる存在によって作られ，いまもすべてを保っていることを知っている，という点である。しかし，彼らはさまざまな仕方で「真の神」からは遠ざかってしまう。なので，ここにわたしたちを「真の神」へと方向づけ，神をどのように正しく認識したらよいのかを教えてくれる「規則」(Regel) が必要となる。これがこの第1の戒めである。「わたしは主，あなたの神，あなたをエジプトの国，奴隷の家から導き出した神である」[36]。ここに神の存在を証明する「外的なしるし」(ein eusserlich zeugnis) がある。神の厳然たる現在。しかも，この神はさらにひとり子イエス・キリストを通じて自らを啓示する。

　ところが，わたしたち人間の自然本性は罪と暗闇のなかに堕落してしまったので，「真の神」を認識することができない。しかし，聖書の言葉や奇跡，そして息子であるイエス・キリストを通じて，わたしたちは再び神へと向き直ることが可能である。ただし，これは人間のなかにある自然本来の力だけでは不可能である。わたしたちの自然本性はあまりにも悲惨な罪のなかに曇らされているため，この第1の戒めを自力で満たしたり保ったりすることはできない。メランヒトンは，福音と聖霊によって，主であるキリストの働きを通じた回心を抜きにしては，これを成就できないと明言している。まずは，こうした人間の置かれた現在の罪の状況を直視するところからすべてが始められなければならない，とメランヒトンは述べる。ゆえに，いくつかの徳目がここではあげられているが，とりわけ真の信仰としての「信頼」(vertrauen) が強調されている。つまり，こうした悲惨なわたしたちを救

---

[35] Melanchthon, *op. cit*., S. 179.
[36] 『出エジプト記』第20章2節。

い，罪をゆるし，恵みを与えてくれた神の子，イエス・キリストへの信頼である。

わたしたちは，第1の戒めによって，①神を正しく認識し（rechte erkantnus des warhaggtigen gottes），②神を怖れ（erschreken），③イエス・キリストに対する信仰としての信頼をもち（glaub, vertaruen），④神を愛し（lieb），信仰を通じて神の愛を心の内に点火し，⑤希望をもち（Hoffnubg），⑥忍耐し（gedult），⑦謙遜（Demut）を忘れずに生きるべきである。第1の戒めを満たすための徳目は，以上の7つである。

これらに対して，その違反としての罪も列記されている。これが「罪の第1段階」（der erste grad der sunden）から第9段階まで示される。①神はいないと思ったりいったりすること，②他の神を捏造すること，③魔術，④ユダヤ教，イスラム教など，みずから神を作り出す哲学的な誤り，⑤うぬぼれ，⑥うぬぼれの反動としての絶望，⑦礼拝の遂行によって罪のゆるしが得られるとすること，⑧傲慢，⑨忍耐に欠けること，という9つである。とくに，礼拝や儀式を遂行しているというだけでは罪のゆるしにはならないという点は，ルター神学を忠実に受け継いでいる。

第2の戒め—あなたの神，主の名をみだりに唱えてはならない。第1の戒めは，わたしたちの理解と心について述べているのに対して，第2の戒めは，わたしたちの舌と言説について述べている，とメランヒトンはいう。まず，この戒めにおける4つの善行をあげている。①真の怖れと信仰のなかで神に依り頼むこと，②真の怖れと信仰のなかで神に感謝すること，③真の怖れと信仰のなかで律法と福音とを正しく純粋に説くこと，④真の怖れと信仰のなかで真の教えを告白すること，つまり信仰告白。

これらに対する違反としての罪は，以下の通りである。①神への不敬，つまりエピクロス派やストア派のように，神を物理的な自然のなかに閉じ込めてしまい，神は自然の秩序に対してなす術をもたないとすること，②異教徒が行うすべての間違った祈り，③魔術，④あらゆる種類の誤った教え，⑤神への怖れとキリストへの信頼を抜きにした祈り，⑥誤った誓いと偽証，⑦他のすべての人々を破滅させるよう神に祈り呪うこと，⑧感謝の祈りをしない

こと，⑨あらゆる形の自画自賛，⑩偽りの見せかけ，⑪すべての邪悪な行いやものごとと結びついた躓き。

以上，第1と第2の戒めに対する違反には積極的な罰が下される，とメランヒトンは付記する。「というのも，罰をともなわない律法は戯言であるから」(Denn gesetz one straff ist ein vergebliche rede.)[37]。これらの律法は，恵みによる罪のゆるしについて何ひとつ語らない。律法とは，あくまでもわたしたちの罪に対する神の恐るべき判断だけを明らかにする。福音と律法との区別は，ここでも強調されている。

第3の戒め―安息日を心に留め，これを聖別せよ。メランヒトンによれば，第1は心について，第2は舌について，第3は儀式についての戒めである。

ともかく，メランヒトンはこれら3つの戒めを律法の第1の板に属するものとして，これは神に関する真の知について語っているという。それに対して，第4からの戒めは，社会秩序と神による自然についての考察であり，律法の第2の板に属するという。ここで彼は『マタイによる福音書』第22章37-39節を引き合いに出す。「『心を尽くし，精神を尽くし，思いを尽くして，あなたの神である主を愛しなさい。』これが最も重要な第1の掟である。第2も，これと同じように重要である。『隣人を自分のように愛しなさい。』律法全体と預言者は，この2つの掟に基づいている」。メランヒトンによれば，第1の板を守ることができた場合に，第2の板もまた充実した神聖な行いとなる。

〔両方の板の〕義務は同じ (gleich) である。というのも神の本質 (gottes wesen) は同じであるから[38]。

キリスト者の人生において，この両方の板に従うことは，同時であり同等である。メランヒトンが再三強調するのは，わたしたち人間が神の本性を学び，それに似たものとなる (gleichformig) よう努力することである。その

---

37) *Ibid*., S. 191.
38) *Ibid*., S. 197.

ために十戒はある。さらにポイントだけを見ておこう。

　第4の戒め―あなたの父母を敬え。このなかで神はわたしたちに，節操のない自由ではなく，秩序（Ordnung）と支配（Regiment）とを求めているという。ところが，現実の人間は，「堕落した本性」（die verderbte natur）に従って，無秩序な自由に走っている。メランヒトンによれば，無秩序で，まるで手綱がはずれたような自由は，真に人間的で，高貴に値する「自由」（freyheit）とは見なされていない。これは，自由という言葉の濫用である。

> 自由とは，自らの身体と財産とを，神の法，もしくはわたしたちにとって心地よい他の正しい法に従って，秩序をもって用いること（ordenlichen gebrauch）である[39]。

わが身を含めてすべてのものを「秩序ある使用」に資するために，十戒すなわち神の法は，わたしたちの「手綱（馬勒）」（zam）[40]となる。これは，わたしたちの心，口，手，他すべての肢体を引き締める手綱である。手綱は，秩序へとわたしたちを導いてくれる。

　メランヒトンによれば，神はこの世にさまざまな秩序を定めたという。それが，まず支配者と臣民，父と母，教師と生徒などといった関係である。父母を敬え，というこの戒めは，こうしたこの世の秩序を制定したものとされる。とりわけ，敬うという「敬意」（ehrerbietung）の意味をメランヒトンは強調する。敬意こそが，神の法に従う源泉であり開始である。すると，神はわたしたちの内にその知恵と善さとを分け与えるようになる。そして，この敬意を教える役割を果たすのが，親や教師（schulmeister）である。ところが，教育においても規律においても学校では勤勉さに欠けている，とメランヒトンは指摘する[41]。この第4の戒めの違反として，彼は，両親や学校教師に対する子どもたちの不服従をあげている。メランヒトンの教育思想を実現させる原理的モチーフとして，この第4の戒めは極めて重要である。

---

[39] *Ibid*., S. 200.
[40] *Ibid*.
[41] *Ibid*., S. 209.

さて,この後,第5から10までの戒めが続くことになるが,それぞれにおいてこれまでと同様に,その解説と具体的な違反および善行について述べられることになる。とくに,第7の戒め「姦淫してはならない」では,「無秩序な情念と情欲」(unordenliche flammen und brunst) に注意が向けられる。

十戒の要点を総覧するに,メランヒトンが常に強調して止まないのは,やはり秩序ある愛であり,秩序ある人間の在り方・生き方である。そのためには「手綱」としての十戒が必要である。すでに「堕落した本性」という馬を御するには,この「馬勒」が不可欠である。

続いてメランヒトンは,神の法の3つの用法について記している。いわゆる,律法の市民的用法,神学的用法,そして教育的用法である。メランヒトンが,信仰において日々の生活を送るキリスト者に対しても,絶えず神への同形化 (gleichformig) を目指して,律法を教育的に用い続ける必要性を説いたことは重要である[42]。信仰は,常にわたしたちの市民生活において,より完成された道徳的な在り方・生き方として具体的に体現されなければならないし,またそうでない信仰は偽りである。

最後に,自然法について,メランヒトンは再び短くまとめている。これは十戒において示された永遠に不変の神の知恵である,と。この世での「人間らしい」生 (das christliche Leben) にとって終生必須の手引きとされる自然法に深く根ざしながら,メランヒトンは,これを社会で実現すべく,教育へと向かうのである。

3節　メランヒトンの学習改革

周知の通り,ルターによる宗教改革は,それまでのカトリック教会に基礎を置いた教育システムを,地方や国という領邦国家に基づくものに変容させた。ルター,メランヒトン,ブーゲンハーゲン (Johann Bugenhagen, 1485-1558),ブレンツ (Johannes Brenz, 1499-1571) といった宗教改革の指導者た

---

[42] 前掲拙著『近代教育思想の源流』,165頁以降参照。

3節 メランヒトンの学習改革 63

ちは，教会による教育の独占，宗教教育や古典教育のゆがみを正すべく，従来の教会を厳しく非難した。彼らは，その代わりに，公教育の「世俗的な」システムを導入した。すると，ウィットによると[43]，教育による成果と目的が明確にされることにより，聖職者と並信徒とのあいだの伝統的社会的区別がなくなり，「世俗化」(laicization, Verbürgerlichung) と「現世化」(temporalization, Verweltlichung) が進行するようになる。これにより，教育および宗教の政治支配が後に広がることも事実であるが[44]，当初，メランヒトンがどのように学習改革を進めたのか，その具体例を見ておきたい。1528年の「ザクセン学校規則」(Kursächsishe Schulordnung)[45] を1533年にヴィッテンベルクのラテン語学校が導入するに当たり，そのカリキュラム内容がどう定められたのか，パウルゼンに基づいて明らかにしておこう[46]。

　学校には1人の教師と，3人の補助者がいる。授業開始時間は，夏学期は6時半。冬学期は7時半。*Veni creator spiritus* を歌い，祈りで授業が始まる。それから，2時間のあいだ，個々の組に分かれて学習が行われる。上級クラスでは，テレンティウスとプラウトゥス。次のクラスでは，カトーとイソップが学ばれるが，その構文と語尾変化について試問される。続いて全員教会に行き，すべて午前中は毎日説教を聞き，讃美歌を歌わされる。教会の後は，文法の時間である。そこで上級の2つのクラスは1つになり，語形論を訓練する。10時から12時は，昼休み。午後の授業もまた，*Veni creator* という聖歌で始まる。最初の1時間は音楽。これは，上級の2クラスのみ。1時から2時のあいだ，第1組は2日に渡って統語論を暗唱し，他の2組はウェルギリウスあるいはマントゥアヌスの『田園詩』(*Bucolica*)，もしくはエオバヌスの英雄書簡を読む。第2組はドナートゥスを暗唱し，モセラヌスのパエドロギアを読み，2時から3時のあいだに，生徒は帰宅する。3時か

---

43) Cf. Witte, JR. John. *Law and Protestantism : The Legal Teaching of the Lutheran Reformation*, Cambridge : Cambridge University Press, 2002.
44) Cf. *Ibid.*, p. 291-292.
45) 前掲拙著『ルターとメランヒトンの教育思想研究序説』，222頁以降参照。
46) Cf. Paulsen, Friedrich. *Geschichte des gelehrten Unterrichts*, Bd. 1., Leipzig : Verlag von Veit & Comp., 1919, S. 280-281.

ら4時のあいだ、上級の2組は再び一緒になり、エラスムスの『市民道徳について』(De civitate morum) やコロクイア、あるいはキケロの手紙やムルメリウスの格言集が与えられ、また別の日には、そこから作文したり語形変化させたりする。しかも、その際には音調論の訓練もする。最後は、Oratio vespertina および詩篇から Jesu redemptor が歌われる。水曜日の午後は自由である。午前は Scriptum が行われる。土曜日の午前中は福音書が文法的に講釈される。さらに日曜日も説教の前に教理問答がラテン語とドイツ語とで行われ、祈りについて試問される。学校での言語は、ラテン語である。これが、典型的なラテン語学校の学習計画である。すでに、初等入門書からラテン語で記されており、ラテン語学校ではラテン語を正確に教え、これ以外の言語を用いることは禁止されている。

このように、極めて厳しい人文学のトレーニングを経て、さらに優秀な生徒は大学へと進学した。1536年のヴィッテンベルク大学の学習改革が記録として残されているが[47]、それによると、学部は神学部・法学部・医学部・学芸学部に分かれる。神学部のカリキュラムでは、中世以来伝統のペトルス・ロンバルドゥスによる『神学命題集』は、もはや教えられていない。代わりに、ルターの主張した通り聖書が中心である。学芸学部では、これを原典で読むのに必要なヘブライ語やギリシア語が教えられる。他にも、詩学、文法、数学、弁証法、修辞学、自然学、道徳哲学が必修科目とされている。

以上は、メランヒトンの学習改革によって成立した学校カリキュラムのほんの概要である[48]。キリスト教信仰をベースとしながら、その神が啓示された聖書というテキストを読むためには、まずは言語の学習が必要とされるのはいうまでもない。もちろん、これは教会や学校や国家を担うべきエリート

---

47) 別府昭郎『ドイツにおける大学教授の誕生』(創文社、1998年)、163-167頁参照。これは、Friedensburg, Walter. *Urkundenbuch der Universität Wittenberg*, Magdeburg : Selbstverlag der Historischen Kommission, Teil 1., 1926, Teil 2., 1927. に基づいている。次も参照。拙稿「メランヒトンの大学教育改革―再洗礼派との対決のなかで―」日本キリスト教教育学会『キリスト教教育論集』第18号、2010年、33-48頁。

48) 前掲拙著『近代教育思想の源流』、152頁以降参照。

3節　メランヒトンの学習改革　　65

に向けられた教育である。メランヒトンは数多くのカテキズムも著していて，エリートのみならず一般民衆やその子どもたちに，十戒を教え込む工夫にも尽力した[49]。

ギリシア・ローマの古典教養とキリスト教信仰とは，決して矛盾しない。メランヒトンにおける敬虔（pietas）と教養（eruditio）とは，深い相関関係にある[50]。しかも，神は異邦人に対しても等しく自然法をその心のなかに刻印した。こうしたメランヒトンの自然法理解の前提は，宗派や宗教を超えて，再びリベラル・アーツを共通教養とするエキュメニカルな社会生活の実現へ向けて，わたしたちをいまでも鼓舞し続けているといえよう[51]。

*　　*　　*

はじめに見たように，「基礎づけ主義」は，現代では激しい攻撃にさらされている。その「基礎づけ主義」の主張を，ボクは10カ条にまとめている[52]。

①ある特定の道徳的価値は，神によって定められている。
②それらは自然秩序の一部である。
③それらは永遠に妥当する。
④それらは例外なく妥当する。
⑤それらはどんな理性的動物によっても直接に知られうる。
⑥それらは「道徳感覚」によって認識されうる。
⑦それらは人類とは独立に存在する。
⑧それらは主観的であるよりはむしろ客観的である。

---

49) 同前書，165頁以降参照。
50) Cf. *DONA MELANCHTONIANA : Festgabe für Heinz Scheible zum 70. Geburtstag herausgegeben von Johanna Loehr*, Stuttgart : Frommann-Holzboog, 2005, S. 520.
51) Cf. Haustein, Jörg (hrsg.). *Philipp Melanchthon : Ein Wegbereiter für die Ökumene*, Göttingen : Vandenhoeck & Ruprecht, 1997.
52) S. ボク『共通価値―文明の衝突を超えて―』（小野原雅夫監訳，法政大学出版局，2008年），94頁。

⑨それらは全人類によって共通に保持されている。

⑩それらはあらゆる人間社会において案出されてこなければならなかった。

メランヒトンの自然法の主張も、これらのほぼすべてを含み込んでいる。

しかし、冒頭で確認したように、現代においては、まず「神」の存在が否定されるため、その後の項目もなし崩しとなってしまう。かろうじて、他の動物との共通性に着眼し、本書でも取り上げるような、進化生物学や脳科学などの観点から、からだに根ざした「道徳感覚」を擁護する主張が見られる。が、哲学的な視座においては、ニーチェやサドのような主張も、決して成り立たないわけではない。わたしたちは、混沌とした混迷の時代において、道徳および道徳教育を、さらには宗教および宗教教育を、どこに位置づけたらよいのだろうか[53]。

それは、やはり「自然」しかないのではないか。ヒックがいうように、何か特定の「神」に依拠するのではなく、「多くの名前をもつ神」、すなわち「自然」に依拠するしかないのではないか。

> 他の偉大な宗教的伝統が、万物の根底にして源泉であり、最高善の条件でもある究極的リアリティにたいする、異なりはするが（私たちに語りうるかぎり）等しく有効な人間的応答であると見なすようになれば、自分の伝統の精神的な源泉だけに自分自身を縛りつけておく理由はなくなるのである。これが私たちのホーム・グラウンドである[54]。

しかし、このようなホーム・グラウンドとしての認識に至るためには、やはり「自由学芸」としての一般教養を蔑ろにしてはならない。

メランヒトンは道徳の基礎としての自然法について繰り返し詳説し、あわせて伝統のフマニタスに根ざすことにより、当時のエキュメニカル運動を推進しようとした。現代においても、この試行錯誤の歩みは続けられている

---

53) 間瀬啓允編『宗教多元主義を学ぶ人のために』（世界思想社、2008年）参照。

54) J. ヒック『宗教がつくる虹―宗教多元主義と現代―』（間瀬啓允訳、岩波書店）、257-258頁。

し，また続けられなければならない。畢竟するに，わたしたちは，メランヒトンのいうように，まず正しい理性に従おうと心を向ける習慣を，すなわち徳を常に磨かなければならない生き物なのである。

第4章
リベラル・アーツと道徳

　メランヒトンはルターとともに宗教改革に取り組んだが，彼はとくに中等・高等（大学）教育の改革に多大な業績を残した[1]。ドイツの教師と尊称される所以である。彼がとりわけ教育の重要性を認識し始めるのには，必然的な理由があった。それは，熱狂主義者や再洗礼派との対決である。なかでも，1527年にテューリンゲン地方を巡察した際の経験は，教育のいままで以上の重要性を強調するのに十分すぎるほど，ショッキングであった。「困苦に満ちた巡察旅行は，彼にとって大きな意味があった。彼はそこで教会の現実を知った。彼の目にした無知は驚くほどであった。彼はつぎつぎと出喰わした誤謬を暴露し批判しなければならなかった。ここでは論争というより，積極的な教育が重要だった」[2]とシュトゥッペリッヒは述べている。以後，律法および自由意志の重要性が説かれるようになる[3]。ヴィッテンベルクをはじめ，農民戦争を経てドイツ各地で生起する不穏な社会状況，市民秩序の崩壊とこれへの不服従など，現実への対応にメランヒトンは否が応でも迫られることになる。この頃から彼は，「宗教改革の倫理学者」(Ethician of the Reformation) と呼ばれるようになる[4]。これは，まさに時代との対決による所産でもあった。「メランヒトンがテュービンゲンで再洗礼派と対決したとき，彼は古典哲学へと回帰した。再洗礼派による市民的秩序への不服従に応

---

1) 拙著『ルターとメランヒトンの教育思想研究序説』（溪水社，2001年），拙稿「メランヒトンの大学教育改革―再洗礼派との対決のなかで―」日本キリスト教教育学会編『キリスト教教育論集』第18号，2010年，33-48頁参照。
2) R. シュトゥッペリッヒ『メランヒトン―宗教改革とフマニスムス―』（倉塚平訳，聖文舎，1971年），88頁。
3) 同前書，88頁以降参照。
4) Kusukawa, Sachiko. *The Transformation of Natural Philosophy : The Case of Philip Melanchthon*, Cambridge : Cambrige University Press, 1995, p. 74.

えるなかでメランヒトンが最初に展開したのは，弁証学と道徳哲学であった。(中略)神学者・ルターは福音を確立しようと務め，ギリシア語教師・メランヒトンは法の確立に務めた。(中略)メランヒトンは神による法（神法：Divine Law）の一部分として古典的道徳哲学を教えるのを復活させたのである」[5]とクスカワは述べる。このようにしてメランヒトンは古典哲学を学ぶことの重要性をこれまで以上に強調し始め，そのための大学教育改革を強力に推進する。とくにリベラル・アーツと古来いいならわされてきた教養教育にも，重点が置かれるようになる。

　本章では，メランヒトンが道徳を復権させる際に拠り立つ古代ギリシア・ローマの教養およびリベラル・アーツの歴史的伝統を再確認し，さらにキリスト教化された中世から宗教改革に至るまでの大学カリキュラムのなかで，これがどのように学ばれていたのかを明らかにしたい。次にメランヒトン以後，敬虔主義および初期ドイツ啓蒙主義に至るまでの学習改革の軌跡を，ごく簡単にたどってみたい。おわりに，現代におけるリベラル・アーツと教養の意義について触れておこう。

1節　リベラル・アーツの源流

　一般に，リベラル・アーツすなわち「自由学芸」(artes liberales) とは，古代・中世の学校教育におけるカリキュラムの基本科目の総称を指す[6]。カリキュラム (curriculum) とは，一定の教育目標に向けて組織・編成された教育内容の総体である[7]。では，自由学芸が目指す教育目標とは何か。それはカリキュラムとしてどのように組織・編成されてきたのか。さらに，古代・中世の学校教育とは，後の大学も含めどのようなものなのか。こうした問いに対する答えを，以下で素描していきたい[8]。

5）　*Ibid.*
6）　『岩波　哲学・思想事典』（岩波書店，1998年），710頁参照。
7）　『教育学用語辞典　第3版』（学文社，1995年），48頁参照。
8）　以下，岩村清太「中世における自由学芸」（『中世の教育思想（上）―教育思想史

まず，自由学芸は何を教育目標とするのか。どのような人間を育成しようと試みるのか。この問いに答えるため，その語源から確認しよう。先にも記したように，ラテン語 artes liberales（英語では liberal arts）の邦訳が自由学芸である。では，artes とは何か。

artes は ars の複数形であって，ギリシア語のテクネー（techne）の訳である。古代ローマ人は，偉大なギリシアからの遺産を大きく受け継いでいる。techne とは，ある目標に向けて系統化された活動のことである。そうした活動には，①肉体を使う活動…工芸・手芸など，②ある程度理性の働きを必要とする活動…建築・彫刻・絵画・演劇など，③純粋に理性的な活動…哲学・弁論術など，の3種類があるとされた。これは，奴隷制に基づく社会システムを前提とする時代，③の活動こそ，奴隷ではない自由人にふさわしいテクネーとされたのであった。よって，古代ギリシア・ローマにおいて自由学芸とは，自由を教育目標とする学芸を意味していた，といえそうであるが，この自由はあくまでも貴族社会を中心とする限られた人々の（ときに精神の）「自由」であることに注意しなければならない[9]。なかでも哲学と弁論術こそが，自由人にふさわしい真のテクネーであり，学芸である。

ちなみに，artes liberales のほかに，eruditio, doctrina liberlalis とか，キリスト教化後の次節で扱うアウグスティヌスは disciplinae liberlalis という語を好んで用いている。この場合は，「自由学科」という訳語がより適切である。disciplina には知的訓練のみならず道徳的鍛練，およびその成果までもが含まれる。よって，いわゆる「教育」の意味合いが強くなり，ギリシア語のパイデイア paideia（教育・教養）にもっとも接近する。あるいは，規律・訓練といった意味合いももち，近代の学校教育に至っては disciplina を身につけた者が disciplus：生徒と呼ばれるようにもなる[10]。

第Ⅲ巻―』東洋館出版社，1984年所収）から多く参考にした。
[9] 同前書，30頁参照。
[10] アウグスティヌスについては，H. I. マルー『アウグスティヌスと古代教養の終焉』（岩村清太訳，知泉書館，2008年）参照。近代学校の規律と生徒については，M. フーコー『監獄の誕生―監視と処罰―』（田村俶訳，新潮社，1977年）参照。

さて，こうした自由学芸の源流に位置する代表的人物としては，ギリシアではプラトンとイソクラテス（Isoklates, 前436-338），ローマにおいてはキケロがあげられる。ほかにも重要人物は数多いが[11]，リベラル・アーツの源流を素描する上で，とくに重要と思われるこの3人の教育思想のポイントを確認するに止めておきたい。

まず，プラトンのいう教育とは，一言で「魂の向け変え」の技術，すなわちテクネーである[12]。その前提としてプラトンには，第2章でも触れた，有名な魂の3部分説に基づく人間学がある。

理性的部分…魂がそれによって理を知るところのもの，ものを学ぶことを司る。

欲望的部分…食欲や性欲など，魂がそれによって恋し，飢え，渇き，その他もろもろの欲望を感じて興奮するところのもの。

気概的部分…怒りや覇気など，われわれがそれによって憤慨するところのもの。

『パイドロス』では2頭立ての馬車にひとりの人間がたとえられていて，それはそのまま国家・社会の仕組みそのものでもある。馬車を駆する馭者は理性・知性（ヌース）。ただし，馬の一方は血筋の悪い馬（欲望）であり，他方は血筋の善い馬（気概）である。わたしたち人間の内には相争う2つの部分があり，したがって馭者としてのヌースの仕事は困難をきわめることになる。さらに，それぞれの部分が「翼」をもっているが，神々の住まうイデア（叡智）界へ向けて，ひたすらに魂全体を飛翔させていくよう，わたしたちは訓練され努力しなければならない。そのためのテクネーとして，まずは子どもから導く術としての教育が考えられた，というわけである。

ここで教育は2段階を経ることになる。①欲望的部分（血筋の悪い馬）に

---

11) 詳しくは，H. I. マルー『古代教育文化史』（横尾・飯尾・岩村訳，岩波書店，1985年）参照。

12) 拙著『近代教育思想の源流―スピリチュアリティと教育―』（成文堂，2005年），23頁参照。

よって魂全体が引きずり回され堕落することのないよう，この状態を調和(ハルモニア)のとれたものに調律する段階。②いよいよ魂の翼をより強力にしてイデア界へと飛翔する訓練をする段階。①は準備教育としての倫理的段階，②は本格的教育としての知性的段階，ともいえよう。ただし，②の段階に至ることができるのは，少数のエリートだけである。大きく分けてこの2段階を経て，魂はイデア界へと向け変えられていくのだが，このためのカリキュラム論を『国家』のなかでプラトンは展開する。

そこで，まず魂の下地作り(ファンデーション)（基礎的調律）のために，音楽と文芸と体育（舞踏も含まれる）が有効である，とプラトンはいう。音楽・文芸・体育，一方は美しい言葉と学習によって魂の理性的部分を引き締め育み，他方は調和とリズムをもって気概的部分を穏和にし，宥め弛める。すると，後は欲望的部分をきちんと制御するだけだ，とプラトンは語る。結果として，気概ゆえに「勇気ある人」，知性ゆえに「知恵ある人」，調和のなかの適切な欲求ゆえに「節制ある人」，総じて「正しい人」（正義の人）という，勇気・知恵・節制・正義という四元徳を具えた教育・教養ある人間（善美なる人間(カロカガティア)）への道のりが，準備されることになる。

しかし，ここですべてが終わるわけではない。魂全体がイデア界に向けて力強く飛び立つためには，とくにヌースを鍛えるための，次の本格的なカリキュラムが必要とされる。それが，哲学である。プラトンによれば，算術・幾何学・天文学・音楽理論といった学科(マテーマ)，そして哲学の中核（最高の学問）としての哲学的問答法(ディアレクティケー)（弁証法）をマスターした者のみが，真の哲学者（教育・教養あるものとしての支配者）の名にふさわしいとされる。

> 算数や幾何をはじめとして，哲学的問答法を学ぶために必ず前もって履修されなければならないところの，すべての予備教育に属する事柄は，彼らの少年時代にこれを課するようにしなければならない。ただし，それらを教えるにあたっては，けっして学習を強制するようなやり方をしてはいけないけれども[13]。

---

[13] 同前書，26頁。

このように，プラトンにおいては本格的かつ最高の学問としての哲学に至るための準備教育（プロパイデイア）として，音楽・文芸・体育・算術・幾何学・天文学が，自由人にふさわしい学芸としてのリベラル・アーツの基本科目としてあげられたのである。とりわけ数学（的学問）は，「有用な知識をいろいろ覚えこむのではなく，はっきりいって『すぐれた頭』，つまり叡智的な真理を容れうるような精神—幾何学で所与の角を容れうる弧が語られるような意味で—を作り出すためのもの」[14]として重要視された。偽りの「臆見」（ドクサ）ではなく真の「叡智」（エピステメ）を有するには，惑わされやすい感覚ではなく，理性に基づく学問のトレーニングが不可欠である。とくに数学は「あらゆる人間に共通の能力である理性」[15]だけを必要とし，これを駆使するがゆえに，やがて哲学をするにふさわしい精神を鍛錬し，その能力の判定は，哲学をするための「最高の資質」を見分けるのにも役立つとされた。概ね30歳になってようやく「文字どおりの哲学的方法である弁証法，感覚の世界を脱して存在の真実にまで達することを可能ならしめる，弁証法に近づくことができる」[16]。「人間」としての完成に近づくのは，さらに50歳である[17]。ここに至るには，長い努力を必要とする「教養＝教育＝耕作」（cultura）の過程がある。まさに，後のキケロにおける paideia＝humanitas＝cultura のプロセスである。このための学校（アカデメイア）を，前387年にプラトンは開いたのであった[18]。もちろん，「酒をくみながら」のシンポジアにおける親しい会話も，教育の基本的要素であり続けた[19]。

以上，こうした教育課程を描き実践したプラトンには，理想とする人間像，および政治として実現されるべき国家像があった。その後，それぞれの時代と場所に応じて，その目標は変遷していくことになる。むろん，教育目

---

14) マルー前掲『古代教育文化史』，95頁。
15) 同前書，94頁。
16) 同前書，97頁。
17) 同前。
18) 詳しくは，廣川洋一『プラトンの学園アカデメイア』（講談社学術文庫，1999年）参照。
19) マルー前掲『古代教育文化史』，87頁。

標の変遷に応じて、カリキュラムも変化していくことになる。次に、イソクラテスの場合はどうであろうか。

古代ギリシアの教育は、哲学を中心とするプラトン、そして弁論術を中心とするイソクラテスという、相対する2つのタイプに分かれることになる[20]。数学的トレーニングを経た哲学による「知恵(ソフィア)」を重視したプラトン。比するに、言葉による弁論を通じて「人間」を形成しようとするイソクラテス。ヨーロッパのリベラル・アーツの源流には、大別して、プラトンのアカデメイアにおける数学的哲学的教養(次節の4学として継承)と、イソクラテスの学校における文学的修辞的教養(次節の3学として継承)があり、古代ローマにはとくにイソクラテスのパイデイア理念が、キケロによるフマニタスとして受け継がれていくことになる。その後は、アウグスティヌスによるキリスト教が、これに加わる。さて、イソクラテスもまた、プラトンよりも早く前393年に学校を開いていた。

プラトンの学校が、いよいよ実社会生活から離れたスコレー(余暇：哲学的討論・弁証法・教育に使う自由時間：スコラ、つまり学校(スクール)の語源)の場となっていくのに対して、イソクラテスの学校および教育は、より現実的であった。内実はキケロに受け継がれていくので、ここでは要点のみを確認する。

哲学者・プラトンと弁論家・イソクラテスを同格に比較することはできない。イソクラテスは、現実の市民的社会生活のなかでは「よく語る」ことこそが大切であるといい、これは弁論家という理想的人間像にまで高められる。イソクラテスによれば、人間と他の動物との決定的違いは、「人間の全文化が弁舌と説得の力から生じた」[21]ところにある。それは「言葉(ロゴス)」の力である。したがって、「この言葉を練磨し育成することこそ人間が最も人間らしくなる方途である。イソクラテスがアテナイ人に勧めるのは、このよう

---

20) 同前書、79頁。Cf. Kimball, Bruce A. *Orators & Philosophers : A History of the Idea of Liberal Education*, New York : College Entarance Examination Board, 1995.

21) 廣川洋一『イソクラテスの修辞学校―西欧的教養の源泉―』(講談社学術文庫、2005年)、15頁。

な，言論を人間形成の中核とする教養理念である」[22]。イソクラテスは，「ギリシア人」とは自然の血のつながりをもつ者たちの集まりではなく，ともにこうした教養・教育・文化に与る者たちのことを指すという[23]。よって，イソクラテスが目指すのはプラトンが目指すような「完全な学識」といった「幻想」ではない。「大事なことは，理念の天上に昇ることでも，逆説を使って曲芸をすることでもない。・生・活・上・の・行・動が必要とするのは，なにも意外な新しい考えではなくて，確かめられた良識，伝統のもつ良識なのである」[24]。このために必要なのが，社会において人と人とを結びつける「言葉」のトレーニング，すなわち弁論術である。しかも「適切なことばは，まともな思考の最も確かなしるしである」[25]との言葉が示すように，弁論術と思考およびその人そのものとは，不可分の関係にある。イソクラテスにおいては，「よく語る」弁論家が，道徳的にも優れていると見なされる。言葉という形式と人間という内容とは不可分である。こうして，イソクラテスは自らの作品をテキストとして修辞的弁論術の教育にたずさわったのであった[26]。

こうした弁論および修辞の伝統は，次のローマ時代に継承されていく。その代表者が，キケロである。次は，キケロの有名な言葉である。

> ほかの人々は人間と呼ばれているが，ほんとうに人間であるのは人間性に固有の学術によって磨かれた人々だけである[27]。

> 私的な閑暇にあっていかなる点でも粗雑さのない聡明な談話ほど，心地よいもの，いや，真の人間性に固有のものが他にあるだろうか。というのも，互いに言葉を交わし，感じたこと，思ったことを言論によって表現できるという，まさにその一点こそ，われわれ人間が獣にまさる最大の点だ

---

22) 同前。
23) マルー前掲『古代教育文化史』，110頁。
24) 同前書，112頁。
25) 同前書，113頁。
26) 詳しくは，廣川前掲『イソクラテスの修辞学校』を参照されたい。
27) 『キケロー選集8』（岩波書店，1999年），28頁。

からである[28]。

この「人間性」とは,まさに humanitas の訳であり,キケロの理想的人間像,すなわち「学識ある(完璧な)弁論家」(doctus (perfectus) orator) の本質を完全に示す用語である[29]。人間をして「真の人間」たらしめるもの。その内容としては,教養,学問・学芸・学術の知識,節度,親切,思いやり,礼儀正しさ,などを含むが[30],この人間性は「人間性に固有の学問によって磨かれ」(politi propriis humanitatis artibus) てはじめて実現される,という箇所にとくに注意しなければならない。つまり,さまざまな学芸 artes によって人間性 humanitas は陶冶されるのである。キケロは,徳の模範をローマから,そして学芸の模範をギリシアから取り入れなければならないというが[31],その際,自由学芸,歴史,法学,哲学という学科は,学識ある弁論家すなわち真の人間にとって必要不可欠のものとされる[32]。晩年は,とくに哲学をいっそう強調する傾向があったという[33]。むろん,このようなキケロにおいて,自由学芸の修得が哲学的教養の絶対前提である。つまり,学識ある弁論家となるには2つの段階がある。第1段階は初歩的基礎的なもので,学校で与えられる「子どもの教育」(puerilis institutio)。第2段階は,大人が修得する「高度な教養」(politior humanitas)[34]。本章で問題とするリベラル・アーツが,もちろん第1段階に相当し,ここには文法・修辞学・弁証学といった文学的諸学科と,算術・幾何学・天文学・音楽といった数学的諸学科の,合計7つの学科がすでに含まれることに注目しよう[35]。その後も弁論家としてより humanior となるために,歴史・法学・哲学といった高度

---

28) 『キケロー選集7』(岩波書店,1999年),18-19頁。
29) A. グヴィン『古典ヒューマニズムの形成―キケロからクィンティリアヌスまでのローマ教育―』(小林雅夫訳,創文社,1974年),96頁以降参照。小林雅夫『古代ローマのヒューマニズム』(原書房,2010年)も参照。
30) 『キケロー選集8』,29頁注(5)。
31) グヴィン前掲書,97頁。
32) 同前書,96頁。
33) 同前。
34) 同前書,65-66頁。
35) 同前書,68頁。

な学問の修得が勧められるというわけである。さらに、キケロは自由学芸をよき学芸ともいいかえ、bonae artea＝artes liberales＝humanae artes と同義に取り扱っている[36]。

さて、キケロの掲げる理想的人間像としての「学識ある弁論家」とは、弁論と哲学とが総合された人物を指す。政治的な現実社会に生きたキケロにおいて、「弁論なき叡智」は政治的に無力であり、「叡智なき弁論」はあらゆる意味で無益であった。学識ある弁論家にとって、哲学は必要条件、弁論は十分条件である[37]。とはいうものの、キケロは弁論を組み立てて実際に行うための規則と技術を扱う修辞学に対して大きなウエイトを置いた[38]。このキケロ的修辞学の伝統は、メランヒトンに至るまで、さらにその後も、ヨーロッパの高等教育に根強い影響を及ぼすことになる[39]。

2節　修道院と大学におけるリベラル・アーツ

ギリシア・ローマの自由学芸の伝統は、これで中世の時代、すなわちアウグスティヌスに流れていく。彼は自由学芸をときに自由学科 discipliae liberales とも呼ぶが、artes liberales とほぼ同義である。しかし、学科や学芸の最終目標がキリスト教の「神」の真理に置かれている点が、いままでとは大きく異なっている。わたしたち人間の精神は、自由学芸の諸学科を通じて鍛えられ、哲学へと進み、確実な論証を修得しながら、漸次的に「神による至福の生」へと到達する[40]。アウグスティヌスはこのための自由学芸の伝統を、やはりギリシアから取り入れており、その際に念頭に置かれていたのは、彼らが enkyklios paideia と呼びならわすものであった[41]。enkyklios

---

36）『キケロー選集7』、75頁注（5）。
37）　高田康成『キケロ―ヨーロッパの知的伝統―』（岩波新書、1999年）、51頁。
38）　同前書、60-61頁。
39）　同前書参照。
40）　詳しくは、マルー前掲『アウグスティヌスと古代教養の終焉』、および岩村清太『アウグスティヌスにおける教育』（創文社、2001年）参照。
41）　岩村前掲『アウグスティヌスにおける教育』、299頁以降参照。

とは,「周期的」とか「普通の」とか「日常的な」とかいう意味をもち,キケロと同様,エンキュクリオス・パイデイアとは,後に歴史・法学・哲学など,より高度な教育・教養へ進む者たちにとっての共通の基礎教育・教養という意味である。そこにキリスト教が加わることになる。ローマ人がギリシアのパイデイアをフマニタスとしてローマ化したように,いまやアウグスティヌスは伝統の自由学芸をキリスト教化したのであった[42]。

　古代から中世にかけてリベラル・アーツの整備・発展には,上にあげた人物以外にもアリストテレスやクインティリアヌスや教父と呼ばれる人物など,じつに多くの人々がたずさわっており,その実態を簡潔明瞭に提示するは至難のわざであるが[43],キリスト教の時代以降,とりわけアウグスティヌス,マルティアヌス・カペラ,カッシオドルス,イシドルス,アルクイン,サン・ヴィクトルのフーゴーらが果たした役割は大きい。アウグスティヌス,アルクイン,フーゴーらについては別書で扱っているので[44],ここではとくにカッシオドルスに注目したい。12世紀に大学が誕生する以前,修道院や司教座聖堂付属学校で[45],自由学芸はどのように教え学ばれていたのか。その後は,パリ大学の教授も務めたトマス・アクィナスを代表として,宗教改革期に至るまでの大学カリキュラムにおけるリベラル・アーツの様相を明らかにしよう。

　ゲルマン民族によって支配されるようになった,かつてのローマ帝国。カッシオドルス（Flavius Magnus Cassiodorus, 477/490頃-570/583頃）は東ゴー

---

42) 同前書,299頁。
43) 詳しくは,岩村清太『ヨーロッパ中世の自由学芸と教育』（知泉書館,2007年),およびP. リシェ『中世における教育・文化』（岩村清太訳,東洋館出版社,1988年),同『ヨーロッパ成立期の学校教育と教養』（岩村清太訳,知泉書館,2002年),K. リーゼンフーバー『西洋古代・中世哲学史』（平凡社,2000年),同『中世思想史』（村井則夫訳,平凡社,2003年）などを参照。
44) 前掲拙著『近代教育思想の源流』,および今井康雄編『教育思想史』（有斐閣,2009年),49頁以降参照。
45) 修道院での教育については差し当たり,J. ルクレール『修道院文化入門―学問への愛と神への希求―』（神崎忠昭・矢内義顕訳,知泉書館,2004年）や,J. シュミット『中世の身ぶり』（松村剛訳,みすず書房,1996年）などを参照。

トの文教政策に深くかかわりつつ, 後半の人生ではイタリア南端の領地に自らヴィヴァリウム修道院を創設し, そこでキリスト教的知的活動に献身した[46]。彼は『聖・俗学教範』(Instituones divinarum et saeclarium (humanarum) litterarum) を記し, 古代の自由学芸をアウグスティヌスに続いてキリスト教化し体系化した。以下, この『教範』における自由学芸について見ていきたい[47]。

この『教範』はベネディクト修道院の「会則」のようなものではなく, いわば「学習指導要領」ともいうべきものである。全体は2巻に分けられていて, 第1巻は聖学 (divinae litterae), 第2巻は俗学 (saeculares (humanae) litterae) を扱う。聖学とは, キリスト教教理の理論的解明を目指す神学ではなく聖書注解である。救いと永遠の生をもたらす聖書 (神の言葉) は, しかし, それが向けられたさまざまな人間の条件に合わせて語られている。よって, 読者とは異なる時代や文化に属する者たちを通じて語られた言葉を理解するには, 知的努力が不可欠となる。聖書をきちんと学ぶにはその知的学習が必要であり, それには基礎教養としての自由学芸が必須となる。

カッシオドルスは自由学芸 (artes liberales, liberales litterae) の語源説明から始め, liberalis (自由な) の語幹 liber は書物 (liber) に通ずると指摘する。「自由人にふさわしい学芸」という自由学芸の伝統的解釈をふまえた上で, カッシオドルスはむしろ教養の道具としての書物との関係を重視した。artes (技術とも訳す) については,「その規則によってわれわれを制約し (artet) 拘束するので技術と言われる」[48] という。これはギリシア語の arete 卓越性から引き出されたもので, あらゆることがらについての知をも意味する, とカッシオドルスは述べる。

そこで, 自由学芸の端緒であり基礎となるのが文法学であるが, 彼は自由学芸を7つに限定する。自由学芸を明確に7つとしたのは, カッシオドルス

---

46) 岩村前掲『ヨーロッパ中世の自由学芸と教育』, 5頁以降。
47) 以下, 同前書から多く参考にした。『教範』は, 551年よりやや後に書かれたと思われる (15頁)。
48) 『中世思想原典集成5—後期ラテン教父—』(平凡社, 1993年), 349頁。

が最初であるといわれている。彼は7自由学芸を，文法学・修辞学・弁証学（論理学），算術・音楽・幾何学・天文学に大別し，前者を artes（学芸），後者を disciplinae（学科）と呼ぶ。「学芸とは，それ自体のあり方もそれ以外のあり方も可能な偶発的な事柄に関わる」のに対し，「学科のほうは，それ以外のあり方では生じえない事柄に関わる」とされる[49]。ちなみに，前者3学芸を trivium：3つの道（3学）と呼んだのはアルクイン（Alcuin, 735頃-804），後者4学科を quadrivium：4つの道（4学）と呼んだのはボエティウス（A. M. T. S. Boethius, 480-524）とされる。順に文法学から，ポイントのみ確認しておこう。

文法学（grammatica）は，上述したように自由学芸の端緒であり基礎であるが，これは「有名な詩人や著作家たちから集められたみごとな言い回しや語り口についての実践的な知識である。文法学の機能は誤りない散文と韻文を構成することであり，その目的は，洗練された演説，あるいは非の打ちどころのない熟達した文書によって喜びを得ることである」[50]。とくにドナトゥスの学習を彼は勧め，発音された音声，文字，音節，韻，抑揚，文の区切りあるいは話題の分割，8つの品詞，文彩，語源，正書法について記している。

修辞学（rhetorica）は，「市民生活に関わる諸問題について上手に話す知識である」[51]。したがって弁論家とは，「市民生活に関わる諸問題について論じることにかけて熟達した人のこと」[52]であり，この諸問題とは「魂が魂である以上おしなべて考えうる，つまりあらゆる人がそれを理解できる問題」であり，「公正と善についての吟味」がここに含まれるという[53]。創案（inventio），配列（dispositio），措辞（elocutio），記憶（memoria），表現法（pronuntiatio）の5部分から修辞学はなり，これが扱う弁論には，演示弁論

---

49) 同前書，378-379頁。
50) 同前書，351頁。
51) 岩村前掲『ヨーロッパ中世の自由学芸と教育』，21頁。
52) 同前。
53) 『中世思想原典集成5』，353頁。

(demonstrativum)，議会弁論（deliberativum），法廷弁論（iudiciale）の3つがある。また弁論は，序（exordium），陳述（naratio），区分（partitio），証明（confirmatio），論駁（reprehensio），結論（conclusio）の6つから構成されるという。

弁証学（dialectica）は，アリストテレスによって体系化され，これがローマに導かれたとカッシオドルスはいい，弁証学と修辞学についてウァロを引いて，弁証学を握った拳，修辞学を開いた掌にたとえる。つまり「前者は短い弁論によって議論を圧縮し，後者は弁論の領域を豊富な言葉を駆使して走り回る。また前者は言葉を縮約し，後者は展開する」[54]。弁証学はことがらを厳密に検証するのに対し，修辞学はことがらを雄弁に明らかにする。前者は学校で，後者は広場で活躍する。前者はごく少数の学徒を求め，後者は大衆を求めるという。再度，カッシオドルスによると弁証学とは「精緻かつ簡潔な推論をもって真なるものを偽なるものから弁別する」学問である[55]。これは，哲学のなかに位置づけられる必要があるとして，哲学を観想的（inspectiva）なものと実践的（actualis）なものとに大別し，前者には自然学（natulalis），理論的学（doctrina），神学（divina）があげられ，理論的学はさらに算術，音楽，幾何学，天文学という4学に区分され，後者には倫理学（moralis），家政学（dispensativa），政治学（civilis）があげられている。総じて「哲学は，神的な事柄と人間に関する事柄についての，人間に可能な限りの蓋然的な知識」[56]である。この後，カッシオドルスはさまざまな教科書の解説に移る。三段論法の格式などが詳述される。

以上，3学芸について述べられた後，次に4学科について語られる。彼は4学科を数学的諸学科（disciplinae mathematicae），あるいは上に見たように理論的学と呼び，抽象的な思考においてのみ取り扱われる量について考察する学問だとする[57]。「算術はそれ自体で数えられる量についての学科であ

---

54) 同前書，362頁。
55) 岩村前掲『ヨーロッパ中世の自由学芸と教育』，24頁。
56) 『中世思想原典集成5』，363頁。
57) 同前書，379頁。

る。音楽は音の内に見出される数となんらかの関係にある数について論じる学科であり，幾何学は不変の大きさと形に関わる。天文学は天の星の運行に関する学科であり，すべての星座を観察し，星自体と地球に対する星々の状態を探究心に富む理性によって追求する」[58]。これらの学科は，決して臆見によって人を欺くことはせず，それ自体の法則に従うがゆえに，「われわれがしばしば思索することによって諸学科の方に向き直ると，それらはわれわれの理解力を鋭敏にし，無知の泥を拭い去ってくれる。そして，もしわれわれに精神の健全さが具わっているなら，主の惜しみない助けによって，それはわれわれをかの理論的観想へと導いてくれるのである」[59]。「われわれの欲望のほとんどは諸学科を通して身体的な事柄から引き離され，諸学科は，主の加護によってただ心でのみ把握しうる事柄を望むよう，われわれを導く」がゆえに，熱心に学習すべきだとカッシオドルスはいう。これらの諸学科は神的起源をもつとされる。

　算術（arithmetica）は，数学的諸学科すべてのうちで第一のものである。これに続く音楽以下は，みな算術を必要とするからである。「算術の目的は，われわれに抽象的な数と，偶や奇などそれに付帯する事柄の本性を教えることである」[60]とし，彼はその説明を続ける。しかも，「算術を通してわれわれのこの世の財産は最も確実に語られ，また均衡のとれた計算によって支出の仕方が決められるのだから，算術はわれわれの生活に欠くことのできないほど大切なものである。数はあらゆるものに関わっている。数を通してわれわれは，第一に何をなすべきかを知るのである」[61]。

　音楽（musica）は，「正しく調整することに関する知識である。だから，われわれが善い生活様式によって自己を律するならば，われわれは常にこの優れた学科と一体となっていると言われるだろう。実際，平衡を失った状態にあるときは，われわれは音楽を有していない。天も大地も，またそれらに

---

58)　同前。
59)　同前書，380頁。
60)　岩村前掲『ヨーロッパ中世の自由学芸と教育』，27頁。
61)　『中世思想原典集成5』，387-388頁。

おいて上方からの支配によって完成されているものもすべて，音楽という学科なしにはありえない。なぜなら，この世界は音楽を通して構築され，音楽によって運行されうる，とピュタゴラスが証明しているからである」[62]。このように，カッシオドルスによれば，わたしたち人間の健全な身体，このなかの血管の脈拍に始まり，宗教儀式から世界のすべてに至るまで，音楽は広がっている。これは「音に見出される調和を数をもって解明し，また数をもって正しく調和させる学科である」[63]。彼は，これについての説明を続ける。

幾何学（geometria）は，もともと「土地の計測」とされるが，これは「不変の大きさと図形に関する学科」である[64]。平面に関するもの，計測可能な大きさに関するもの，有理数と無理数を尺度とする大きさに関するもの，立体図形に関するものに区分される。

天文学（astronomia）は，「星々の法」（astrorum lex）であり，これは神の意志を示している。つまり，天体の法則とは神の意志のあらわれである。これを探究する天文学は，すばらしいものである。「天文学は星々の軌道と位置関係すべてを観察し，星々相互の，ならびに星々の大地〔地球〕に対する常態を探究能力のある理性によって考察する科学である」[65]。また，天文学は季節の移り変わり，航海に適した時期，畑を耕す好機，天気予想など，さまざまな有用性をもつという。しかし，占星術は強く退けている。

以上，カッシオドルスの自由学芸のポイントを概観したが，彼はこうした自由学芸をアウグスティヌスら「教父たちの教えを継承した，聖書注解の基礎教養」として捉える一方，「教父たちの教えを超えて，独立した学問体系としての同一性をもつ」ものとして捉えていたといえよう[66]。「カッシオドルスは，このふたつの自由学芸観を対立的に見るのではなく神の英知の秩序のなかに位置づけ，調和的に見ているのである」[67]。とりわけ教育の観点か

---

62) 同前書，389頁。
63) 岩村前掲『ヨーロッパ中世の自由学芸と教育』，29頁。
64) 『中世思想原典集成5』，395頁。
65) 同前書，397頁。
66) 岩村前掲『ヨーロッパ中世の自由学芸と教育』，36頁。
67) 同前。

らすれば，数学的諸学科といわれた disciplinae を精神の鍛錬に必要不可欠と見た点は重要であろう。先にも触れたように，disciplina には規律・訓練の意味合いがあり，近代以降の学校教育制度のなかでは，もっぱら身体の規律・訓練の意味合いが大きくなるが，カッシオドルスはそれよりはるか以前，中世初期の修道院内での自由学芸の学習に市民権をもたらしたのであり，この精神上の教育価値を強調したことは特筆されるべきであろう。モンテ・カッシーノ修道院などとは異なり，自由学芸を聖書注解に至る基礎教養としても体系的に学習することの必要性を説き，これを修道生活の主要な活動として導入したカッシオドルスの貢献は大きい。「以後，新たな知的活動の中心となる修道院に聖・俗学の学習を正規の修道的活動として位置づけたことは，カッシオドルスの偉大な功績」[68] である。ヴィヴァリウム修道院における学習活動は短命に終わるが，こうしたカッシオドルスの自由学芸観，とくに『教範』は中世の修道院における学習の教科書となり，自由学芸の学習を正当化する権威ともなった。また，ヴィヴァリウム修道院の蔵書も中世の西欧各地に流布し，知的活動の源泉のひとつになったという[69]。

では，約言するに，正しく語ることの学（scientia recte dicendi）としての文法学，よく語ることの学（scientia bene dicendi）としての修辞学，よく議論することの学（scientia bene disputandi）としての弁証学（論理学），さらに算術，音楽，幾何学，天文学の学習および教育は，次の大学に，どのように受け継がれていくのであろうか。

12世紀ルネサンス以降，学問の中心は大学に移る。その歴史をごく簡単に振り返っておこう。今日の大学（university）の語源に当たる universitas とは，単に学問にたずさわる人々の組合，ギルド，結社，集団，団体を意味していた[70]。最初期の大学はパリやボローニャであり，12世紀末から13世紀初

---

68) 同前書，52頁。
69) 同前。
70) 前掲『岩波 哲学・思想事典』，1004頁，さらに横尾壮英「中世大学」（『中世の教育思想（下）―教育思想史第Ⅳ巻―』東洋館出版社，1985年所収）参照。より詳しくは，H. ラシュドール『大学の起源（上）―ヨーロッパ中世大学史―』（横尾壮英訳，東洋館出版社，1966年），39頁以降参照。ほかに大学史に関しては，差し当たり

頭にかけて自然発生的に成立した（自生型）。その後は，これから枝分かれした大学や（分派型），国家や教会・修道会による大学（設立型）が成立し始める。

中世大学のカリキュラムの基礎はむろん7自由学芸であり，ここにはギリシア・ローマの教養・教育は生き続けた。これを担ったのは学部（facultuas）としての学芸学部（ときに教養学部もしくは哲学部）であった。ここではアリストテレスの体系が学ばれた。これは，神学，法学，医学—上級3学部—に進む上での予備的地位に置かれたもので，後にはその多くが中等教育に含まれる段階のものであった[71]。ただし，パリ大学では学芸学部の教師はおびただしい数にのぼり，その組合の勢力は圧倒的であったので，学芸学部の長がそのまま学長を兼ねるケースもあった。

ともかく，そもそも大学とは大学団(ウニヴェルシタス)であり，その正式メンバーは学生だけのボローニャであったり，教師だけのパリであったりした。要するに，ウニヴェルシタスとは，知識を学ぶ者，教える者，あるいは両者の組織する組合—教師と学生のウニヴェルシタス—であり，その下部組織として学部があり，各構成員の出身地に応じた国民団（natio）があり，ときに学寮（collegium）があった。

―――――――――
C. H. ハスキンズ『大学の起源』（青木靖三・三浦常司訳，八坂書房，2009年），S. ディルセー『大学史（上・下）—その起源から現代まで—』（池端次郎訳，東洋館出版社，1988年），島田雄次郎『ヨーロッパの大学』（玉川大学出版部，1990年），横尾壮英『中世大学都市への旅』（朝日新聞社，1992年），同『大学の誕生と変貌—ヨーロッパ大学史断章—』（東信堂，1999年）など，当時の知識人や学問の変動に関しては，差し当たりF. ファン・ステーンベルヘン『十三世紀革命』（青木靖三訳，みすず書房，1968年），J. ル・ゴフ『中世の知識人—アベラールからエラスムスへ—』（柏木英彦・三上朝造訳，岩波新書，1977年），E. グラント『中世の自然学』（横山雅彦訳，みすず書房，1982年），A. リベラ『中世知識人の肖像』（阿部一智・水野潤訳，新評論，1994年），P. ヴォルフ『ヨーロッパの知的覚醒—中世知識人群像—』（渡邊昌美訳，白水社，2000年），J. ヴェルジェ『ヨーロッパ中世末期の学識者』（野口洋二訳，創文社，2004年），E. グラント『中世における科学の基礎づけ—その宗教的，制度的，知的背景—』（小林剛訳，知泉書館，2007年），R. E. ルーベンスタイン『中世の覚醒—アリストテレス再発見から知の革命へ—』（小沢千恵子訳，紀伊國屋書店，2008年）などを参照。

71) 横尾前掲「中世大学」を参照されたい。

ところで、このような学問集団が存在する場所、あるいはその共同の学校を指す言葉としては、むしろstudium（学ぶところ・学校）が用いられるのがふつうであった。あるいは、ストゥディウム・ゲネラーレ（studium generale）とは、「あらゆる地方から学生の集まる場所」を意味していた[72]。こうしたストゥディウム・ゲネラーレの代表として、神学と学芸のパリ、法学のボローニャ、医学のサレルノがあげられる。ただし、ストゥディウムに出入りする者でも、ウニヴェルシタスのメンバーではない者もいたので、この両者は必ずしも同一とはいえない。

キリスト教世界全体のための学校である、こうしたストゥディウム・ゲネラーレでは「どこでも教えることのできる資格」つまり「万国教授資格」（ius ubique docendi）を与えること、つまり学位を授けることにその独自の機能があった。たとえば、皇帝フリードリヒ2世は、1224年にナポリに、教皇グレゴリウス9世は1229年にトゥールーズにストゥディウム・ゲネラーレを設けた。後に、1291-2年にもパリやボローニャという自生型大学でさえ、ニコラス4世から同様の特権を形式的にえている。つまり、この資格は、皇帝か教皇のみが授与できるものという習慣が後には確立するのだが、もともとはパリやボローニャは「慣習による」（ex consuetudine）ストゥディウム・ゲネラーレとして、当然「万国教授資格」を授与できる機関として認められていた。が、大学数の増加とともに権威ある皇帝か教皇による「資格」のお墨付きが求められたといえよう。こうして、ドクター、マギステルが誕生し、ストゥーデンスは厳しい知的修練を経てようやく卒業（学位取得）が認められた。むろん、卒業できた者はごく一部であったと推定される。卒業のための最終試験（口頭試問や討論会が主）に合格した者は「教授免許者」（licentiatus）と呼ばれた。ただし、マスターやドクターとなるためには、さらに先輩諸氏からなるギルドによる「受け入れ式」（inceptio）を経なければならなかった。

では、大学に対する期待と需要が高まるなかで、リベラル・アーツは大学

---

72) ラシュドール前掲書、41頁。

カリキュラムのなかで、どのように位置づけられ学ばれていたのであろうか。パリ大学を例とし、まずはその教育形態から見ておこう。

授業は、講義（lectio）と討論（disputatio）に大別された。ヴェルジェによれば[73]、講義は学生に「権威」を知らせ、それを通じて、学ぶべき学問全体を修得させることを目指す。討論は、教師にとってはテキストの注解よりも自由に一定の問題を深く掘り下げる手段であり、学生にとっては弁証法の原則を実地に適用し、精神の敏捷性と推論の正しさとを試す機会であった。なお、中世の大学の授業はすべて権威ありと定められた書物（テキスト）を通じて行われた。さらに、大学の規約によって授業を行う正確な時間、休憩をとってよい時間なども定められていた。どの教師がどのテキストをどんな順序で講義すべきかまで規定しているものもあった[74]。

講義には、正講義（ordinaria）と特殊講義（cursoria）があった。特殊講義は副講義または速修講義ともいわれる。正講義は、午前の最初に講義科目の内もっとも重要なテキストについて教授（マスター）である教師自身が行った。特殊講義は、バチェラーが午前の終わり、もしくは午後に行った。バチェラー（baccalaureus）とは、入学と卒業の中間段階で今日のチューターのようなもの。すでにある程度の修練を経て後輩を指導するだけの能力はあるものの、まだ一人前ではない、学びつつ教える者である。

パリ大学の場合、ラシュドールによれば[75]、学芸学部では正講義が教授のためにいちばん早い時間帯が用意されていた。冬は9時に終わり、夏は昼食時まで続いた。正講義が休講の場合にはどの時間帯でも特殊講義が行われえた。ちなみに、神学部の正講義は学芸学部の正講義の後になされた。学芸学部の教師も仕事の後に出席できるようにである。特殊講義は、特定の祭日を除く正講義が行われない時間ならいつでもどこでも行うことができた。さら

---

73) J. ヴェルジェ『中世の大学』（大高順雄訳、みすず書房、1979年）。
74) 同前書、59頁以降、H. W. プラール『大学制度の社会史』（山本尤訳、法政大学出版局、1988年）、74頁以降参照。中世大学や学校における授業風景や内容等については、P. アリエス『〈子供〉の誕生―アンシャン・レジーム期の子供と家族生活―』（杉山光信・杉山恵美子訳、みすず書房、1980年）、131頁以降参照。
75) ラシュドール前掲書、339頁以降。

に，教授によってもバチェラーによっても可能であった。しかし，教会法とリベラル・アーツの正講義は，国民団か学部の認める教場でしか行うことができなかった。

さて，1215年，教皇特使ロベール・ド・クールソンによって一般教養教育すなわちリベラル・アーツにおける最初の，もっともまとまったカリキュラムが示された。次に，この大学規則から要点のみ確認しておこう。

1215年のカリキュラムでは，古代ローマの詩人，歴史家，弁論家はすべて省かれた。ラテン語の授業は文法に限られテキストも限定された。授業の主体は，弁証学すなわち論理学である。アリストテレスの弁証学〔オルガノンのすべて〕が，ポルフュリオスの『アリストテレス範疇論入門』とともに，正講義で扱われた。修辞学では，ドナートゥスの『野蛮な語法』と『トピカ』。4学としては，とくにテキストは定められなかったが，やはりアリストテレスの『ニコマコス倫理学』は哲学の書物として定められていた。

やがて，アリストテレスの影響力は革命的に広がり[76]，1255年の講義科目としては，講義を義務づけられたアリストテレスのテキストとして順に，『論理学』，『倫理学』，『自然学』，『形而上学』，『デ・アニマ』，『動物論』等々があげられている。この傾向は，ますます強まり，1366年には，学芸学部のバチェラーとなるには，文法，論理学，心理学〔魂論〕が，学芸学部を卒業し教授免許（licentia）を取得するには，自然哲学と形而上学が，さらにマスターやドクターとなるためには，道徳哲学，および自然哲学コースの履修が求められた。

一方，特殊講義は，テキストの一通りの読みと解釈や要約に止まるもので，学生を書物に慣れさせることを目的としていた。

次に，討論にも正討論と自由討論があった。討論はスコラ学のもっとも特徴的な方法であり，優れた教師はこれに力を注いだとされる。

正討論は，まず教師が討論の問題を選び議長となり，バチェラーのひとりに問題を提示させ聴講生の反対意見に答えさせる。教師は，バチェラーを応

---

[76] たとえば，ルーベンスタイン前掲書参照。

援してもよいし、またこれに代わってもよい。討論の翌日に、教師は討論の結論（determinatio）すなわち総括を提示し、自身の個人的な主張を述べる。

加えて、年に1度か2度、自由討論を主催する義務を教授は負った。これには学部の全員が出席し、ときの教会問題や政治問題が取り上げられた。

以上、おおよそこのような学芸学部を経て、さらに神学部、法学部、医学部へと進む者もいたわけであるが、とくに神学にとっては先の修道院からの伝統を引き継ぎ、リベラル・アーツは神学を学ぶのに必要不可欠の学科として位置づけられたのであった。

3節　初期ドイツ啓蒙主義における学習改革とリベラル・アーツ

宗教改革による混乱のなか、メランヒトンはキリスト教的ヒューマニズムに基づくリベラル・アーツを中等・高等教育に積極的に導入する。ここでの人文主義（ヒューマニズム）の意義とは、キリスト教の名を借りて獣的な戦争へと突入しつつある状況に対して、神と獣との中間者としての人間とその教育に大きな価値を認める点にあった[77]。しかし、歴史はその後もさらなる争いへと展開していく。とりわけ30年戦争（1618-1648）によってドイツは国土が荒廃。多くの小国に分裂した領邦国家体制の下、一応は神聖ローマ帝国とはいうものの明確な国境が定まらない寄せ集めのような状態に陥る[78]。しかるに、メランヒトンらの努力の成果、各地には従来の修道院学校に代わって「都市学校」（Stadtschule）や「ラテン語学校」（Lateinschule）が数多く設立され[79]、キ

---

77) 曽田長人『人文主義と国民形成―19世紀ドイツの古典教養―』（知泉書館、2005年）、28頁以降参照。
78) 同前書、29頁。
79) 同前書、30頁参照。他にも、E. シュプランガー『ドイツ教育史―就学義務制への歩み―』（長尾十三二訳、明治図書、1977年）、P. ルントグレーン『ドイツ学校社会史概観』（望田幸男監訳、1995年）、とくに20頁、藤枝静正『ドイツ語学校の研究―宗教改革期を中心とする民衆教育機関の形成―』（風間書房、1976年）、浅野啓子・佐久間弘展編著『教育の社会史―ヨーロッパ中・近世―』（知泉書館、2006年）参照。

リスト教的人文主義に根ざした教育を受けた者たちは、古代ギリシア・ローマの古典教養を仲介としてキリスト教の宗派対立を超えて結びつき、「学者共和国」（Gelehrtenrepublik）と呼ばれる学者階級を形成するに至る[80]。ここでの共通語は、むろんラテン語である。こうした学者階級と領邦国家の支配層である貴族階級は、ラテン語、後には（フランスの宮廷文化を積極的に取り入れたため）フランス語を駆使することで教養階級を形成し[81]、宗教改革・古人文主義期に確立したドイツ人の国民意識と伝統とをわずかに保つことになる[82]。ドイツにおける教養層と非教養層との区別も、ここに生じた。1555年以降は、領邦教会制度へとプロテスタンティズムが完全に組み込まれる過程で、プロテスタンティズムすなわちルター派教会は、宮廷や貴族を中心とした世俗権力と癒着することになる。ドイツにおけるプロテスタンティズムの中心であるルター派は、ライプツィヒ大学を牙城として正統主義を形成したが、このルター派正統主義もかつてのローマ・カトリック教会と同様、信仰の形骸化や権威主義など、皮肉にもルターが非難したものと同じような性格を帯びたものに変質する。このような状況に対するラディカルな批判として生じたのが、敬虔主義（Pietismus）と啓蒙主義（Aufklärung）である。敬虔主義の代表として、とくに教育史ではフランケがあげられるが[83]、ここでは第2章に続き再び、初期ドイツ啓蒙主義の嚆矢とされるトマジウスに注目しよう。彼は、ライプツィヒ大学を追われた後、ハレ大学にて以後ドイツの大学教育を「実学」へと決定的に方向づける学習改革を実現する。ここでトマジウスはリベラル・アーツを再びどのようなものと見ていたのであろうか。簡単なスケッチをしておこう。

　ところで、啓蒙とは何か。啓蒙主義を代表する哲学者・カントは、「それ

---

80) 西村稔『文士と官僚―ドイツ教養官僚の淵源―』（木鐸社、1998年）、126頁以降参照。
81) N. エリアス『文明化の過程（上）』（赤井・中村・吉田訳、1977年）、80頁以降参照。
82) 曽田前掲書、30頁参照。
83) フランケについて詳しくは、前掲拙著『近代教育思想の源流』、258頁以降や、伊藤利男『孤児たちの父フランケ―愛の福祉と教育の原点―』（鳥影社、2000年）参照。

は人間が，みずから招いた未成年の状態から抜けでることだ。未成年の状態とは，他人の指示を仰がなければ自分の理性を使うことができないということである」[84]と定義した。啓蒙主義の標語とは一言で「知る勇気をもて」(sapere aude) すなわち「自分の理性を使う勇気をもて」であった。シュナイダースも指摘しているように「啓蒙においてまず第一に重要なのは，悟性の啓蒙や正しい理性の発展である。悟性ないし理性―ここではとりあえず両者を区別しないでおく―を可能な限り最高の完成へと導かなければならないし，悟性や理性が独力で自己を実現しなければならない。啓蒙とは，悟性や理性が自力で解明（浄化・開明）にいたることである。（中略）そのためには『知性の改善』，すなわち悟性の改良やその欠陥の除去が必要となる。啓蒙とは本質的に『矯正』であり，『概念の是正』である。明晰な悟性と正しい理性は，一切を可能な限り正しい光の下で見なければならない」[85]。このような「知性の改善」をまず唱えたのがトマジウスであった。さらに，「知性の改善」は「意志の改善」に，つまり「悟性の浄化」は「意志の純化」に役立たなければならないのだが，この点は難問である[86]。ともかく，ドイツにおける啓蒙主義のきっかけはトマジウスにある。ヴァイグルもいうように，「ドイツの啓蒙主義が始まったのは―この点では意外にも歴史家たちの意見は一致している―1687年のライプツィヒ大学の掲示板に貼られた一枚の紙片からだった」[87]。彼はアカデミズムの常識であるラテン語による講義を止めてドイツ語による講義を行うと宣言したのである。啓蒙主義の発端は「一地方の学術上の出来事，つまりトマージウスが提示した〔ラテン語から〕ドイツ語への移行というプログラムであった。啓蒙主義は，中欧の学問の世界において一介の教師がただの大学改革として始めたものだったのである」[88]。

---

84) I. カント『永遠平和のために/啓蒙とは何か 他3編』（中山元訳，光文社古典新訳文庫，2006年），10頁。
85) W. シュナイダース『理性への希望―ドイツ啓蒙主義の思想と図像―』（村井則夫訳，法政大学出版局，2009年），15頁。
86) 同前書，21頁。本書第2章3節参照。
87) E. ヴァイグル『啓蒙の都市周遊』（三島憲一・宮田敦子訳，岩波書店，1997年），40頁。
88) シュナイダース前掲書，29頁。

その講義題目とは,『フランス人をいかに模倣するか』であった。

先にも触れたように30年戦争後のドイツにおける勝者は領邦君主であり,その宮廷であった。都市も自治権を失った結果,領邦君主の宮廷が権力を独占するようになる。貴族も宮廷によって飼いならされるようになるが,彼らにはフランス宮廷の一連の文化理想が求められた。宮廷儀式の決まりを守ること,情動のコントロール,礼儀作法の習熟など。フランスを政治的にも文化的にも模範とし,「典雅な人物」がこれら支配層の新しい人間理想とされた[89]。ところが,貴族たちに必要不可欠となりつつある高級官僚となるための教育と当時の大学とのあいだには,大きな溝が深まり始めていた。ライプツィヒ大学は正統ルター派の拠点として形式化したアリストテレス的・伝統主義的学校哲学と神学に固執し続け,せいぜい法学部が貴族たちの期待に応えていたにすぎなかった。そこで,ついに彼らは大学とは別に,貴族の学校あるいは騎士のアカデミーを次々と設立した[90]。これらは貴族専用の職業訓練機関であり,大学やギムナジウムなどスコラ的な教育施設とは一線を画し,軍事や行政によって領邦国家に使えるのに役立つ教育を提供した。騎士のアカデミーでは,近代科学（法律学,自然科学）や近代語,乗馬,フェンシング,ダンス,球技,狩猟,さらに宮廷生活に必要な「品行」(conduite)にも価値が置かれ,会話や上品な物腰そしてモードの授業も行われた。こうして,大学と宮廷とのあいだのギャップは深まるばかりであった。エリアスが指摘するように「ドイツの大学は,いわば宮廷と対抗する中流階層の中心であった」[91]。こうした状況を克服するため,旧態依然たる机上の学問（正統ルター派の新スコラ哲学）に激しい攻撃をしかけたのがトマジウスであった。

トマジウスが理想として掲げた新しい人間像とは「立派で (ehrlich), 学識豊かな (gelehrt), 思慮分別のある (verständig), 賢明な (klug), そして

[89) ヴァイグル前掲書, 46頁参照。
[90) 同前書, 46頁以下参照。
[91) エリアス前掲書, 99頁。

礼節のある（artig）人」[92]である。これらを自分のなかで調和させることができるのがトマジウスの求める理想的人格であり，こうした人間を教育する基点として，彼は大学を選んだのである。まずは「人類に有用な学芸を身につけ」，才気煥発に明るく優雅に堂々と自己の素材を講義できる学者が必要である[93]，とトマジウスはいう。打てば響くような会話，優雅な反応と身のこなし，自分の専門のみについて話せるだけではなく，食事や衣服，詩や哲学においても明晰な判断力をもつ学者。「ギャラントリー」（Galanterie）もしくは「典雅で申し分のない紳士」（parfait homme galant）が，その本質である。これを実現するのが，トマジウスによれば，社交術（Umgang）あるいは礼儀作法（Anstandsregel）および折衷主義哲学（Eklectische Philosophie）である。こうしたギャラントリーな人間教育計画すなわちトマジウスの啓蒙計画について最初にまとめられたのが，1688年の『宮廷哲学入門』である。これは，まずはラテン語で *Introductio ad Philosophiam aulicam, sive lineae primae libri de prudentia cogitandi et ratiocinandi.* として，次に1712年にはドイツ語で *Einleitung zur Hof-Philosophie, oder, Kurzer Entwurff und die ersten Linien von der Klugheit zu Bedencken und vernünfftig zu schließen.* として出版された。

　ヴァイグルがいうように，「礼儀作法と社交の教育はトマージウスにとって社会的な平和秩序の不可欠の要素である。さらに，行動のさまざまな文法規則を通じて社会という形成物の特色が定義される。『礼節は人間社会の心である』」[94]。宮廷文化はそれまでのように争いごとを暴力で解決するのではなく，コミュニケーションと社交の形式を発達させた。暴力の激しい爆発を防ぐこと，つまり宮廷文化は「『自分の情動を抑制する』礼儀作法の学校（schola decori）であったばかりでなく，またその文明化の過程に言語をも組み入れていた。『典雅な申し分のない紳士』は，社交の場では『軽快に礼

---

92) ヴァイグル前掲書，43頁。
93) 同前。
94) 同前書，49-50頁。

儀正しく』話すものである」[95]。すなわち，社交的なことは理性的なことであり，逆に理性的なことは社交的なことでもある。洗練された言語によるコミュニケーション，あらゆる所作を含めた礼儀を通じて，平和で幸福な人間社会に，わたしたちは少しでも近づくことができるのだ。そのために，トマジウスは社交術と折衷主義哲学の学習を推進した。トマジウスによれば，人間は本質的に社交的であり，理想的な社交においては正義（justum）と誠実（honestum）と道徳（mores）が欠かせない。トマジウスは，自然法や道徳哲学に関する著作においてこうした領域の問題を扱っているが，「紳士」としての理想的人間における社交や礼節には，まず正義と誠実，そして道徳が求められるというわけである。しかし，こうしたことを正確にわきまえるためには，そのさらに前提として先入見から解き放たれた理性の正しい使用が求められることになる。その結果として，わたしたちは叡智を獲得することができる。トマジウスは，こう述べる。

> 叡智とは，それを通じて人間が，正しいものを間違ったものから，善を悪からはっきり区別し，（中略）自分自身の，そして共同生活のなかでの他の人々の，現世的および永遠的な幸福（Wohlfath）を促進させるような認識（Erkantus）である[96]。

人間の幸福にとって有用な認識こそが，叡智である。

> 人間の生活において何らかの実益（Nutzen）を作り出さず，また至福（Seligkeit）へと導かないものを，叡智と呼ぶわけにはいかない[97]。

よって，こうした叡智ある認識を得るために，わたしたちは理性を訓練しなければならない。そのトレーニングの場たるものが，折衷主義（Eklektik）とトマジウスが呼ぶ思考である。

---

95) 同前書，57頁。
96) Thomasius, Christian. *Einleitung zur Vernunft-Lehre*, Hildesheim: Georg Olms Verlag, 1998, S. 75f.
97) *Ibid*., S. 87.

折衷主義とは後の時代には寄せ集めの自主性のない思考というネガティヴな響きをもつが，ここではそういう意味ではもちろんなく，「自分で考えること」およびカントを先取りした「成年状態」を指している[98]。折衷主義の哲学者とは，次のような人物である。

> 彼はさまざまな教師の発言や著作から，正しいことならなんでも自分の理性の宝物庫（Schatz-Kammer seines Verstandes）に集めずにいられない。そして当該の教師に権威があるかどうかについて思いをめぐらしたりはせず，ひとつひとつの学説がしっかりした根拠を持っているかどうかについて自分で調べ，さらに自分で考えたことを付け加える。要するに他人の目よりもむしろ自分自身の目で見ようとする。したがってなにもかもごちゃごちゃにしたり，まぜこぜにしたりする独りよがりの勉強家と折衷主義的な哲学者とは大きく異なるのである[99]。

つまり，折衷主義によってトマジウスは『宮廷哲学入門』（1688）の図版のひとつが明示するように[100]，「たくさんある意見の中からひとつの理性的な選択を行うこと」[101]を提案している。すると，そのためには正しい理性の使用を妨げる先入見の除去が次の大きな課題とならざるをえない。『理性論の実行，あるいは，いかに頭を整理し…すべきか，という短い，明白な，充分基礎づけられた手法』（*Außübung der Vernunft-Lehre, oder : Kurze, deutliche und wohlgegründete Handgriffe, wie man in seinem Kopfe aufräumen… solle*, 1691）では，この問題を中心的に扱うことになる。いわば思考の整理学の前提としての先入見の撤去，すべての誤謬の源との戦いである。

> 28節。なによりも君の理性を清めたまえ。つまり，邪魔なものは片付けたまえ。そしてすべての誤謬の源としての先入見（praejudicia）と戦いたまえ。（中略）87節。真理の探究においては，人間の権威は決して当てにし

---

[98] ヴァイグル前掲書，54頁。
[99] 同前書，53頁。
[100] シュナイダース前掲書，57頁以降参照。
[101] ヴァイグル前掲書，53頁。

たもうな。たとえそれが，誰であろうとも。…89節。それゆえに，世界の中から誤謬がなくならない方が得な人々が，君の当局，君の両親，あるいは君の教師の権威を君に突きつけて，まるで君が自然権を侵害しているかのように，君の良心を不安にさせても，そのような人々の叫びに当惑したもうな（中略）[102]。

さらに重要なのは，トマジウスはこうした理性の公的使用が，宮廷人のみならず，すべての市民階級において実行されるべきだとした点である。ここには，女性や子どもも含まれていた[103]。「啓蒙主義はしたがってトマージウスの場合，教育的であった」[104]。シュナイダースが指摘するように，要するに啓蒙にはもともと強力な教育的傾向が備わっている。先のトマジウスの言葉と重ねれば，次の指摘は容易に納得できよう。

> 啓蒙とは「精錬〔純化〕」（clarificatio）である。そのうえ，啓蒙は真理の探求と自己啓蒙に尽きるのではなく，真理の伝達や，他者に対する啓蒙でもある。それは情報伝達や解放である以上，常に教育的かつ政治的であり，歴史的には，まずは教育的傾向，ついで政治的傾向を帯びるようになった。初期啓蒙主義の教育的性格は，古来の習慣にならい，農耕や採鉱の比喩で表現される。その場合，探求され，見出され，さらに精錬された貴金属とみなされるのは，真理ではなく，人間の魂そのものである。魂自身が，手塩にかけて育てる耕作を必要とし，まさに教育や陶冶を要するのである[105]。

トマジウスは叡智や学識や博識を求めたが，それはこれらを獲得するまでの過程とその結果の双方を意味する陶冶（Bildung），およびそのラテン語である教養（eruditio）とぴったり対応する，とシュナイダースは述べる。eruditio つまり e-ruditio とは，「未熟さ」（ruditio）から（ex）の解放であ

---

102) 同前書，55頁。
103) 同前書，56頁。
104) 同前。
105) シュナイダース前掲書，70頁。

3節　初期ドイツ啓蒙主義における学習改革とリベラル・アーツ　97

る。「啓蒙の元来の意味は，教育，陶冶ないし文化〔耕作〕なのである」[106]。こうした意味合いを当時の図像が如実に示している[107]。

　さて，トマジウスによって「すべての人にわかりやすく練り上げられた言葉の使用」，あるいは「対話関係の構築」の可能性が啓蒙として開かれた[108]。先入見をできるだけ除去するなかで行使される理性に基づく正しい判断。ここに由来する，礼儀にかなった理性的な社交性の成果としてのギャラントな対話に所作。一言で有意義な思考とコミュニケーションの手段としての言葉には大きなウエイトが置かれているが，この言葉の訓練こそ，古代ギリシア・ローマ以来，そしてメランヒトンを経由してトマジウスにも脈々と流れるレトリック・ヒューマニズムの伝統に他ならない[109]。この点で，トマジウスはメランヒトンの，とりわけ弁証学（Dialectic）における業績を高く評価している[110]。先にも見たように，皮肉にもライプツィヒ大学は，ルターやメランヒトンの死後，いわゆるフィリップ派と呼ばれる新スコラ的な学校哲学に支配されるようになり，正統ルター派の権威主義的牙城と化してしまい，トマジウスらの激しい批判にさらされるようになるが，それにもかかわらず，人間社会における有用性や有益性に役立つ言葉に関する学芸，すなわちリベラル・アーツの教育価値については，これをしかるべく位置づけている。「語るための術」（Rede-Kunst）として，トマジウスは，文法学，修辞学，そして弁証学という伝統的トリヴィウムをあげ，弁証学を，論理学（Logic）あるいは理性学（Vernunfft-Lehre）とも換言している[111]。

　トマジウスが「紳士」教育のベースとして有効と見なすリベラル・アーツ，すなわち学芸や学問（Künste und Disciplinien）とは，次である。①文法

---

106)　同前書，71頁。
107)　同前書，71頁以降参照。
108)　ヴァイグル前掲書，56頁。
109)　今井前掲書，15頁以降参照。トマジウスの教育思想について，さらに詳しくは次を参照。田口康大「初期トマージウスの啓蒙計画と宗教的背景について」日本キリスト教教育学会『キリスト教教育論集』第18号，2010年，49-64頁。
110)　Cf. Thomasius, Christian. *Einleitung zur Hof-Philosophie*, Hildesheim : Georg Olms Verlag, 1994, S. 113.
111)　*Ibid*., S. 67.

学 (Grammatica), ②論理学 (Logica), ③修辞学 (Rhetorica), ④歴史 (Historie), ⑤詩 (Poesis), ⑥数学的学問 (mathematischen Disciplinen), ⑦形而上学 (metaphysica), ⑧自然学 (Physica)[112]。

さらに、トマジウスが活躍したハレ大学の学則には、「すべての勉学を実務に向けるように」との規定があった。大学は国家にとって有用な諸学問を教えるべきだ、とのトマジウスの考えに基づくが、そのねらいは旧学識法律家に代わる「実用的」法律家すなわち官僚の創出にあった[113]。よって、伝統的な先の講座を設置する一方、他方では自然法、ドイツ法、公法、官房学、政治学といった、新しい実践的学科を推進したのであった。これらはまさに時代のニーズにかなった大学教育カリキュラム改革であった[114]。

* * *

リベラル・アーツの歴史を、ごく大雑把にたどってきた。その全体像を明らかにするには到底及ばないが[115]、あらためて現代日本に生きるわたしたちにとって、道徳の基礎となるリベラル・アーツ、そして教養・教育とは何であり、さらにいまわたしたち大学教師には何が望まれているのか、一瞥しておきたい。

すでに見たように、中世の大学では、神学部・法学部・医学部に対応して、聖職者・法律家・医師という専門的職業人 (professionals) が育成されていたが、その土台には学芸学部があり、ここでリベラル・アーツがしっか

---

112) *Ibid*., S. 245-248.
113) 西村前掲書、102頁。
114) トマジウスの大学改革については次を参照。Paulsen, Friedlich. *Geschichte des gelehrten Unterrichts*, Bd. 1., Leipzig: Verlag von Veit & Comp., 1919, S. 524ff. Hunter, Ian. *The Secularization of the Confessional State : The Political Thought of Christian Thomasius*, Cambridge : Cambridge University Press, 2007, p. 34-83.
115) 詳しくは次を参照。Kimball, *op. cit*.. Grafton, A. & L. Jardine. *From Humanism to the Humanities : Education and the Liberal Arts in Fifteenth- and Sixteenth-Century Europe*, Cambridge : Harvard University Press, 1986. Wagner, David L. (ed.) *The Seven Liberal Arts in the Middle Ages*, Bloomington : Indiana University Press, 1983.

りと学ばれた。「これらは実利性や職業性や専門性を直接目指す学問とは別の分野と考えられていた。実利性や専門性を直接目指すものではないものの、長期的・間接的には思考力を鍛錬し、情操を高め、非定形的、非日常的な事態に対する対応能力を身につけるための教育が意図されていたのである」[116]。ここにキケロの言葉が深い意味をもつ。

> 紫を染め込もうとする人が、その前にある種の薬剤に羊毛を浸すように、精神も書物 litterae と自由学芸によって予め陶冶され、そして知恵を受け入れる手ほどきと準備をされることが望ましい[117]。

わたしたちは社会に出て、各自それぞれの職業生活を歩み、その過程でさまざまな人生の困難に出くわすことになるが、その基礎的スタートの時点で人文学（studia humanitatis）、すなわち人間としての在り方・生き方に関わる文学（書物）の学習をしておくことは、どれほどのありがたい価値を後に有することになるであろうか。ヨーロッパには現在でもこうしたリベラル・アーツや教養を学ぶ姿勢およびカリキュラムが脈々と生き続けている。そして、人生の危機に立つとき、教育ある者たちは再三この源泉へと還り、ここから生きるヒントや知恵をくみ出している[118]。

そもそも教養とは、あらためて何か。阿部が指摘するように[119]、それはヨーロッパにおいてはむろん一部の教養階級が支配した古代ギリシア・ローマにまで遡るものの、これがさらに一般の人々にとってリアルな問いとなるのは、12世紀における「個人」と「都市」の誕生以降である。つまり、わたしたち個人における「内面」が生まれてきたことと、ヨーロッパでは都市ができて職業選択の可能性が生じてきたこと。この両者があいまって「教養」

---

116) 猪木武徳『大学の反省』（NTT出版、2009年）、84頁。
117) 上智大学中世思想研究所編『教育思想史第Ⅰ巻―ギリシア・ローマの教育思想―』（東洋館出版社、1983年）、294頁。
118) 猪木前掲書、5頁以降参照。ここでは遠藤周作のフランス留学体験談が紹介されていて興味深い。
119) 阿部謹也『大学論』（日本エディタースクール出版部、1999年）、同『「教養」とは何か』（講談社現代新書、1997年）などを参照。

への問いと渇望が生まれることになる。すなわち，ここでの深刻な問いかけとは「自分はいかに生きるべきか」という問題である。個人が成立し各自の内面が生まれれば，親の職業を継ぐ必然性も弱まる。すると，各自は自己の生き方を自分で選択しなければならず，当然のこと悩みや苦しみも増す。そこで，個人における内的で真に切実な問いが生じる。わたしは人間としていかに生きるべきか・在るべきか，という問いである。この問いとそれへの回答こそ，古来フマニタス，あるいはパイデイア，そして現代ではカルチャーと呼ばれてきたものの内実に他ならない，というわけである。ただし，これらは多くラテン語で書かれた古典のなかに，文字として書物として記録されていた。よって，ラテン語学校で古典語を学び，これらフマニタスの古典作品を読むことが同時に教養につながることになる。当時の俗語にはフマニタスについて考える語彙も手段もなく，12世紀に誕生した個人はラテン語を学ぶしかなかったのである。後には，たとえばドイツでも，古典語で書かれた作品を読めることがすなわち教養となり，これらが新たな教養階級と国民の形成へと展開していくが[120]，教養とは第一に「自分はいかに生きるべきか」という，社会における人間ならではの在り方・生き方を探求する姿勢とその成果であることを再明記しておきたい。

　ところで，日本ではどうか。筒井によれば[121]，明治期には education の訳語として「教養」が用いられ，これは現代の「教育」とほぼ同義であった。むしろ，現代の教養の意味には，Bildung や culture の訳語として「修養」[122] が用いられていた。「修養」に代わって「教養」が，ビルドゥングやカルチャーというヨーロッパの伝統を意味する用語となるのは，いつからか。それは，和辻哲郎による大正6年『中央公論』4月号掲載「すべての芽

---

[120]　詳しくは曽田前掲書参照。
[121]　筒井清忠『日本型「教養」の運命─歴史社会学的考察─』（岩波現代文庫，2009年），101頁以降参照。
[122]　その代表者，新渡戸稲造『修養』（たちばな出版，2002年）は，今日のわたしたちが読んでも非常に教えられるところが多いので，参照。総説では，本書で問題としているようなことがらが，常に新しくて古い（また古くて新しい）問題であることが示されている。

を培え」からだという[123]。和辻は，青春時代こそ「数千年来人類が築いて来た多くの精神的な宝―芸術，哲学，宗教，歴史―によって，自らを教養する」ことが大切である，と述べる。これらは日常生活に自然に存在しているものではないが，これらを学ぶことによって，「貴い心情」，「全的に生きる生活の力強さ」，そしてその後の人生の「一切の芽の培養」がある。これらの価値は若いうちにはよく実感されないが，その重大な意味は中年以降さらに老年になるに従ってますます明らかになる。「青春の弾性を老年まで持ち続ける奇蹟は，ただこの教養の深さによってのみ実現される」。

> 私は誤解をふせぐために繰り返して言います。この「教養」とはさまざまの精神的の芽を培養することです。(中略)これはやがて人格の教養になります。そうして，その人が「真にあるはずの所へ」その人を連れて行きます。その人の生活のテマエをハッキリと現われさせ，その生活全体を一つの交響楽に仕上げて行きます。すべての開展や向上が，それから可能になって来るのです[124]。

ところが，すでに当時でも40歳を越すか越さないかで「青春期の不養生」による「教養」を欠くことで多くの人々が老衰し始めている，と和辻は嘆いている。いわば魂（心や内面）の栄養不足の結果である。

さて，現代日本における教養，そしてリベラル・アーツさらにエデュケーションの現状はどうであろうか。本来の「教養」と教育は瀕死に近いかもしれない。外面的・身体的にはメタボリックな時代だが，わたしたちの魂（人間性）は栄養失調に陥りかけている[125]。教育学の世界でも社会全体における人間としての在り方・生き方への問い，あるいは「本流の教育学の向かう方向」から逸れた「無責任な御用学者」や「視野の狭い個別トピックの専門

---

[123]　筒井前掲書，101頁。
[124]　同前書，102-103頁。
[125]　教養とは「『公共圏と私生活圏を統合する生活の能力』のこと」と換言すれば，現代の状況ではより分かりやすいかもしれない。清水真木『これが「教養」だ』（新潮新書，2010年），15頁参照。

家」が増殖しているという指摘もある[126]。多くの人々がこの流動化する不安な時代のなかで寄る辺を失いつつある。いま，やはり「数千年来人類が築いて来た多くの精神的な宝―芸術，哲学，宗教，歴史―によって，自らを教養する」ことが求められているのではなかろうか。畢竟するに，リベラル・アーツと教養教育の重要性が，ますます高まっていることだけは確かであろう。これをわたしたちは，どう実践するのであろうか。

---

[126] 広田照幸『ヒューマニティーズ　教育学』（岩波書店，2009年），147頁。

第5章
快楽と道徳

　再び道徳哲学者・倫理学者としてのメランヒトンに戻ろう。彼が強調するのは，人間の心のなかに書き記された自然法という考えであった。ただし，哲学と福音とを明確に区別するところに，メランヒトンの常に変わらない出発点がある。道徳哲学は，理性を拠り所にして自然法を探究することができる。しかも，それは神によって予め人間の心のなかにインプリントされている。これは神の法でもあるが，その具体的な形態は十戒であった。

　では，なぜあらためて十戒や律法が必要になるのか。自然理性を頼りにして連続的にわが内なる自然法に到達できればよいし，またその可能性は十分あるにせよ，やはりキリスト者・メランヒトンにおいては，ルターと同じように，罪の問題との対峙は避けられなかった。わたしたちは，みな罪人(つみびと)であって，一点の曇りもなく妨げられることなしに自然法を認識し尽くし，さらにこれに従って生きることなど，もはや不可能なのである。よって，啓示された法，十戒や律法が必要とされる。わたしたちは，一方では理性を拠り所として自然法（さらには自然哲学）の探究も蔑ろにしてはならないが，他方では信仰と祈りにおいて，さらに真実の自然法の認識と，それに従う生き方・在り方（キリスト教的フマニタス）へと生成し，成長することが求められている。

　さて，罪人としての人間の罪の本体は，快楽に向かいやすい傾向であるとか，堕落した自然本性に従う生き方・在り方であるとか，我欲であるとか，悪しき情念の奴隷であるとか，さまざまな形で表現される。メランヒトンでは，とくにエピクロスの説が批判されている。一部の快楽追求と道徳とは相容れず，道徳とはあくまでも正しい理性に従った結果であるといわれる[1]。

---

　1) Heineck, Hermann (hrsg.). *Die aelteste Fassung von Melanchthons Ethik,*

しかるに、エピクロス自身は、はたして快楽が人間の目的であるとか、道徳は無用であるとか述べたのであろうか。本章では、快楽と道徳との関連をめぐって、まずはエピクロスの考えを整理し、次にこの受容過程について一瞥した後、啓蒙期にいたるところでサドの思想に触れながら、ごく簡単な考察を加えておこう。

1節　エピクロスの快楽説

　エピクロス（Epikouros, 前341頃-270）と聞くと、エピキュリアン、つまりもっぱら快楽だけを追求する快楽主義者をイメージしがちであるが、実態はそうではない。「それは犬儒派のアリスティッポスの主張するような無条件な快楽主義ではなく、適切な快を生の条件として認めるものであり、心の平安を求める点では、ストア派や懐疑論などヘレニズム期の他の学派の立場と変わらない」[2]。『メノイケウス宛の手紙』に、それは明らかである。「死は感覚の欠如」とする有名な一節から見てみよう。

> 死はわれわれにとって何ものでもない、ということに慣れるべきである。というのは、善いものと悪いものはすべて感覚に属するが、死は感覚の欠如であるからである。（中略）死は、それが現に存するときわれわれを悩ますであろうからではなく、むしろ、やがて来るものとして今われわれを悩ましているがゆえに、恐ろしいのである[3]。

死は、わたしたちの想像のなかで恐れられているだけである。なぜなら、「われわれが存するかぎり、死は現に存せず、死が現に存するときには、もはやわれわれは存しないから」[4]。死と生は、わたしたちの感覚において同時に存在することはできない。死んでいるときにわたしたちは生きていない

　　　Berlin: R. Salinger, 1893, S. 7.
2）　『岩波　哲学・思想事典』（岩波書店、1998年）、161頁。
3）　『エピクロス―教説と手紙―』（出隆・岩崎允胤訳、岩波文庫、1959年）、67頁。
4）　同前。

し，生きているときにわたしたちは死んでいないから。

　そこで，死は，生きているものにも，すでに死んだものにも，かかわりがない。なぜなら，生きているもののところには，死は現に存しないのであり，他方，死んだものはもはや存しないからである[5]。

ただそれだけである。よって，エピクロスは死に対して過大な恐怖を抱くこともなく，また生に対しても過大な評価を与えることもしない。死は悪でも苦しい人生からの休息でもない。この世界の単なる必然的変化である。すると，知者と呼ばれる人々はどう生きようとするであろうか。

　知者は，生を逃れようとすることもなく，生のなくなることを恐れもしない。なぜなら，かれにとっては，生は何らの煩いともならず，また，生のなくなることが，何か悪いものであると思われてもいないからである。あたかも，食事に，いたずらにただ，量の多いのを選ばず，口にいれて最も快いものを選ぶように，知者は，時間についても，最も長いことを楽しむのではなく，最も快い時間を楽しむのである[6]。

ならば，できるだけもっとも快い時間を楽しむにはどうすればよいのか。ここに，エピクロスの説く倫理的・道徳的な理想の生き方がある。
　エピクロスは，人間という生き物が生来的にもつ欲望に対して，ことさらこれを善とも悪とも見なすことはしない。「行為の動機および目的としての快」では，次のように述べられる。

　欲望のうち，或るものは自然的であり，他のものは無駄であり，自然的な欲望のうち，或るものは必須なものであるが，他のものはたんに自然的であるにすぎず，さらに，必須な欲望のうち，或るものは幸福を得るために必須であり，或るものは肉体の煩いのないことのために必須であり，他のものは生きることそれ自身のために必須である，ということである。これ

---

[5] 同前書，67-68頁。
[6] 同前書，68頁。

らの欲望について迷うことのない省察が得られれば，それによって，われわれは，あらゆる選択と忌避とを，身体の健康と心境の平静とへ帰着させることができる。けだし，身体の健康と心境の平静こそが祝福ある生の目的だからである[7]。

わたしたち人間がもつ欲望について適切な認識をもつことの重要性はいつの時代においても変わらないが，とりわけ現代においてはなおさらである[8]。エピクロスの欲望を整理してみよう。

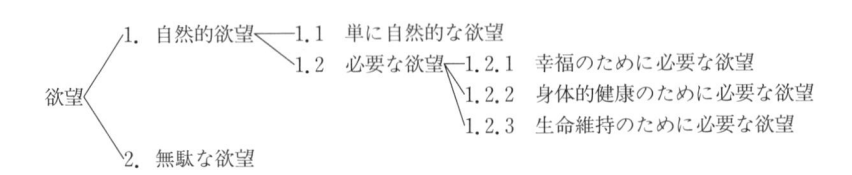

```
         ┌1. 自然的欲望──┬1.1  単に自然的な欲望
         │              └1.2  必要な欲望──┬1.2.1  幸福のために必要な欲望
欲望 ────┤                                ├1.2.2  身体的健康のために必要な欲望
         │                                └1.2.3  生命維持のために必要な欲望
         └2. 無駄な欲望
```

資本主義社会に生きる現代のわたしたちは，とかく無駄な欲望に振り回され，肝心かなめの「身体の健康と心境の平静」とを皮肉なことに失いつつある。そして，ますます不幸になっていく。なぜかというと「欲望について迷うことのない省察」がなされないためである。では，省察をするのは何か。それは思慮である。エピクロスにおいて，すべての欲望の奴隷となって，ただひたすらあらゆる快楽を追求することは，人生の目的，すなわち幸福とは捉えられていない。

> それゆえ，快が目的である，とわれわれが言うとき，われわれの意味する快は，――一部の人が，われわれの主張に無知であったり，賛同しなかったり，あるいは，誤解したりして考えているのとは違って，――道楽者の快でもなければ，性的な享楽のうちに存する快でもなく，じつに，肉体において苦しみのないことと霊魂において乱されない（平静である）こととにほかならない[9]。

---

7) 同前書，69頁。
8) W. B. アーヴィン『欲望について』（竹内和世訳，白揚社，2007年）参照。
9) 『エピクロス』，72頁。

からだの健康と心の平静。これにあってこそ，はじめて人間は幸せな境地に生きることができる。そこで，これを実現するのに欠かせないのが思慮であり，それはまた「素面の思考」とも換言されている。

> 素面の思考が，つまり，一切の選択と忌避の原因を探し出し，霊魂を捉える極度の動揺の生じるもととなるさまざまな臆見を追い払うところの，素面の思考こそが，快の生活を生み出すのである[10]。

このように，素面の思考，すなわち思慮によって自らの欲望を見極め，からだの健康と心の平静にとって必要な快楽の質だけを求めることができればよいのだが，現実にわたしたちは「無駄な欲望」に引きずり回されて快楽の量をひたすら求めるというわなに陥ってしまいがちである。「快とは祝福ある生の始め（動機）であり終り（目的）である」[11]とエピクロスがいうとき，わたしたちはそれを，身体に苦しみがない状態において「素面の思考」による上質な快楽の質を追求した生活を指していることを，忘れてはならない。が，なかには，次のように矛盾するとも見られる断片もある。

> もしわたしが味覚の快を遠ざけ，性愛の快を遠ざけ，聴覚の快を遠ざけ，さらにまた形姿によって視覚に起る快なる感動をも遠ざけるならば，何を善いものと考えてよいか，このわたしにはわからない[12]。

しかし，これは生物としての人間が，まずは快感原則によって運動する動物であることを素直に表現しているとも解されよう。快と不快を生物としての人間の行動の根本原理とする見方は，現代的ですらあり，まことに理にかなっていると思われる。

> 美とか，諸徳とかその他この種のものは，もしそれらが快を与えるならば，尊重さるべきである。だが，もし快を与えないならば，それらにわか

---

10) 同前。
11) 同前書，70頁。
12) 同前書，106頁。

れを告ぐべきである[13]。

　道徳の原理を快の感覚に求めるヒュームをも想起させるこうした言葉は，第1章でも見た人間の自然とも，ぴったり対応していると思われる。「快は生まれながらの善きものであり，われわれに親近な本性をもっている，いいかえれば，快という生の目的は，自然的なもの，自然にかなったものである」[14]。

　問題は，快楽へと向かう欲望を「素面の思考」（思慮）が制御できるかどうかにかかっている。が，これは極めて困難な課題である。

2節　キリスト教から見たエピクロス

　キリスト教，とくにルター神学からすれば，人間の意志は，そもそも「無駄な欲望」に堕落してしまっている（罪人の状態）。これを思考や思慮，すなわち理性によって制御し尽くすことは，もはや不可能とされる。

　ルネサンス期，エピクロスの快楽説は，エピクロス派として「放蕩者」「好色家」「不敬虔者」と同義に理解されてきた[15]。これは，前節に見たように，エピクロス本来の主張とは相容れないものであった。が，古代ギリシアではなく，すでにキリスト教を立脚点とする人々からすれば，「エピクロス派」は不敬きわまりないものとして（誤解されて）捉えられた。ルターの攻撃は，エラスムスの『対話集』に記された「エピクロス派」にも及び，彼はエラスムスを批判している[16]。

　さて，メランヒトンやエラスムスは，こうしたラディカルなルターに比べ，理性による制御の余地を残しつつ，最終的には意志や欲望のままならな

---

13)　同前書，107頁。
14)　同前書，176頁，注 (19)。
15)　金子晴勇「エラスムス『エピクロス派』の研究―解説・翻訳・注釈―」（日本ルター学会編『ルターと宗教改革』第3号，2002年），72頁。エピクロスの受容過程について詳しくは，これを参照。
16)　同前論文参照。

い箇所を罪と定め，ここに福音の作用する必要性と必然性とを説いて止まなかった。メランヒトンも，当時の時代にあってエピクロスを単なる快楽主義者として取り上げているが，しかし，理性や哲学が果たす役割を重要と見なしている点では，エピクロスと変わりない。

　メランヒトンは「徳とは正しい理性に従おうと傾く〔心を向ける〕(inclinare) 習慣 (habitus) である」と先に述べたが，こうした習慣づけのために，何を「選択」できるのかどうかが，ここで問われなければならない。第2章で見たように，ルターはこの選択のための自由意志を本質において認めなかったのに対して，エラスムスやメランヒトンは，これに若干の可能性を残したのであった。それは，人間の心のなかに記された自然法への信頼であり，十戒や律法という神の法を助けとした，本来あるべき人間の第1段階目の回復を目指すものであった。よって，このための教育に，彼らは尽力することになるわけである。

3節　サドから見た快楽と道徳

　啓蒙期，キリスト教に対する批判が激しさを増すなかで，とりわけサドによるものは過激である。監獄に閉じ込められたサドの思想は，しかし，人間の欲望や快楽や道徳や宗教，つまるところ人間の在り方・生き方について根本的に再考するには，格好の素材を提供してくれる。まずは，キリスト教の「神」の存在を，サドは全否定する。

　　神なんて存在しない。自然はそれ自身で足りているのだ。自然は創造主を
　　少しも必要としない[17]。

啓蒙時代の思想家らしく，サドもまた，人間存在をおびやかすさまざまな現象に対して，精神の幼少期にあった古代人たちが，こうした自然の背後に「神」を想定したのだという。が，サドによれば，現実にあるのは単なる自

---

17)　M. サド『ジュスチーヌまたは美徳の不幸』（植田祐次訳，岩波文庫，2001年），88頁。

然だけである。徹頭徹尾，生成と変化のみが支配する自然の世界が，この現象界としてあるだけである。それは，破壊と再生の連続である。「神」は妄想である[18]。すると，次のような突拍子もない言説があらわれる。

> 自然が破壊によってしか自分を再生できないことが証明されている以上，たえず破壊の数をふやすことこそ，自然の意図に添って行動することではないか[19]。

サドによれば，現象界には生成と変化があるのみであって，死ぬということはない。つまり，わたしたちが死ぬとしても，わたしたちはまたたとえば蛆虫となって再生し，形を変えて生きることになる。ただ形体が変わるだけである[20]。

そこで，こうした破壊と再生の原動力となる情念に対しては，最大限の価値が置かれることになる。人間に自然に具わる情念によって駆動された快楽の極みこそが，破壊と再生とを促進させる。それは，むろんわたしたちが生活するこの現実世界においては，逸脱である。が，思考の素材としては興味深い。

> 自然がぼくたちの中に生じさせるすべての衝動は，自然の法則を代弁する声なのだ。人間の情念は，自然が目的を達成しようとして用いる手だてでしかない。自然は人間が必要になれば，ぼくたちに愛を吹き込む。それが創造だ。破壊が必要になれば，自然はぼくたちの心に，復讐心や貪欲，色欲や野心といったものを生じさせる。それが殺人なのだ。だが，自然はつねに自分のために活動してきた。そして，ぼくたちは自然の気まぐれに使われるおめでたい手先となってきたのに，それに気づかないでいる[21]。

---

[18] R. ドーキンス『神は妄想である―宗教との決別―』（垂水雄二訳，早川書房，2007年）参照。
[19] サド前掲書，135頁。
[20] 本書第9章1節参照。
[21] サド前掲書，134頁。

サドにおいては「神」は全否定されるものの、このように「自然」は絶対である。サドはキリスト教を徹底的に批判するものの、どこまでもキリスト教を抜きにしては思考することができなかった[22]。サドの思想の根源には、神に代わって自然が君臨する[23]。

さて、こうしたサドによる快楽追求は、エピクロスやむろんメランヒトンらが説く節度ある欲望の肯定ではもちろんなく、破天荒なものとして描かれている。『美徳の不幸』とか『悪徳の栄え』とかいったタイトルが示すように、不道徳こそが道徳的で望ましいという教説に徹するわけであるが、ここから思考実験として考えさせられることがらは多い。蛇足ながら、こうしたサドによれば、堕落教育こそがもっとも優れた教育ということになる。そのための「教育」の物語がサドの作品の中核を占めている。同時代のルソーをも徹底批判するサドの教育論は、教育を哲学的に本質から再考するに際には、やはり格好の素材となりうるであろう。今後の課題としたい。

＊　＊　＊

人間の生の目的が幸せにあり、それは快楽である、とする考えは古代以来、わたしたち現代人にとっても納得のいくものであろう。だが、それは倫理的あるいは道徳的でなければ、かえって身体には苦しみをもたらし、心は不安になってしまう。

> 不節制が避けられるべきであるのも、それ自体のゆえにではないし、他方、節制が求められるべきであるのも、それが快楽を避けるからではなくて、むしろ、それによってより大きな快楽が結果するからである[24]。

が、エピクロスがいうように、思慮によるバランスのとれた制御が望ましいのも分かるものの、やはりからだは思うようにならない。これも人間であ

---

[22] 秋吉良人『サド―切断と衝突の哲学―』（白水社、2007年）、121-122頁参照。
[23] J. H. ブラムフィット『フランス啓蒙思想入門』（清水幾太郎訳、白水社、2004年）、116頁参照。
[24] 『後期ギリシア哲学者資料集』（山本光雄・戸塚七郎訳編、岩波書店、1985年）、66頁。

る。すると，節制を欠いた快楽追求は現実には不道徳となり，ひいては不幸へと人間を陥れようとも，もしかするとサドのいうようなデカダンスへの欲望をも，人間は不思議とからだの内奥にかくまっているのではなかろうか。だからこそ，サドの思想もまた魅力的なのだろう。あるいは，それはフロイトのいうタナトスかもしれないし，クロソウスキーのいう「かくも不吉な欲望」[25]かもしれないし，バタイユのいうエロティシズムにも反転するかもし

[25] P. クロソウスキー『かくも不吉な欲望』（大森晋輔・松本潤一郎訳，河出文庫，2008年）所収「ニーチェ，多神教，パロディ」のなかでクロソウスキーは，こう述べている。「この大学人は，他の人々に教育を施し，また育成するために学問の訓練を受けているのだが，教育不可能なものを教えようとする。この教育不可能なものとは，実存（existence）が歴史や道徳の諸概念―通常，実践的な行為とはそこから生じるのだが―がもたらすさまざまな境界画定から逃れることによって，その実存が自らに回帰する以外に何の目的もなく自分自身へと返されることが明らかになるその瞬間のことである。そのとき，すべての事物が新しく，また同時にひどく古いものにも見えてくる。すべてが可能であり，すべてが即座に不可能となる。そして，意識にとっては二つの方法しか存在しない。黙るか，語るか。何も為さないか，自らへと返された実存の性格を日常的な環境に刻印するために行動するか。実存の中に混ざり合うか，実存を再生産するか」（203-204頁）。これが，「教師」としてのニーチェ，あるいは「ツァラトゥストラ」の開示する，わたしたちの真実の姿かもしれない。そこで，いわゆる教育とか道徳教育とかは，日常生活のための「境界画定」のなかに実存を刻印しようと努力することにほかならない。が，わたしたちの本体である「からだ」は，おうおうにしてそこに収まりきらない。むしろ，こういうほうが正しい。「われわれの本質的なものがそれ自体で名状しがたく伝達不可能なパトスの中にある」（226頁）と。わたしたちは，無目的に「ただ存在している」だけなのだ。だが，「意識的思考にとって，最も大きな苦しみは目的のないままでいることである」（226頁）。こうなると，教育とは，道徳教育とは，畢竟するに何なのか。ニーチェに従えば，最終結果は次のようになる。「学者は次のような独り言をつぶやくようになる。『Qualis artifex pereo! 〔何タル芸人トシテ私ハ死ヌコトカ!〕』」（205頁）。人生は，ある種の喜劇もしくは茶番劇である。つきつめて考えてみれば，わたしたちは，常にごまかしながら，毎日を何とか生きている。人生とは，むしろ生活とは，ごまかしである。ゆえに，うまくごまかすことができない正直者には日常生活が難しくなる。（たいていの「大人」たちは，公言はしないものの，こうしたことにうすうす気づいているはずである。むろん，目をそむけ続けて，ごまかしのまま終わる人々も多いだろうが。いずれにせよ，喜劇である。）こうした観点から極論すれば，ふだんの教育とは，こうした「ごまかし」のための準備・訓練ともいえよう。が，存在そのものに目覚めた者にとっては，こうした教育が，はたしてどこに行きつくというのだろう。「芸人」教師に，希望はあるのだろうか。

れない。

　生の根底には，連続から不連続への変化と，不連続から連続への変化とがある。私たちは不連続な存在であって，理解しがたい出来事のなかで孤独に死んでいく個体なのだ。だが他方で私たちは，失われた連続性へのノスタルジーを持っている。私たちは偶然的で滅びゆく個体なのだが，しかし自分がこの個体性に釘づけにされているという状況が耐えられずにいるのである。私たちは，この滅びゆく個体性が少しでも存続してほしいと不安にかられながら欲しているが，同時にまた，私たちを広く存在へと結びつける本源的な連続性に対して強迫観念(オブセッション)を持ってもいる。（中略）このノスタルジーが原因して，すべての人間のなかに三つのエロティシズムが生じているのである[26]。

孤独，不安，連続性への憧憬など，こうしたものが，人間存在の根底にはあり，わたしたちはみな，これらによって無意識的に駆動(ドライブ)されている。そこで，バタイユによれば，肉体の，心情の，そして聖なるエロティシズムとは，「存在の孤立を，存在の不連続性を，深い連続性の感覚へ置き換えること」[27]にほかならない。畢竟するに，聖なるエロティシズムとは，スピリチュアルな欲望である。

---

26)　G. バタイユ『エロティシズム』（酒井健訳，ちくま学芸文庫，2004年），24-25頁。
27)　同前書，25頁。

第6章
欲動と道徳

　これまで見てきたように，メランヒトンは外的なことがらに関する「ある程度」の意志の自由を認め，市民の徳や規律および道徳の重要性を説いて止まない。その根底には，人間の罪を直視する，ルターによるキリスト教的人間観があることはいうまでもない。

　さて，我欲が人間の本質であるという見方に対して，あらゆる宗教を幻想あるいは妄想と断じた精神分析学者・フロイト（Sigmund Freud, 1856-1939）もまた，人間の本質に「欲動」（Trieb）を見出すことでは変わりない。彼は，その容赦なくリアリスティックな精神分析的人間観を探究するなかで，人間の欲動と道徳との関係について語っている。それは，神なき時代の「奴隷意志論」とも換言できるかもしれない。が，あくまでも理性による制御を拠り所にしようとする姿勢は，カントを代表とする啓蒙の精神を引き継いでいる。もちろん，第4章で概観したように，その背後にはヨーロッパにおける長い伝統的な教育の歴史があることを覚えておこう。

　本章では，メランヒトンよりはるか以降，現代という神なき時代において欲動する人間に理性や道徳はいかにかかわるのか，フロイトとカントを手がかりに，簡単な考察を加えてみたい。その後，こうした人間観を還元主義として批判し，ニヒリズムに向かって果敢に挑戦し続けた精神科医・フランクル（Viktor Emil Frankl, 1905-1997）についても言及しよう。彼こそ，神なき時代における究極的な意味としての「神」（永遠の価値）を求めた人物である。

1節　フロイトにおける人間の本質と道徳観

　フロイトによれば，人間の本質には欲動がある。これは，すべての動物としての人間の「もっとも深いところで同じように働いている基本的な本性」[1]であり，常にその欲求の充足を目標としている。これには，エロス（生の欲動）とタナトス（死の欲動）がある。エロスは「生を統一し，保存しようとする欲動」であり性的な欲動ともいえる一方，タナトスは「破壊し，殺害しようとする欲動」であり攻撃欲動とか破壊欲動ともいえるものである[2]。アインシュタイン（Albert Einstein, 1879-1955）との書簡『人はなぜ戦争をするのか』で繰り広げられる対話で，フロイトもまた人間の本質を物理学的体系のなかに位置づけている。つまり，この2つの欲動は善悪の価値判断を抜きにした以前のもので，どちらも生物としてのわたしたち人間が，物理的組織体として生存していくために「不可欠なものであり，この二つの欲動が協力し，対抗することで，生命のさまざまな現象が誕生する」[3]という。あらゆる生命現象は，まるで愛と憎悪という相対する欲動が拮抗しあうことで生じ，わたしたちの人生もまたこのドラマの一舞台である。わたしたちは成長の過程で「わたし」という自我を形成していくが，この自我は，ある文明や社会のなかで生きる上で，常に3人の暴君からの危機にさらされている，とフロイトはいう。それは，外界，超自我，エスである。いうまでもなく外の自然は，あるいは人間が作り出した文明や社会そのものが，すなわち外界が，わたしたちの自我を脅かす。次に，「かくあるべし」と命令を下すわたしのなかの良心が，自我を脅かす。そして，これがもっともやっかいなエス（それとしかいいようのないもの）が，絶えずわたしたちの自我をその根底から脅かす。「エスはカオスであり，沸騰する興奮で満ちたボイラーのよ

---

1) S. フロイト『人はなぜ戦争をするのか―エロスとタナトス―』（中山元訳，光文社古典新訳文庫，2008年），55頁。
2) 同前書，24頁。
3) 同前書，25頁。

うなもの」で,「快感原則をひたすら守りながら, 欲動の欲求を充足しようと努力している」[4]。

　エスは価値判断を知らず, 善も悪も知らず, 道徳というものも知りません。エスのすべてのプロセスを支配しているのは, エネルギー論的な要因と (あるいは定量的な要因とも呼べるでしょう), 快感原則の緊密な結びつきなのです。エスの内部にあるものはいわば, 放出されることを待ち望んでいる欲動の備給だけなのです[5]。

このような無定形で快感だけを求めるマグマを, わたしたち人間はみなその本質に宿していると捉えるのがフロイトである。ただし, これをそのまま放出していたのでは結局のところ快感すら得られず生存していけなくなるので, ここに「安全で成功する可能性の高い現実原則に支配させるように」[6] 自我が形成されることになる。フロイトによれば自我は本来エスの一部であった。こうして, 自我は心的なプロセスにおける理性と分別を代表し, エスは無制御な情熱 (情念) を代表することになる。

　快感原則保持のために据えられた超自我, つまり良心も同様である。現実に「大多数の人々は, 良心をあまりもち合わせていないか, 語る価値のないほどごくわずかしかもち合わせていない」[7] 様子から見ても, 良心は生来わたしたちの心の内にあるといえるものではない。すなわち, 良心や超自我に従う道徳もまた, 性的な生とは異なり, フロイトによれば何ら生来的なものとはいえない。

　幼児は周知のように道徳というものを知りません。欲望によってかき立てられた衝動を満たすことを内的に阻むものは, 存在していないのです[8]。

---

4) 同前書, 172頁。
5) 同前書, 174頁。
6) 同前書, 177頁。
7) 同前書, 148頁。
8) 同前書, 149頁。

この阻止を行うのが両親の役割であり、こうした外的抑止が内面化されて良心となる。まさに両親が良心の審級＝超自我として、やがて自我を監視し、操縦し、威嚇するようになる、とフロイトはいう。そして、こうした状態を〈正常〉と見なすようになるのだが、それは往々にして〈異常〉なもの、あるいは病的なものにも変転しうる。結果として「精神疾患の本質は、情動の生と機能が早期の状態に退行することにある」[9]。

このように、わたしという自我は、常に3人の暴君からの危機にさらされているというわけであるが、この自我は極限状況に陥ると、いとも簡単に欲動の奴隷となってしまうというところが、いかにもフロイトらしい。後にフランクルが厳しく批判する箇所である。あれほど教養を積み文明化を推進してきたと思われた人々が、いともたやすく戦争という蛮行に至る過程を省みて、フロイトは「知性が感情的な生に左右されることを見逃してはならない」と注意を促す。

> 人間の知性の働きを信頼できるのは、強い感情の動きにさらされていない場合だけなのである。強い感情の支配のもとにあるときは、人間の知性は意志の道具としてふるまうのであり、意志の求める成果だけをもたらす。論理的な議論は、情動的な利害関係の前では無力であり、利害関係が支配する世界では、根拠に基づいた論争は何ものも生まないのである。ファルスタッフの言葉を借りれば、根拠などというものは、ブラックベリーの実ほどに無数にあるものなのである[10]。

結局のところ、わたしたちの道徳性とは所詮「仮面」にすぎない。「人間は眠りに入ると、それまで苦労して獲得してきた道徳性を、あたかも仮面を外すかのように捨て去ってしまう（中略）そして朝になって目覚めると、この道徳性という仮面をふたたびかぶるのである」[11]。しかも「多数の人々、数百万の人々が集うと、個人が獲得してきた道徳的な要素は解消されてしま

---

9) 同前書、66頁。
10) 同前書、68頁。
11) 同前書、66頁。

い，原初的で，ごく古く，粗野な心構えだけが残る」[12)]のである。わたしたちは未だ人類としても発達の途上にある，とフロイトはいう。人間の悪しき傾向性が根絶されることなどありえず[13)]，わたしたちはかろうじて道徳性という偽善の仮面を身につけ，昼間は文明人らしく振舞っているにすぎない。「社会にとっては，ある人が文化的な規範に基づいたふるまいと行動を示せば十分なのであり，その動機などはほとんど気にかけない」[14)]のだが，わたしたちはみな自らの欲動を抑圧し続けているのであり，決して「楽観的な見方に誘われて，文化的に改造された人間の数を過大に評価」[15)]してはならない。「悪しき」欲動を作り変えるには，内的な要因，つまり他者から愛されたいという愛の欲求によって影響されること（エロス的な成分との混合）と，外的な要因，つまり教育による強制の2つがあるとフロイトは述べるが，「生まれつきの適性」を過大評価してはならないと警告する。わたしたちは，「人間をその現実のあり方よりも『善い』ものと評価しがちなのである」[16)]。

　文明社会は，善い行動を促進するが，その行動がどのような欲動のために実行されたかは，まったく顧慮しない。だから多数の人々が文化に服従するようになったものの，本性からして服従しているわけではないのである。にもかかわらず文明社会はこうした成功に力づけられて，不用意にも道徳的な要求をきわめて高い水準にまでひきあげてしまった。そして社会の成員の素質からきわめて離れたところに道徳的な要求を定め，これにしたがうように強制したのである[17)]。

　フロイトは，人間を過大も過小も評価しない極めて現実的な人間観（これ

---

12) 同前書，70頁。
13) 同前書，54頁参照。人間は常に，ある側面においては「善」であり，ある側面においては「悪」である。性格を「善」とか「悪」とかに分類するのは，あまり意味がない，とフロイトは述べる（56-57頁）。
14) 同前書，60頁。
15) 同前書，61頁。
16) 同前書，59頁。
17) 同前書，61頁。

が精神分析学的人間観あるいは神話）を主張する。わたしたちはみな偽善者であり、「現代文化はいわばこうした偽善に頼って構築されている」[18]。それでいいのだ。しかるに、こうした現実から目をそらし、「社会の成員の素質からきわめて離れたところに道徳的な要求を定め、これにしたがうように強制」する、白々しく空想的な（道徳）教育「幻想」のいかに多いことか[19]。すると、欲動の「奴隷意志論」という神なき時代に生きる人間は、道徳教育の水準を、どの程度の「身の丈」に合ったところに再設定したらよいのだろうか。

「汝殺すなかれ」という掟が強調されているという事実が示していること、それはわたしたちが祖先の世代を無限にたどってゆけば殺人者にたどりつくこと、彼らの血が殺人欲に満たされていたこと、そしておそらくわたしたちの血も同じ欲望に満たされていることなのである。人類は道徳的な努力を積み重ねてきたのであり、この努力が懸命で、重要なものであったことに文句をつけるいわれはない。しかしこれも、人類の歴史において獲得されてきたものなのである。これは現代の人類に伝えられた遺産ではあるが、残念なことにこの財産の分配は、ごく〈まだら〉に行われているのである[20]。

「戦争」で極まる人間の本質から目を逸らすことなく、はたして現代の道徳教育は、この財産をどう分配していけるであろうか。

2節　カントにおける悪の起源と人類の発展

よく知られているカントによる有名な啓蒙の定義とは、「みずから招いた未成年の状態から抜けでること」であり、それは自分の理性を使う勇気をも

---

[18]　同前書、62頁。
[19]　菅野仁『教育幻想―クールティーチャー宣言―』（ちくまプリマー新書、2010年）参照。
[20]　同前書、87頁。

つことと同義であった[21]。たいていの人間は，教育による訓練を受けさえすれば自分で理性を行使できるようになり，未成年状態から抜け出ることができる，とカントはいう。ただ，未成年状態は理性による自律と比べてあまりに楽であるために，この状態に止まろうとする人々も多い。教育による人類全体の啓蒙というプロジェクトは，絶えず推進される必要がある。

> 理性は本能的に働くのではなく，さまざまな実験，練習，教育を経ることで，一つの段階から次の段階へと，洞察が次第に発展するのである[22]。

そこで，自然が人間に与えた課題をカントは次のように述べる。

> 自然は人間に次のことを望んでいる。すなわち人間は動物としてのありかたを定める生物学的な配置に含まれないすべてのものをみずから作りだすこと，そして本能とはかかわりなく，みずからの理性によって獲得できる幸福や完璧さだけを目指すことである[23]。

このための手段として，自然は人間に理性と理性に基づく意志の自由を与えた，とカントはいう。ただし，これを使用するには長い努力が必要である。よって「自然は，人間が安楽に生きられるようにすることなどには，まったく配慮しなかった」[24]のであり，むしろ人間は自らの行動を通じてこれを実現しなければならない課題を負っているのである。

そこで自然が，こうした人間の「すべての素質を完全に発達させるために利用した手段」が，カントによると，いわゆる「善」に対する「悪」という対立項である。人間が社会のなかで互いに対立関係となるプロセスを通じて，これが最終的に法則に適った秩序を作り出す原因になる，とカントは述べる。人間には，集まって社会を形成しようとする傾向性が備わる一方，ま

---

21) I. カント『永遠平和のために／啓蒙とは何か　他3編』（中山元訳，光文社古典新訳文庫，2006年），10頁参照。
22) 同前書，36頁。
23) 同前書，37頁。
24) 同前書，39頁。

た他方ではひとりになろう，孤立しようとする傾向がある。つまり，人間がもつ非社交的な社交性（ungesellige Geselligkeit）である。

> 人間は仲間にはがまんできないと感じながらも，一方でこの仲間から離れることもできないのである[25]。

しかし，こうしたアンビバレントな関係を通じて，わたしたち人間は情念に基づく社会から道徳や法に基づく全体的な社会を構築することが可能になる[26]，というのがカントである。

> だから人間は自分たちに協調性が欠けていること，たがいに妬み，争いを求める嫉妬心をそなえていること，決して満たされることのない所有欲に，ときには支配欲にかられていることを，自然に感謝すべきなのである。こうしたものがなければ，人間のうちに秘められたすべての傑出した自然の素質は，永遠に目覚めることなく，眠りつづけただろう[27]。

よって人間は，労働と労苦の生活の内にあって，抵抗と不和と対立の只中で，すなわち多くの悪の渦中にあって，これがかえってわたしたちのなかのさまざまな力を刺激し，自然の素質はますます発展するように促されるのだ，とカントは語る。

> 賢き創造主はこのように手配してくれたのであり，悪霊のようなものがいて，創造主のすばらしい配置をこっそりといじったわけでも，嫉妬のあまり破壊したわけでもないのである[28]。

カントによれば，もろもろの悪は決して神によるものではない。

> 歴史の端緒が教えてくれるのは，人間をおし潰そうとする諸悪を，神の摂理のせいにしてはならないこと，そしてみずから責を負うべき悪事を，先

---

25) 同前書，41頁。
26) 同前。
27) 同前書，42-43頁。
28) 同前書，43頁。

祖が犯した原罪のせいにしてはならないことである。(中略) 自分の理性の誤用によって生じたすべての悪について、そのすべての責をひきうけるべきなのだ[29]。

わたしたちは啓蒙のプロジェクトを推進するなかで、悪しき状態から徐々に善き状態へと発展していくのであり、各人が各自の分に応じてこの歴史の発展に貢献することが自然からの使命である、とカントは力強く締めくくる。自然は常に人間を動物性という低い段階から人間性と自由という最高の段階にまで漸次的に到達させようとしている、人間の使命は完成に向かっての進歩にある[30]、というのがカントの啓蒙信仰である[31]。

こうした信仰は、現代のわたしたちにも大きな勇気を与えてくれるのだが、しかし、先のフロイトが経験したような戦争もまた、この高貴なプロセスの一部なのであろうか。森のなかの樹が幹をまっすぐ上に伸ばすためには、まわりからの抵抗が必要であり、互いに競い合うからこそ上に伸びるのだ、とカントはいう。このような抵抗や不和や対立という「強制」によって、すなわち非社交性の成果、人間は「飾り」としてのすべての文化や芸術を生み出し、「みずからに規律を課すように強制し、強制されて獲得した技を通じて、自然の萌芽を完全に発展させる」[32]のである。ゆえに、わたしたちの人間性の完成のためには、悪が不可欠ともいえよう。ただし、この悪の影響は、戦争という耐えがたい状況にもつながりかねない。

フロイト以前、フロイトが拠り所とする理性による啓蒙のプロジェクトを力強く説いたカントではあったが、その後あれほど教養と文化を発展させたかのように見えた世界は、いとも簡単に戦争（あまりにも悲惨な悪）へと転落してしまう。そして、ニヒリズムの蔓延。はたしてフランクルは、この状況にどう応答したのであろうか。

---

[29] 同前書、102頁。
[30] 同前書、84頁参照。
[31] 宇都宮芳明『カントの啓蒙精神―人類の啓蒙と永遠平和にむけて―』（岩波書店、2006年）参照。
[32] カント前掲書、45頁。

3節　フランクルにおける3つの価値

　アウシュビッツを生き抜いた精神科医・フランクルは，実存分析およびロゴセラピーの創始者である。『死と愛—実存分析入門—』（*Aerztliche Seelsorge*, 1946）の冒頭，「フロイトとアドラーの名をあげずして誰が心理療法について語るのを許されるであろうか」[33]と述べる通り，彼の実存分析とロゴセラピーは精神分析と実存主義に由来している[34]。が，フランクルは，精神分析的人間観を実存主義的精神医学者の立場から厳しく批判することになる。フランクルの批判は，常にすべての「ホムンクルス主義」[35]に向けられていた。「すなわち，人間をあれこれの本質に還元して，『…にすぎないもの』と見ようとする考え方に対する抗議が『実存分析』の主唱者であるフランクルの真意である」[36]。最終的にフランクルは，人生において実現すべき3つの価値を再三説き続ける。①創造価値，②体験価値，③態度価値である。なかでも，最後の態度価値を「いかんともしがたい苦悩を，勇気をもって耐える」[37]姿，つまり「苦悩する人間」（homo patiens）に見出し，これを最高のものとする[38]。以下，フランクル人間学の特質と3つの価値について素描し

---

[33]　V. E. フランクル『死と愛—実存分析入門—』（霜山徳爾訳，みすず書房，1957年），3頁。

[34]　V. E. フランクル『精神医学的人間像』（宮本忠雄・小田晋訳，みすず書房，1961年），128頁以降参照。

[35]　ホムンクルスはゲーテ『ファウスト』第2部に登場する人造小人間。「あたかもこうしたホムンクルスのように，エディプス・コンプレックスや，リビドーや，あるいはホルモンの小人が何人かあつまれば，それで人間ができあがる，とされる」（同前書，147頁）見方への批判である。

[36]　同前書，125頁。

[37]　同前書，149頁。

[38]　フランクル前掲『精神医学的人間像』，59頁以下「苦悩が人間に提供する意味がなぜ至高のものであるか」参照。こうした苦悩を一見称えるかのように見受けられるスタイルに否定的なのが，アメリカの教育学者・ノディングズである。N. ノディングズ『幸せのための教育』（山﨑洋子・菱刈晃夫監訳，知泉書館，2008年），51頁以降参照。

てみよう。

　フランクルは人間存在の最大の特徴が, 意識 (意識性存在) (Bewußt-sein) と責任 (責任性存在) (Verantwortlich-sein) にあるという。思想史的系譜からすれば, 先に触れたように, 彼は実存主義からの影響を受けている。それは大別するに, キルケゴール系 (ヤスパース, マルセル) の有神論的実存主義とニーチェ系 (ハイデガー, サルトル) の無神論的実存主義となるが[39], ハイデガー (Martin Heidegger, 1889-1976) に従えば, この本とか, 机とか, そういったモノのなかでも, とくに人間は特別の存在 (Sein) であり, これは現存在 (Dasein) と呼ばれた。そして「すべての存在のなかで, 現存在, あるいは人間だけが, 自己に目ざめ, 自己を意識し, かつ透視することができる」[40] のであり, こうした人間としての在り方こそが人間の現実存在, すなわち実存 (Existenz) である。フランクルによれば, 実存の核心は, まずこうした意識性存在 (意識) にある。次に彼によれば「あらゆる存在は関係存在 (Bezogen-sein) である」[41]。とくに人間は, 自己自身, 他者, 世界, さらには神といった超越者など, 意識において他の存在とかかわり, これに意味を見出しつつ応答する (verantworten) なかで生きるのであり, ここに実存のもうひとつの核心である責任 (責任性存在) が立ち現れる。意識性と責任性は実存の2つの根本的事実であり,「この根本的事実を人間学的な基本形式で述べれば, 人間存在は意識性存在と責任性存在を意味する」[42] のである。これが, フランクル人間学の基本的スタンスである。彼は常に臨床医療の過程で, こうした実存を分析すること (実存分析) を通じてロゴセラピーを実践した。一言でロゴセラピーとは, 人間の意味への指向・意志を重視し, 深層における精神的実存的人間の発見を意図する療法であるが, 要するに, 人は自己の人生(いのち)の意味に目覚めるとき, はじめて人間らしい実存として生きることができる, という確信がここにはある。人生における

---

39) フランクル前掲『精神医学的人間像』, 139頁参照。
40) 同前書, 139-140頁。
41) フランクル前掲『死と愛』, 6頁。
42) 同前書, 5頁。

「意味への意志」(The Will to Meaning)[43]こそが，フランクルによれば，人間を本来的に駆動させる原理である。よって，人間存在を単に「…にすぎないもの」と見なすホムンクルス主義には痛烈な批判を行った。これは，彼がしばしば引用するエピソードである。

> かつてある自然科学の教師が授業の際に，有機体の生命は，したがって人間のそれも，結局は一つの酸化過程，すなわち燃焼過程に「他ならない」と得意になって説明したところが，突然一人の生徒が立ち上がって激しく彼に質問したという。「一体それでは人生はどんな意味をもっているのでしょうか？」この青年は，人間がわれわれの前の机上に立ち最後まで燃えて行く蠟燭の存在とは違う存在様式において実存しているということを正しくも理解していたのであった。蠟燭の存在（ハイデッガーのいわゆるVorhanden-sein）は燃焼過程として理解されるかもしれない。しかし人間自身は本質的に別な存在形式をもっているのである[44]。

フランクルは，断片的な人間像を樹立しこれがすべてであるかのように主張する本質還元主義（ホムンクルス），とくに生物学主義，心理学主義，社会学主義に対して大きく抗議する。しかし，これらの知見を決して全否定するのではない。あくまでも，これらが独善的なイズムとなって，何々にすぎないモノとして，人間の「本質的に別な存在形式」を認めようとしない場合に抗議するのである。後に触れるが，この存在形式とはフランクルによれば精神的人格である。

　フランクルがこのような人間学的姿勢を強調しなければならない必然的な理由として，現代を生きるわたしたちに大きな影響を及ぼし続けている思想との対決がある。それには，やはり3つ，ニヒリズム，科学技術，深層心理学との対決があげられよう[45]。換言するに，これらは虚無主義，科学技術主

---

43) V. E. フランクル『意味への意志―ロゴセラピイの基礎と適用―』（大沢博訳，ブレーン出版，1986年）参照。
44) フランクル前掲『死と愛』，34頁。
45) 山田邦男『苦しみの中でこそ，あなたは輝く―フランクル人生論―』（PHP，

義（自然主義，功利主義），還元主義に対応するが，互いに深く関連しあっており，徐々にわたしたち現代人の実存を蝕んでいく。

　端的にいって，人間の「本質的に別な存在形式」が危機にさらされている背景には，人間の生命も物質としての一種の酸化・燃焼過程にすぎないとする自然主義（物質主義・唯物主義）があり，ここでは「人間は自然物よりほんの少しましなもの」[46]としか考えられない。この奥には，「神は死んだ」後のポスト・モダン，世界には何ら拠り所はなく，したがって目的もなく，ただ生成と消滅の永遠の反復があるだけだとしたニーチェによるニヒリズムがある。ニーチェは「超人」としてニヒリズムに徹することを通じて虚無主義を超克しようとしたが，この困難な試みには，はたしてどれだけの人々が挑戦可能であろうか。モノ化した人間には，人間としての「本質的に別な存在形式」は不明瞭になる。他の自然物と同様に人間もまた科学技術による支配の対象物となり，人間はひたすら自己の欲望を満たそうと功利主義や利用価値の実現に傾倒する。すると，こうした欲望の塊としての人間は，フロイトによれば，人間の原始的で盲目的な衝動である欲動やリビドーのたわむれ「にすぎない」ものとされる。挙句には，エロスとタナトスの本能的葛藤の舞台が人間であり，「人間は永遠にくりかえす宿命のとりこに『すぎない』」[47]ものに還元されてしまうというわけである。要するに，人生は無意味となってしまう。そうすると，現代人の多くは「実存的空虚感」（existential vacuum）に苦しむことになる。

　人間はホモ・サピエンス，あるいはホモ・ファーベルとして，これまで多くの物質的成功を収めてきた[48]。ところが，いわば現世的には満ち足りた生活を送りつつも，しかし，自分の存在（実存）全体が何となく空しく退屈であるといった感覚をもつ人々の数は極めて多いのではないか。「表面的にはいわば『何でもあり』と言われるほどの自由が溢れているにもかかわらず，

　　　2009年），28頁以降参照。
[46]　同前書，32頁。
[47]　フランクル前掲『精神医学的人間像』，136頁。
[48]　同前書，59頁以降参照。

あるいはむしろその故に，裏面においては，日々の生活が何となく退屈で充たされないという空虚な気分が我々の足元に霧のように漂っている」[49]。これをフランクルは，実存的空虚感，あるいは実存的欲求不満と名づけたのであり，まさに現代という「時代の精神病理」であるともいえよう。結論を先取りすれば，この空虚感や欲求不満から脱するには，この世的な成功と失敗の水平的座標軸において自己の立場を位置づけるだけではもうとう不可能である。むしろ，自己の人生の意味を精神的な垂直的座標軸において充足させる必要がある。すなわち，外的な「成功-失敗」という世間的な水平的座標軸と，内的な「充足-絶望」という精神的な垂直的座標軸が交差するところに，わたしたちの実存はあるのであり，とりわけ人生の意味の充足が人間には求められるのである。先に，人間の本質を「意味への意志」に見出した所以である。こうした各自の人生の意味の発見を，とくに臨床の精神医療のなかで援助しようとする実践がロゴセラピーである。フランクルは，こう語る。

　人間が意味を求めることは人間の生命の内にある根源的な力であって，決して本能的衝動の「二次的合理化」などではありません。この意味は各人にとって唯一かつ独自なものであり，またその人によって充たされねばならず，またその人だけが充たすことのできるものなのです。ただその場合にのみ，意味は，その人自身の意味への意志を満足させるような意義をもちうるのです。意味や価値は「防衛機制や反動形成，あるいは昇華にすぎない」と主張する人たちがいます。けれども，私自身について言えば，私はただ自分の「防衛機制」のために生きるのは御免こうむりたいし，また私はただ自分の「反動形成」のために死ぬつもりもありません。反対に，人間は，自分の理想や価値のために生きることができるのであり，またそのために死ぬことすらもできるのです！[50]

---

49) 山田前掲書，53-54頁。
50) V. E. フランクル『意味による癒し―ロゴセラピー入門―』（山田邦男監訳，春秋社，2004年），5-6頁。

そこで「意味への意志は，多くの人々においては事実であって，決して信仰ではない」[51]というフランクルは，人生の意味を3つの価値において充足させることができるという。それが先に示した3価値であるが，彼は価値についてこう述べている。

> 価値というものはしかし，人間を駆り立てるものではありません。価値は人間を押し動かす（*push*）ものではなく，人間を引き寄せる（*pull*）ものなのです[52]。

わたしたちはおのずと内なる根源的な力によって，人生の意味へと，そして価値へと引き寄せられているのである。ゆえに，ロゴセラピー（意味：meaning のセラピー）は，教育でも，宗教的説教でも，道徳的訓戒でも，論理的証明でもない。

> ロゴセラピストの役割は患者の視野を広げることによって，患者が意味や価値のすべてのスペクトルに気づき，それを見えるようにすることにあります。ロゴセラピーは患者にどんな判断も押しつける必要はありません。なぜなら，実際には，真理それ自身がそれを課するからであり，真理はいかなる医師の介入（インターヴェンション）も必要としないからです[53]。

そして，人生の意味は，①創造価値（労働，行為の遂行），②体験価値（自然や芸術作品や愛の体験），③態度価値（苦悩），において発見されるとフランクルは述べるわけであるが，こうした意味は「世界のうちに発見されるべきものであって，あたかも閉じられたシステムであるかのように，自分の内部に，自分自身の心（サイキ）の中に見出されるものではない」[54]という点は，とくに重要である。彼は，「人間存在の真の目的は自己実現（self-actualization）と呼ばれるもののうちには発見されえない」[55]と断言する。自己実現はあくまで

---

51) 同前書，6頁。
52) 同前書，8-9頁。
53) 同前書，24-25頁。
54) 同前書，25頁。
55) 同前。

も自己を超越した副次的結果としてのみ達成される。自己を超越して先の3つの価値におのずと引き寄せられて，そこに意味を発見した結果として自分が実現されるのであり，決してその逆ではない。人間は自己実現を追い求めれば追い求めるほど，それを取り逃がしてしまうとフランクルはいう。よって「人間存在の本質は，自己実現ではなく，自己超越性（self‐transcendence）」[56]にある。したがって，人生の究極の目的・終末（finis）は意味を超えた意味（超意味）（Übersinn）にしか求められえないが，これへの信仰は「著しい心理療法的，精神衛生的意義をもっていることは自ずと明らかである」[57]。大衆メディアによる浅薄な自己実現ブームに毒された多くの現代人には，まさに目からうろこの落ちるような言葉といえよう。

さて，こうしたフランクル人間学の特質を踏まえた上で，3つの価値についてまとめておこう。そして最後に，フランクルにおける人間の「本質的に別な存在形式」について触れよう。

> 創造価値は行動によって実現化され，体験価値は世界（自然，芸術）の受動的な受容によって自我の中に現実化される。それに対して態度価値は或る変化しえないもの，或る運命的なもの，がそのまま受け入れられねばならないような場合には到るところ，実現化されるのである。人間がいかにかかる運命的なものを自らに引きうけるかというその様式において，計り難く豊かな価値可能性が生じるのである。すなわち創造や人生の喜びの中に価値は求められるばかりでなく，また苦悩においてすら価値は実現されるのである[58]。

フランクル人間学によると，人間は彫刻家にもたとえられる。

> 人間は形のない石にノミと槌とで細工し，素材が次第に形式をとるようにする彫刻家に似ているようなものである。即ち人間は運命が彼に与える素

---

56) 同前。
57) フランクル前掲『死と愛』，41頁。
58) 同前書，120頁。

材に加工するのである。或るときは創造しつつ或る場合は体験しつつ，或いは苦悩しつつ，彼は彼の生命から，創造価値であれ体験価値であれ，或いは態度価値であれ，なしうる限り諸価値を「刻み出そう」とするのである[59]。

しかも，この自分という彫刻作品は，いつ引き渡されるか，だれにもわからない。それは，トルソで終わるかもしれない。しかし，ある伝記は，その長さや頁数の多さではなく，内容の豊かさによって判定される。いかに多くの「未完成」が，もっとも美しいシンフォニーに属していることだろうか[60]。有限性と時間性，すなわち死が，かえって人生の意味において決定的な役割を果たすことになる。すると，わたしたちは生命に対して問いを発するのではなく，逆にいま，ここで生きられている生命から問われていることになる。

　人間は問いを発するべきではなくて，むしろ生命によって問われているものなのであり，生命に答えるべきなのである。しかも人間が与える答は具体的な「人生問題」に対する具体的な答でのみあらねばならないのである。実存の責任の中にその答が生じ，実存の中に人間はその固有の問いへの答を「行う」のである[61]。

確かにわたしたち個々の人間は，主に3つの運命的なものに拘束されている。①生物学的運命としての素質（Anlage），②社会学的運命としての状態（Lage），③心理学的運命としての心理的態度（Einstellung）。①と②によって定められた位置（Stellung）に対してもつ態度が，③である。しかし，③はあくまでも自由な態度でありうるとフランクルはいう。ここに「自由意志の力が生理学的なものの中にどのくらい深く入りうるか，という問題に直面する」[62]のだが，フランクルは徹頭徹尾，人間の精神による自由な決断と選

---

59) 同前書，77頁。
60) 同前書，78頁参照。
61) 同前書，73頁。
62) 同前書，94頁。

択，すなわち意味への意志の立場を主張する。たとえば，精神分析によれば人間は常にその衝動（リビドー）によって支配され駆られているが，フランクルにいわせれば，衝動はいわば動議を提出するのみであり，動議を決定するかどうかは自我の自由として残されていることになる[63]。あらゆる宿命論や決定論から，人間の精神（高次の意識）における自由と責任の立場を擁護するのがフランクル人間学である。

こうしてわたしたちは，あるときには創造価値を実現することで人生という作品を刻み出し，同様に，あるときには体験価値を通じて，そして最終的には態度価値を通じて，自己という作品を仕上げていく。「人間が息をしている限り，また彼が意識をもつている限り，人間は価値に対して，少なくとも態度価値に対して，責任を担つているのである」[64]。フランクルは，あるガン患者の具体例をしばしば引用しているが[65]，それは人間の「本質的に別な存在形式」を示したいがためである。これは『神経症―その理論と治療Ⅱ―』[66]のなかでも，「精神医学的人間学の構想」として記されている。一瞥しておこう。

ここでフランクルは，心理療法家におけるニヒリズムとしてやはり先の生物学主義，心理学主義，社会学主義の3つをあげている。彼は，これらの学問研究による成果を否定しているのではない。繰り返すように，あくまでも人間存在がこれらのもの「にすぎない」といわれる本質還元主義，すなわちホムンクルス的人間観を批判しているのである。生命的素質や社会的状態によって確かに人間の「自然的地位」は構成される。これは，生物学，社会学，心理学という学問によって研究され，確定されるのは間違いない。だが，大切なのは，この後である。

われわれは本来の人間存在というものが，あらゆる確定性や終局的な規定

---

63) 同前書，98-99頁参照。
64) 同前書，54頁。
65) 同前書，55-56頁参照。
66) V. E. フランクル『神経症―その理論と治療Ⅰ・Ⅱ―』（霜山徳爾訳，みすず書房，1961年）参照。

性がすんだその時に,初めて始まるのだということを見逃してはならないのである。そこで始まるところのもの,人間の自然的地位に対してなおつけ加わるもの,それは人間の人格的な態度であり,それぞれの素質や状態すべてに対するその人格的な位置決定なのである。この態度はそれ自身としてはもはや前述の学問の主題ではあり得ず,この方面から捉えようとすることからすべて脱れ去ってしまうものなのである[67]。

何かの本質には還元しえない人間の「本質的に別な存在形式」とは,人間の精神的次元であり,それは現象学的に人格性としてあらわれるとフランクルは述べる。しかも,この人格的態度は本質的に自由なもので,決断でもある。換言するに,精神的人格としての人間は,自己の衝動,遺伝,環境に対してさえも自由でありうるのである。フランクルは,人間存在を身体的層（Leib),心理的層（Seele),精神的層（Geist),という3層構造において捉えているが,心理・身体的層は心身平行と見るものの,心理的なものと精神的なものとのあいだには拮抗関係があるという。つまり,心身の層と精神の層とのあいだには明確な区別を設けようとするのだが,しかし,人間性の本来の姿は,あくまでもこれらが三位一体となったところにあることを強調する。これら3つ次元が「多様な」統一をなしているところに人間存在の本体を見出そうとするのが,フランクル人間学である[68]。

* * *

フランクル人間学の特質と3つの価値について素描を試みた。なかでも,その最大の特質として特記すべきは,やはり人間の精神性の重視と,精神的人格としての人間の自由と責任の意識の強調であろう。つまるところ,本質還元主義によるホムンクルス的人間観がますます勢いを増し,人間のモノ化あるいは本来的人間性からの疎外に拍車がかかりつつある現代。フランクル

---

[67] 同前書,61-62頁。
[68] 同前書,92頁参照。

人間学とその3つの価値のもつ意味は，いよいよ高まりつつある[69]。畢竟するに，フロイト，カント，そしてフランクルと，善悪を超えて人間が生きる意味は常に問われ続けられるべきものであり，人間という生き物の（もしそういえるとすれば）「完成」が，はるか先であることだけは確かである。

---

69) フランクル入門としては山田前掲書のほか，山田邦男編『フランクルを学ぶ人のために』（世界思想社，2002年）なども参照。

第7章
生きる希望としてのオプティミズム

 これまで見てきたように「神の死」以降，現代人を心底から安心させてくれるような超越的価値の体系は大きく崩れ去ろうとしている。とはいうものの，死の不安を前にしてわたしたち人間は，なおも何らかの希望を見出そうと努力する。絶望しては生きていけないからだ。神の死や第3者的審級の不在にもかかわらず，それでもなお，この世に生きることに対して，さまざまな苦しみや悪に対して，そして最終的には死に臨んで，わたしたちの実存を根底から支えてくれるような安心や希望は，どうしたら得られるのであろうか。わたしたちは，単なる不条理に翻弄されるだけの無意味な存在なのであろうか。はたして苦しみや悪に，意味があるのだろうか[1]。人間および教育に，明るい未来はあるのだろうか。

 人々がますます寄る辺を失い，リスク社会化と呼ばれる現象が進行中の現代において[2]，それでもなお生きることに希望と積極的意味を見出したいという願望の下，ライプニッツ（Gottfried Wilhelm Leibniz, 1646-1716）のオプティミズムをめぐって[3]，本章で若干の考察を試みておきたい。

1） 苦しみの意味については，N. ノディングズ『幸せのための教育』（山﨑洋子・菱刈晃夫監訳，知泉書館，2008年），51-72頁参照。
2） 大澤はこう述べる。「リスク社会化とは，『本質に関しては不確実だが，実存に関しては確実である』と言えるような第三者の審級を喪失することなのである」（大澤真幸『不可能性の時代』岩波新書，2008年，139頁）。
3） 当時のドイツにおけるこの問題の受容等については，次を参照。Lorenz, Stefan. *De Mundo Optimo : Studien zu Leibniz' Theodizee und ihrer Rezeption in Deutschland (1710-1791)*, Stuttgart : F. Steiner, 1997.

1節　オプティミズムと悪

オプティミズム（optimism）と聞くと，すぐに現代人は楽観的とか気楽なとかいう意味を連想しがちであるが，原義を確認しておこう。

オプティミズムはラテン語の optimus（最善）からつくられた言葉であって，「この現実世界はあらゆる可能世界の中から《最善》（optimus）なものとして神によって選択された世界にほかならない」とするライプニッツの議論を一般的に指し示す場合に使用される。しかし，ライプニッツ自身はその議論のことを「オプティミズム」と呼んだわけではない。《optimisme》という言葉は，1737年にフランスのトレヴーのイエズス会士たちがライプニッツの『弁神論』を揶揄して（中略）つくり出したものである[4]。

全知全能の神による世界創造。結果として，ここにある世界は，たとえいまのわたしたちにとってさまざまな「悪」や不都合が見出されるにしても，やはり最終的には最善の世界であり，なおかつ最善になっていく，とするのがライプニッツである。「部分における悪を容認することによって全体としての善はいっそう高まることになる」[5]。

限られた知性と限られた認識しかもちえないわたしたち人間には，全体としての世界や宇宙がどのように現に作動しているのか，さらに自己を含めて

---

[4] 『カント全集2』（岩波書店，2000年），449-150頁。なお，ライプニッツの用語に関してコンパクトな知識をえるには，酒井潔・佐々木能章編『ライプニッツを学ぶ人のために』（世界思想社，2009年），とくに Brown, S. & N. J. Fox. *Historical Dictionary of Leibniz's Philosophy*, Lanham Md.: Scarecrow Press, 2006. が便利である。とりわけ本章とかかわるライプニッツ思想については，注6の山本のものを中心に，次も適宜参照した。田中英三『ライプニッツ的世界の宗教哲学』（創文社，1977年），酒井潔『世界と自我―ライプニッツ形而上学論攷―』（創文社，1987年）。また各論への導入としては，Jolley, Nicholas (ed.). *The Cambridge Companion to LEIBNIZ*, Cambridge: Cambridge University Press, 1995. が優れている。

[5] 前掲『ライプニッツを学ぶ人のために』，226頁。

これらが今後どのようになっていくのか，その起源や結果を解明し尽くすことは困難である。こうした問題についていろいろ詮索すること自体が，すでに人間理性の限界外であろう[6]。とはいうものの，永遠を感受する霊性を具えた人間にとっては，生きる希望を見出したいがための願望が根拠になっているとはいえ，それでも自己を含めて世界全体は「よい」と信じたいものである。ライプニッツの最善観は，この世界を創造した神を弁護する『弁神論』(*ESSAIS DE THÉODICÉE sur la Bonté de Dieu, la Liberté de l'homme, et l'Orgine du Mal*, 1710) のなかで中心的に展開された[7]。この題目「神の善意，人間の自由，悪の起源」が，ライプニッツの意図を端的にあらわしている。

そこで問題となるのは，当然のことながら，このいまの現実世界のどこがいったい「最善」なのか，という問いである。世の中を見渡してみるに，数え切れないほどの不幸や苦しみ，災いや死が満ち溢れているではないか。この世にはむしろ「悪」が蔓延しているのではないか。こうした疑問である。オプティミズムは，必然的に悪の問題と対峙せざるをえない。が，結論からいえば，先にも触れたように悪はあくまでも「部分」であって，これは「全体」のなかでは善に組み入れられ，最終的には「最善」へと生成していく，とするのがライプニッツである。神を信じる人間にとっては最終的にすべてが「最善」に帰着する。この点を，詩人・ポープ (Alexander Pope, 1688-1744) が『人間論』(*An Essay on Man*, 1733-4) のなかで明快に歌った。これはライプニッツやシャフツベリ伯爵 (Lord Shaftesbury, 1671-1713) の最善観を通俗化した詩集である[8]。

---

6) 山本信『ライプニッツ哲学研究』(東京大学出版会，1953年)，66頁。

7) 『哲学者の告白』(*Confessio philosophi*) でも若きライプニッツは，この問題を取り上げている (『哲学の歴史5』中央公論新社，2007年，606-607頁)。そのポイントは「神は，あらゆる可能世界から最善のものを選択したが，そのさい，人間の自由意志の結果生じる罪が歴史の進行とともにより大きな善を生むように意図し，現実世界が道徳的にも最善・最大の多様性をもつようにしたと主張する」(同前書，606頁) 点にある。つまり，ここでは「予定調和」(harmonie préétabile) によって，被造物の「自発性」も保障されることになる。

8) A. ポウプ『人間論』(上田勤訳，岩波文庫，1950年)，181-182頁，および『カント全集2』，451頁参照。

人間について我らが「悪」と呼ぶものは，
全体との関係では「善」であるかもしれないのだ。
人間の仕事は，いかに苦しんで骨を折っても，
手の働きが一つの目的を達しないこともある。
神にあっては，その一挙手がその目的を生み，
さらに他の目的の支援となるのだ。
人間はこの世界では主役に見えるが，
案外に未知の世界の脇役をつとめ，
ある歯車を回し，ある目的に近づくのかも知れない。
我らが見るものは部分にすぎず，全体は我らの眼に入らないのだ[9]。

ライプニッツは『弁神論』のなかで病気と健康の関係を例にとる。つまり，「病気をしなければ健康の有難味が分からないように，僅かの悪は善をしてよりよく感ぜられるものにする」[10] という。

病気に罹ったことのない人が健康を十分に味得しそのことで神に感謝するということがあろうか。小さな悪が善を一層際立たせつまりは一層大きな善をもたらすということは，実にたびたび起きていると言わねばなるまい。
　しかし，悪の方が善と比べて大きいし数も多いと言う人がいたら，その人は間違っている。それは注意の向け方がまずいためわれわれの善を少なく見積もっているからに他ならない[11]。

ものごとは視点と見方を変えるだけで，つまるところすべてが善に資するように予定調和されていると信じるのが，ライプニッツである。「人間万事塞翁が馬」といってはことが人間界に限られるものの，ライプニッツにいわせ

---

9) ポウプ前掲書，18-19頁。
10) 山本前掲書，65-66頁。
11) 『ライプニッツ著作集6』（工作舎，1990年），130頁。*ESSAIS DE THÉODICÉE sur la Bonté de Dieu, la Liberté de l'homme, et l'Orgine du Mal*, Paris：Flammarion, 1969, p. 110.

れば，全世界が神という普遍的観点の内に回収される。人間は案外この世界の脇役かもしれない。山本はライプニッツの神について，次のように述べている。

> 最善の世界を造ったライプニッツの神は，人間のあらゆる思惑を超越し，彼の意図の為に人類の幸福を容赦なく犠牲に供する神である。されば人間が如何に祈り願おうと，神は宇宙全体に適合することしか許さない[12]。

この点で，ライプニッツは人間中心というよりも，むしろ徹底した神中心に立っている。よって，彼の宗教とは「自らの内に神的な普遍的観点を導入し，宇宙全体の完全な秩序を認識すること」[13]を教えるものである。そして，真の幸福は「そのような観点に立って宇宙の一般的善の成就を確信し，神の支配に満足している人のもの」[14]である。

すると，ライプニッツのオプティミズムとは，もともと神中心主義すなわち脱人間中心主義であり，人間中心主義の見方からすれば，逆に徹底したペシミズムであることが明らかになる[15]。神は人間のことがらのみを気にかけるのではない。あくまでも世界全体の最善を気にかける。「かりに人類において悪が善を上まわったとしても，世界全体において最善であれば神はそれを選択するのである」[16]。したがって，たとえば人類の絶滅が世界全体の最善化のプロセスにおいて「よい」となれば，これは容赦なく実行されることになる。ライプニッツのオプティミズムとは，その真意に立ち返れば，極めて厳しいペシミズムでもあることに注目しなければならない。

さて，すべてが神の全体的かつ普遍的観点および世界の最善化の過程へと吸収されてしまうライプニッツのオプティミズムにおいて[17]，「悪」はどの

---

12) 山本前掲書，67頁。
13) 同前。
14) 同前。
15) 『カント全集2』，527-528頁，前掲『哲学の歴史5』，613頁参照。ライプニッツには「自然や世界が人間のためにある」という人間中心主義はない。
16) 『カント全集2』，528頁。
17) 「ライプニッツの最善観とは，一つの完成した状態の存在を言い立てるものである

ように捉えられているのであろうか。ただし，どこまでも人間中心(エゴイスト)であり続けたいとする平凡なわたしたちは，そう簡単にオプティミスティックになれないのではないか。ライプニッツ＝ポープのオプティミズムに対しては，すでに数々の論争が繰り広げられてきた。

2節　悪とは

　ライプニッツにおいて「悪」（malum, le mal）とは，結局のところ「存在の欠如」あるいは「善の欠如」である。彼は西洋の伝統的キリスト教神学の流れの内にある。「欠如」（privatio）として悪の意味を消極的に捉えるのは，周知の通り，万物の創造主である神に悪の責任を負わせないためである[18]。悪の起源については古来さまざまな議論が繰り返されてきたが[19]，ライプニッツは悪を3種類に分ける。「形而上学的悪」（le mal métaphysique），「物理的（自然的）悪」（le mal physique），「道徳的悪」（le mal moral）。もちろん彼のオプティミズムにおいては，これらの悪も世界全体の最善の在り方にとって有用であり，その限りにおいて神は悪を容認する（permettre）という。いうまでもなく「この考え方は，ライプニッツの弁神論の中核となり，可能世界論に基づく最善世界観にとって不可欠のものとなっている」[20]。

　形而上学的悪は単なる不完全に存し，物理的悪は苦痛に存し，道徳的悪は罪に存する。ところで，物理的悪と道徳的悪は，必然的でないとはいえ，それらは永遠真理がありさえすれば可能なものとなる。諸々の真理からなる絶大なる領域はすべての可能性を含み込んでいるのだから，無数の可能

　　　よりも，常により大なる完全性に向う，不断の発展への動機づけを意味するものである」（山本前掲書，77頁）。ライプニッツの世界観とは，すなわち発展的世界観である。
18）　『ライプニッツ著作集6』，138頁，注27参照。
19）　差し当たり，松山壽一『人間と悪―叢書シェリング入門1―』（萌書房，2004年）参照。拙著『近代教育思想の源流―スピリチュアリティと教育―』（成文堂，2005年），240頁以下，281頁以下もあわせて参照。
20）　前掲『ライプニッツを学ぶ人のために』，218頁。

的世界があるはずで，その内の幾つかには悪が入り込み，あらゆる世界の中で最善な世界にも悪が含まれているはずである。このために，神は悪を容認することになったのである[21]。

まず形而上学的悪，すなわちわたしたち被造物自身の不完全性（善の欠如）にすべての悪は由来する。形而上学的とは永遠真理の領域（la région des vérités éternelles）を指し，「この領域は善にとってと同様悪にとっても（いわば）観念的原因となっている」[22]。が，次の点が重要である。

> しかし適切に言うなら，悪にとって形相的なものには作用的なところはない。なぜなら，後に見るように悪は欠如であり作用因の及ばぬところに存するからである。それゆえスコラ学者たちは普段，悪の原因を欠陥的原因と呼んでいた。

ライプニッツにおいて，現実世界に見出されるさまざまな物理的悪や道徳的悪は，すべてこの形而上学的悪，つまりわたしたち被造物自身の元来の有限性あるいは不完全性に起源する。もしかりに形而上学的悪すら存しないとなれば，それは完全な神すなわち善があるのみで，すでにすべてが完成されてあることになってしまう。ここには何も生成生起する余地はない。神のみが存在する。なぜなら，もうすでにすべてが完璧なのだから。ところが，永遠真理である「神は先行的に（antécédemment）善を欲し，帰結的に（conséquemment）最善を欲する」[23]がゆえに，物理的悪も道徳的悪も「ないに越したことはない」[24]とはいえ，最終的には最善の世界を形成するのに役立つことになる。物理的悪や道徳的悪を神が欲しているわけでは決してないが，しかし，ときにこれらは「一層大きな悪を避け一層大きな善を得るという目的にふさわしい方法として欲する」[25]場合もある。神は最善化の過程におい

---

21) 『ライプニッツ著作集6』，138-139頁。*Ibid*., p. 116-117.
22) 同前書，138頁。*Ibid*., p. 116.
23) 同前書，140頁。*Ibid*., p. 117-118.
24) 前掲『ライプニッツを学ぶ人のために』，218頁。
25) 『ライプニッツ著作集6』，140頁。*Ibid*., p. 118.

て先行的善を実現しようとしている。

　罰は改心にも役立つし見せしめにもなる。悪があればしばしば善を一層好むようになる。時には悪はその悪を蒙っている人に一層大きな完全性を与えることもある。例えば，一粒の播かれた麦が芽を出すには一種の腐敗を経ねばならない。この美しい比喩はイエス・キリストが自ら用いたものである[26]。

　ともかく，永遠真理である神が創造した世界において，その普遍的全体的観点からすれば，究極的にすべてが最善世界（mundus optimus）に帰着することになる。これがライプニッツにおける信仰であり真理であった。したがって「神が，或いは完全な或いは不完全な，あらゆる種類のものを造ったのには理由があり，宇宙の部分の各々が，その相違相反を通して，全体の調和と美と完全とに寄与しているのである」[27]。

　こうして最善へ向けての発展途上にある現実世界のなかで，悪もまた善の生成へと資することになる。わたしたち人間は，だれひとりとも被造物として，この秩序と法を免れる者はいない。よって，わたしたちは最善観を信じる他はなく，またそうせざるをえない，というのがライプニッツである。永遠真理の神の前に純然たる悪は存在しえない。

　はたして，わたしたちはこうした神をなおも信じ，オプティミズムのまま生きることが可能であろうか。オプティミズムの神話は生き続けられるのだろうか。次に，その反論について触れておこう。

3節　オプティミズム論争

　ライプニッツの『弁神論』は，当時のヨーロッパにおいてオプティミズムをめぐるさまざまな論争のきっかけとなった[28]。さらに，それに拍車をかけ

---

[26]　同前。*Ibid*.
[27]　山本前掲書，73頁。
[28]　『カント全集2』，451頁注4，松山前掲書，108頁以降参照。オプティミズム論争

る出来事としてリスボンの大地震があげられる。それは1755年11月1日の万聖節のこと。リスボンを見ずして死ぬなかれといわれるこの街が大地震に見舞われた。しかもミサの最中である。建物のほとんどが崩壊し，死者は1万ないし4万人以上と推定された。この不条理にいち早く反応したのがヴォルテール（Voltaire, 1694-1778）であった。ピカレスク小説『カンディードまたは最善説オプティミズム』（Candide, ou l'Optimisme, 1759）のなかでライプニッツのオプティミズムは，徹底的な風刺と批判にさらされる。

　オプティミズムとは何か，とカカンボは尋ねる。カンディドは答える。「ああ，すべてが悪い時にすべては善いと主張する狂気のことである」[29]。

現実の世界は，はたしてどうか。

　地上の光景は凄じい。そこで繰り拡げられているのは，戦争と虐殺と強姦のみ。これまでもこうした状況は変わらなかったし，これからも変わらないであろう。というのも，ハイタカはハトを見つければ必ず貪り喰ったし，同様にこれからも貪り続けるであろうからだ。しかし，最良の世界ではすべては最善へと向かっているのである[30]。

このように「すべてよし」（Tout est bien.）などといっていられるのは暢気な哲学者だけだ，とヴォルテールはいうわけである。ともかく，もはやオプティミズムの神話は成り立たない。世界が最善であるか否か，そんなことも分からない。必要なのは諦めである。最後には，わたしたち人間の3つの大きな不幸，すなわち倦怠・悪徳・貪欲から遠ざかるため，せいぜい労働へと還るとしよう。そして，諦めるとしよう。

　〔どんなにひどい目にあっても〕「わしの見解は，はじめからつねに同じ

　　　　　に関しては，ほかにもE.カッシーラー『十八世紀の精神』（原好男訳，思索社，1979年），67頁以降や，次のアザールのものが参考になる。
　29）　P. アザール『十八世紀ヨーロッパ思想―モンテスキューからレッシングへ―』（小笠原弘親ほか訳，行人社，1987年），322頁。
　30）　同前。

だ」と，パングロスは答えた。「なんとなれば，要するに，わしは哲学者であるからな。わたしは前言をひるがえしてはならない。と言うのも，ライプニツが過ちを犯すことはありえないばかりか，しかも予定調和はこの世でもっともすばらしいものであり，充満と微細物質と同様に善であるからだ」[31]。

このすぐ後，カンディードは有名な言葉で締めくくる。

「お節ごもっともです」と，カンディードは答えた。「しかし，ぼくたちの庭を耕さなければなりません」[32]。

しかし，それでもなお「耕すための庭をもっている人は幸い」[33] である。しかるに，多くの現代人は，耕しがいのある庭ももてず，不条理に翻弄され実存的不安に苛まれている。

さて，このようなヴォルテールの見方に対してさらに反論を試みたのがルソーであった。彼は手紙でこう記している。

あなたがかくもむごいとお考えになる，かのオプティミズム〔楽観主義・最善観〕は，あなたが堪えられないとおっしゃるまさにその悲惨さという点で，私を慰めてくれます。ポープの詩は私の苦悩を和らげ，堪えさせてくれます。あなたの詩は私の苦悩を増し，不平へと駆り立てます[34]。

ルソーにいわせれば，大都市に高い建物を建ててそこに住民が集中するなど，要するに自然災害は人災であり，自業自得である。

問題は，われわれが害悪をこうむっているか否かではなく，宇宙が存在していることは善いことかどうか，またわれわれの苦悩が宇宙体系のなかで不可避かどうかです。(中略)「すべてよし tout est bien」という代わりに

---

[31] ヴォルテール『カンディード　他五編』(植田祐次訳，岩波文庫，2005年)，446頁。
[32] 同前書，459頁。
[33] ノディングズ前掲書，215頁。
[34] 松山前掲書，109頁。

こう言ったほうが正確でしょう。「全体はよし le tout est bien」あるいは「すべては全体のためによし tout est bien pour le tout」と[35]。

その後も，前章で見たカントを含めてオプティミズムをめぐる論争は続くことになる。さらに，唯物論もこれに加わる。

唯物論者たちは，別の方向から考えていた。自然は，善のカテゴリーも悪のカテゴリーも知らない。存在するものはすべて必然的に存在している。神は，不完全が存在するような余白を創造しなかった。創造もなければ，神も存在しないのだから。永遠の法則は種の保存だけを望んでおり，それ以外のことには無関心であった。従って，個人の苦しみなどは永遠の法則にとっては無意味であった[36]。

こうした考え方は，第5章でも見たサドによって究極的な形で表現されるが，それ以前スピノザもまた神・自然，善と悪などについて思案していた。さらに唯物論的思考は，ダーウィン（Charles Robert Darwin, 1809-1882）はじめ，現代の進化生物学にも及ぶ[37]。

現代のわたしたちは，今後いったいどのように，どのような倫理や道徳を求めていったらよいのであろうか。『カンディード』後のヴォルテールの態度をカッシーラーは，こう要約している。

われわれの眼前の至るところで我物顔に横行している悪に対して目をつぶることは，愚かしい自己欺瞞であろう。われわれに残された道は，目を未来に向けることによって，今は解決不能な謎の解明を今後に期待することだけである。すなわち「いつの日かすべては善くなろうというのがわれわれの希望であり，今日すべては善いというのは幻想である」[38]。

---

35) 松山前掲書，110頁。
36) アザール前掲書，323頁。
37) D. C. デネット『ダーウィンの危険な思想—生命の意味と進化—』（山口泰司監訳，青土社，2001年）参照。
38) E. カッシーラー『啓蒙主義の哲学（上）』（中野好之訳，ちくま学芸文庫，2003年），241頁。

が，じつにこれこそがライプニッツのオプティミズムの真意であろう。先に見たように，彼のオプティミズムは神中心のオプティミズムであり，我意に執着する人間中心からすればペシミズムなのだから[39]。もし，ここで神を自然と置き換えれば，それはスピノザのエチカにも接近するのではなかろうか。

* * *

ライプニッツと同時代人であるスピノザは，さらにラディカルに神＝自然（Deus sive Natura）と主張した。次章でも取り扱うが，ここではドゥルーズの論考を手がかりにして，善・悪の要点をごく簡単に押さえておきたい。

〔わたしたちがいま存在するこの世界において〕つねにそこには，全自然の永遠の法則に従い，それぞれの秩序に応じて複合・合一をとげる各個の構成関係のすがたがある。そこには〈善〉も〈悪〉もない。〔場合に応じた個々の具体的な〕いい・わるいがあるだけだ[40]。

わたしたちは生き物として生きて存在し続けたいと願う。それは，存在するものとしての当然の衝動であり，これが〈エチカ〉〔生態の倫理〕の原理である。ここには生と力とを維持し続けようとする「努力」（conatus）がある。価値の対立すなわち道徳的善悪は，ここにない。自然界には善も悪もない[41]。最初にあるのは，ただこの衝動を内的原理とする身体であり，わたしたちは自動的にこの身体を維持し，しかも常にパワーアップしようと努力している。この努力を促進させるのが「喜び」であり，減退させるのが「悲しみ」の情動である。すでに「喜び」や「悲しみ」として言葉によって自覚された場合には，それは感情となる。この世界にあるのは形成〔合一〕と解体〔分解〕の秩序のみである。もちろん，わたしたち１人ひとりもそのなかに

---

39) 『カント全集２』，535頁。
40) G. ドゥルーズ『スピノザ―実践の哲学―』（鈴木雅大訳，平凡社，2002年），42頁。
41) スピノザ『神・人間及び人間の幸福に関する短論文』（畠中尚志訳，岩波文庫，1955年），107-108頁参照。

組み込まれている。そして，次の点が重要である。

　意識をそなえた私たち人間は，どこまでもそうした合一や分解の結果を手にしているにすぎない[42]。

つまり，スピノザは意識よりも身体を，従来の道徳(モラル)よりも〈エチカ〉を第一のものとし，これらの順序を逆転する。

　私たちは，あるものがいいと判断するから〔意識〕それをもとめる〔努力・意欲・衝動・欲望〕のではない。反対に，私たちはあるものをもとめているからこそ，それがいいと判断するのである[43]。

要するに，意識はいつも「わたし」が主人公だと信じているけれども，じつは意識のあずかり知らぬ身体こそがサブリミナルで作動する真の主人公である[44]。ここに完全な自由意志は否定される。スピノザはその仕組みを解明しようとした[45]。その上で，永遠の相の下，生きる真の喜びと希望と幸福とを見出した。『エチカ』は，こう締めくくられる。

　無知な人は，外的な原因によってさまざまな仕方で動かされ，けっして心の真の満足に達しないばかりか，なおそのうえに自分自身や神そして他のものについてほとんど無知のままに生活しており，しかも影響をうけることをやめるやいなや，存在することもやめてしまう。これに反して，賢者は賢者として見られるかぎり，ほとんど心を動かされない。むしろ自分自身や神そして他のものをある永遠の必然性によって意識し，けっして存在することをやめず，常に心の真の満足に達しているのである[46]。

---

42)　ドゥルーズ前掲書，36頁。
43)　同前書，39頁。
44)　同前書，33頁参照。
45)　これは，第1章で見た現代の脳科学に受け継がれている。やはり A. R. ダマシオ『感じる脳―情動と感情の脳科学・よみがえるスピノザ―』（田中三彦訳，ダイヤモンド社，2005年）参照。
46)　下村寅太郎編『世界の名著 30　スピノザ／ライプニッツ』（中央公論社，1980年），372頁。

ライプニッツもまた「ある永遠の必然性によって」すべてを意識しえたのであろう。それゆえのオプティミズム，さらに「心の真の満足」に達しえたのかもしれない。現代のわたしたちもまた，探究し続けなければならない。

　私がここに到達するために示した道は，きわめてけわしい道であるかのように見えるが，それを見いだすことは不可能なことではない[47]。

　畢竟するに，永遠を感受する霊性を具えた人間であるならば，その人は常にオプティミストでしかありえないのであり，すでに生きる希望の下にあるといえよう。

---

47) 同前。

第8章
徳と悪徳

　ライプニッツのオプティミズムにおいて究極の絶対悪は存在しえないことを前章で確認したが，しかし，わたしたちが生きるこの現実世界においては，それでもなおさまざまな相対的悪や不都合が見出される。それは，まるで「悪徳の栄え」といった様相を呈しているとさえいえよう。たとえ，すべての存在が究極的に最善世界を志向し，この生成途上の内にあるにせよ，わたしたちがいまここで生きていく上で，善と悪の現象形態（はたらき）としての徳と悪徳について，一考しておくことは避けられない。というのも，わたしたち1人ひとりはみな罪人（つみびと）であり，この作用のなかにおのずと巻き込まれてしまっているからである[1]。本章では，情念の教育思想史を振り返りつつ，徳と悪徳について少し考えてみたい。

1節　プラトンとアリストテレスにおける徳と悪徳

　古代ギリシアから見てみよう。プラトンは『法律』おいて，子どもに「徳（アレテー）（卓越性）」を身につけさせることが「教育（パイデイア）」であるとしている。この教育における第一の課題は，快楽や苦痛や欲望，さらに情念としてのエロス[2]の指導である。

---

[1] 他ならぬわたしたち自身の内部で，わたしたちはさまざまな葛藤にすでに巻き込まれてしまっている「不完全」な存在，すなわち罪人である。

[2] 廣川洋一『古代感情論―プラトンからストア派まで―』（岩波書店，2000年）参照。他にもとくに最近，情念や感情の問題を取り上げた研究が散見される。一例として以下を参照。Knuuttila, Simo. *Emotions in Ancient and Medieval Philosophy*, Oxford : Clarendon Press, 2006. Cooper, John M. *Reason and Emotion: Essays on Ancient Moral Psychology and Ethical Theory*, Princeton : Princeton University

1節　プラトンとアリストテレスにおける徳と悪徳　　149

　わたしの意見によれば，子供たちの身に最初に徳のそなわることが，教育なのです。つまり，快楽と愛，苦痛と憎悪が，まだ理知による把握のできない者の魂に，正しい仕かたで植えつけられるならば，そしてまた，理知による把握ができるようになったとき，それら快苦愛憎が，適当な習慣のもとで立派にしつけられ，それによってその理知と協調するようになるならば，その両者の協調全体が，すなわち徳なのです[3]。

すでに第4章でも見たプラトンの魂の3部分説によれば，わたしたちはみな「理知の部分」，「欲望の部分」，「気概の部分」より成り立っている。これらをうまく調和させるために，文芸や音楽や体育に始まる教育課程(カリキュラム)の全体構想を，プラトンは『国家』においてもすでに展開していた[4]。まず問題となるのは，子どもの教育であり養育である。その主要な課題とは，徳と悪徳，すなわち快苦をいかに感じるようにさせるか，という情念の指導である。

　子供たちが幼年期にもつ最初の感覚は，快楽と苦痛ですが，徳と悪徳が初めて魂にそなわってくるのは，その快苦においてなのです[5]。

そこで，教育の第一段階とは，すなわち「快楽と苦痛のしつけ」である。「快楽と苦痛に関して正しくしつけられて，人生の初めから生涯の終りまで，憎むべきを憎み，好むべきを好むようになること」[6]，またそう仕向けること（指導）が教育である。

　じっさいこのように，快楽と苦痛が正しくしつけられることこそ教育なのですが，そうした教育は，人間の一生の間にはたるみがきて，一般に失われてしまうものなのです[7]。

　　Press, 1999.
3)　『プラトン全集 13』（岩波書店，1976年），119頁。
4)　拙著『近代教育思想の源流―スピリチュアリティと教育―』（成文堂，2005年），22頁以降参照。
5)　『プラトン全集 13』，118頁。
6)　同前書，119頁。
7)　同前書，120頁。

しかし，プラトンは恐怖と法律と言論を通じて，わたしたちを「最高の快楽から最大の善へと向けかえ」させようと企てる[8]。ここでは抑制がもっとも重要である[9]。プラトンは，「もし人びとが正しい指導を受ければ，そこから徳が生まれ，悪しき指導を受ければ，その反対が結果します」[10]として，幼年期における子どもの教育に，最大の希望と可能性を見出すが，これはアリストテレスも同様である。『ニコマコス倫理学』から関連箇所を引用しておこう。

> まことに，倫理的な卓越性すなわち徳(アレテー)は，快楽と苦痛とにかかわるものにほかならない。事実，われわれは快楽のゆえに劣悪な行為をなしたり，苦痛のゆえにうるわしき行為を避けたりする。プラトンのいうように，まさに悦びを感ずべきことがらに悦びを感じ，まさに苦痛を感ずべきことがらに苦痛を感じるよう，つとに年少の頃から何らかの仕方で嚮導されてあることが必要である所以である。事実，これこそが真の教育というものであろう[11]。

プラトンは，この教導もしくは指導の方法について，まさに西洋教育史上最初のカリキュラムを提案したわけである[12]。

快苦のしつけ，情念の指導について，プラトンがとくに遊戯の重要性を唱えているのは，今日においても興味深い。

> なにごとにせよ，一つのことにすぐれた人物たらんとする者は，ほんの子供の頃から，そのことにそれぞれふさわしいもの（玩具）をもって遊戯をしたり真面目なことをしたりして，その練習をつまねばならないので

---

8) 同前書，388頁。
9) 現代の教育に引きつけて，菅野仁『教育幻想―クールティーチャー宣言―』（ちくまプリマー新書，2010年）参照。ここでは，学校のみならず，親が子に対して伝えることのキーワードとして，「欲望の統御の作法」を身につけさせることをあげている（30頁以降）。
10) 『プラトン全集 13』，388頁。
11) 『ニコマコス倫理学（上）』（高田三郎訳，岩波文庫，2009年），77頁。
12) 前掲拙著，21頁以降参照。

す[13]。

優れた農夫になろうとするなら幼い頃から土に親しむ，優れた建築家になろうとするなら幼い頃から玩具の家を建てるなりするなど。

> 養育者は，子供の快楽や欲望を，そういう遊戯を通じ，彼らが大きくなればかかわりをもたねばならぬものへ，さし向けるようにつとめねばならない。したがって，教育とは，これを要するに，わたしたちに言わせれば，正しい養育なのです。その養育とは，子供の遊びを通じてその魂をみちびき，彼が大人になったときに充分な腕前の者とならねばならぬ仕事，その仕事に卓越することに対し，とくに強い愛着をもつようにさせるものなのです[14]。

教育とは，まずは正しい養育である。しかも，その真の目的は「徳」にある。プラトンが力説するのは「徳を目ざして子供の頃からの教育を教育と考える人びとの，教育論」[15] であり，すなわち自由人にふさわしい，今日の言葉を用いれば教養教育(リベラル・アーツ)の重要性である。「金銭や体力，その他知性も正義の心も伴わぬ他の才覚などを目標とするものは，職人的で自由人にふさわしくないもの，教育と呼ばれるにはまったく値しないもの」[16] である。「徳とは，正しく支配し支配されるすべを心得た，完全な市民になろうと，求め憧れる者をつくりあげるもののこと」[17] である。実利のみに仕向けられた教育を，プラトンは教育とも養育とも呼んでいないことに注意しなければならない。実利だけに長けた人間については，たとえそれに相当の教育を受けたことがある者に対しても，プラトンはこれを「無教育」と呼んではばからない[18]。まずは「徳」に照準を合わせた教育・養育が大切である。この意味における

---

13) 『プラトン全集 13』，98頁。
14) 同前書，98頁。
15) 同前書，99頁。
16) 同前。
17) 同前。
18) 同前。

「教育こそは，最もすぐれた人びとにそなわる第一級のよきものなのだから，いかなる場合も教育をないがしろにしてはならない」のであり，「万一教育が正道をふみはずしていても，正道に戻すことの可能なかぎりは，その仕事こそ，すべての人が生涯を通じ，力のかぎり，やらなくてはならないもの」なのである[19]。

しかし，当時も現在もこの仕事は困難を極めている[20]。というのも，プラトンがいうように，わたしたち生き物はみな，まるで「神の操り人形」のようであり，「神の玩具」と思われるときさえしばしばだから。つまり，わたしたちの内部には快楽と苦痛などの情念が「まるで，なにか腱や絃のように置かれていて，わたしたちを引っ張りまわ」[21]すからである。人間は自分自身のうちに2人の相反する無思慮な忠告者，すなわち快楽と苦痛をもち，さらに将来のことについての「思わく」あるいは「予想」，さらに快苦の善悪について判断する「思考の能力（ロギスモス）」がある。これが国家の「共通の意見」になると，「法律」と名づけられるという。

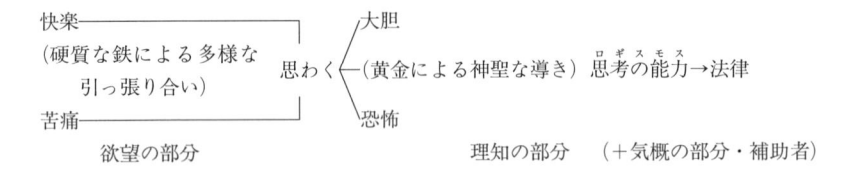

```
  快楽─────┐          ┌─大胆
 (硬質な鉄による多様な │ 思わく←(黄金による神聖な導き) 思考の能力(ロギスモス)→法律
   引っ張り合い)    │          └─恐怖
  苦痛─────┘
     欲望の部分                    理知の部分   (＋気概の部分・補助者)
```

わたしたち各人の内部では，快楽と苦痛など「鉄の種族」と，思考という「黄金の種族」と，その「補助者」による戦争が絶えず繰り広げられている。ちなみに，ここに酒が加わると，さらに事態は複雑になる。酒宴（シュンポシオン）の教育的効果に触れながら，その注意点についてもプラトンは語る[22]。

ともかく，わたしたちの魂の3部分がうまく協調し調和するときに徳が，

---

19) 同前書，99-100頁。
20) ちなみに現代日本では，「欲望の統御の作法」を身につけさせる教育が，学校でも地域でも家庭でも，崩壊しつつあるのではないか。
21) 『プラトン全集 13』，101-102頁。
22) 廣川洋一『プラトンの学園アカデメイア』（講談社学芸文庫，1999年），127頁以降参照。

1節　プラトンとアリストテレスにおける徳と悪徳　153

反対にこれが不協和をきたすときに悪徳が生じる，とのプラトンの見解をわたしたちは確認した。次に，アリストテレスの場合はどうであろうか。

プラトンの場合には魂の3部分の協調こそが徳であったが，アリストテレスは徳を「中庸(メソテース)」にあるとする。これは「適中」とも換言できる。

アリストテレスによれば，まず徳すなわち卓越性には2つある。知性的卓越性・知性的徳（ディアノエーティケー・アレテー）と「倫理的卓越性」「倫理的徳」（エーティケー・アレテー）である。前者は経験と歳月を要するが，教示による。後者は「習慣」「習慣づけ」（エトス）による。

『ニコマコス倫理学』の冒頭，アリストテレスによれば，そもそもすべての存在は究極的に善（アガトン）を希求しているという[23]。とくに人間についていえば，それは幸福(エウダイモニア)である。そこで幸福な人とは，よく生きている人，よくやっている人。すなわち，幸福とはよき生，よき働き，といったものであるが[24]，人々が求める善や幸福はじつにさまざまである。もっとも多くの「低俗な人々」は快楽(ヘードネー)を求める。人々の営む生活形態には3通りあるというが，まずこうした人々による「享楽的生活(アポラウスティコス)」。次に，ポリスのなかでの実務社会活動にたずさわる「政治的な生活(ポリティコス)」。そして，哲学者としての「観照的な生活(テオレーティコス)」である。それぞれが，たいていは快楽や富や名誉といったものを現実には求めているわけであるが，もちろんアリストテレスはこうしたものを求めること自体を全否定するのではなく，生きていく上での手段としての価値を認めつつ，やはり究極的な善や幸福とは何かを問題にする。

「人間というものの善」とは，人間の卓越性(アレテー)に即しての，またもしその卓越性が幾つかあるときは最も善き最も究極的な卓越性に即しての魂の活動であることとなる[25]。

あるいは『政治学』においては，こう述べられる。

---

[23]　『ニコマコス倫理学（上）』，17頁。
[24]　同前書，44頁。
[25]　同前書，41頁。

ところで人は三つのものによって善くて有徳な者になる。その三つとは生まれつきと習慣と理(ことわり)とである[26]。

「生まれつき」の自然は素質として変えられない部分もあるが、しかし、アリストテレスによれば、習慣を通じて生まれつきの性質を変化させることもある部分においては可能である。自己の力によってはいかんともしがたい「生まれつき」の運といったものもあるものの、しかし、人間は習慣と、さらに理(知)によって、自らを善き有徳な者へ向けて、そして幸福に向けて自己形成することが可能であるし、人々をそう仕向けることも可能である。その仕事を教育が行う。アリストテレスもまたプラトンと同様に、こうした教育によるポリス形成のためのカリキュラムを『政治学』のなかで展開したのであった[27]。「幸福とは徳の完全な実現と使用」[28]というアリストテレスにおいて、そのための準備としての教育は国家にとっても最重要課題となるのであり、またこうした教育にたずさわることそのものが、すでに「最も善き最も究極的な卓越性に即しての魂の活動」に他ならないのであった。

では、どのようにして徳は形成されるのか。とりわけ、倫理的な卓越性とされる「中庸」や「適中」を、常に行為(プラクシス)として発現できるような状態(ヘクシス)を身体化した人間は、どのように教育されるのか[29]。逆に、悪徳はどこに生まれ、人々を結局不幸にしてしまうのか。この問いに答えるために、アリストテレスはおよそ人間の行為がどのような状態から生起してくると考えたのか、整理しておきたい。『弁論術』では、およそ行為は次のように分類される。

---

26) 『アリストテレス全集 15』(岩波書店、1969年)、308頁。
27) 同前書、306頁以降参照。
28) 同前書、307頁。しかるに、今日の「道徳」は、単なるルール感覚のようなものに形骸化され、道徳的規範意識なども解体しつつある。いまだからこそ、わたしたちの意味ある「幸福」のために、アリストテレス的「徳」を再考してみる必要があるのではなかろうか。
29) これが本来の「道徳教育」の課題であろう。

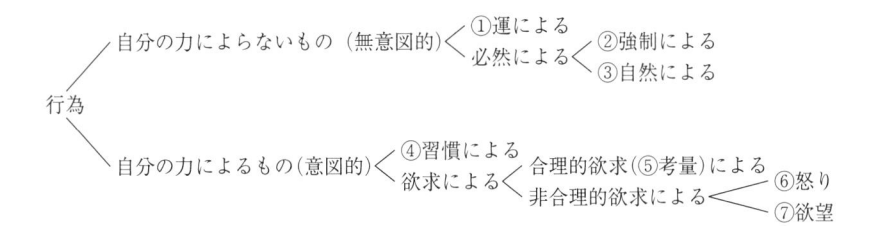

```
                                      ①運による
        ┌自分の力によらないもの（無意図的）<
        │                             必然による<②強制による
行為─┤                                       ③自然による
        │                             ④習慣による
        └自分の力によるもの（意図的）<         合理的欲求(⑤考量)による
                                      欲求による<                      ⑥怒り
                                                非合理的欲求による<
                                                                      ⑦欲望
```

アリストテレスによれば，人間の行為はすべてこれら7つの動因によって生じてくるのだが[30]，総体的にいってわたしたちは，自分にとってよいか，よいように見えるもの，そして快いか，快いように見えるものを求めて行為するという。アリストテレスにおいては快楽を全否定するようなストイシズムは見当たらない。というのも，ある活動や行為を増進させるのは，そうした行いにおける固有の快楽によるのだから[31]。ただし，彼は快楽にもいろいろあり，そこにはやはりよき快楽と，よからぬ快楽がある，という。

> よき活動に固有な快楽はよろしき快楽であり，よくない活動に固有な快楽はよからぬ快楽である[32]。

アリストテレスによれば，やはり人間には人間の機能としての最高のもの，すなわち理知をフルに展開させた活動による快楽が最善であり，幸福とは倫理的な徳をベースに知性的な徳を存分に活動させるところにあるとされる。が，わたしたちはしばしば倒錯に陥ってしまう。

アリストテレスが快楽を次のように定義したことは重要であろう。

> われわれとしては快楽を，精神の一種の運動であって，精神が全体として，しかも知覚に現れるような形で，本来の正常な状態を回復させることである，と，また苦痛はこれと反対の動きである，と仮に定めておくことにしよう。もし快楽がそのようなものであるなら，今挙げた本来の状態を

---

[30] 『弁論術』（戸塚七郎訳，岩波文庫，1992年），106頁以降。
[31] 『ニコマコス倫理学（下）』（高田三郎訳，岩波文庫，2009年），212頁。
[32] 同前書，215頁。

作り出すものが快く，その状態を破壊したり，それとは反対の状態を作り出したりするものが苦痛となることは，明らかである[33]。

アリストテレスはさまざまな快楽の種類について分類しているが[34]，ちなみに，そのなかには「学ぶ」こともまた，わたしたちの自然本来の状態を取り戻す行為として大きな快楽を伴うとしている。『形而上学』冒頭にあるように「すべての人間は，生まれつき，知ることを欲する」[35]のである。

ともかく，わたしたち自身の本来の在り方に戻る行程（帰還）が快楽であり，逆にその崩壊が苦痛である[36]。そこで，悪徳とは過超と不足のいずれかに偏ることであり，徳とはその中庸である，というところにわたしたちも再帰することになる。

徳は情念(パトス)や行為(プラクシス)における「中」を目指すものたることに存する[37]。

換言すれば，悪徳は無抑制(アクラシア)にある。徳は抑制(エンクラテイア)にある。あるいは，節制に，そしてやはり中庸に。

中庸は，結果としてわたしたちの「本来の正常な状態を回復させる」ものとしての快楽をもたらしてくれる。そうした望ましい快楽へ向けて，わたしたち人間は幼少の頃より，望ましい仕方によって教育されなければならない。しかし，わたしたちは元来，教育されなければ，ただの快楽のみを追い苦痛を避けるという単なる情念に従って生きる「悪徳」の状態に陥ってしまう。ゆえに「ことわり」（理知）による教えが必要不可欠なのである。

アリストテレスによれば，わたしたちの理をもたない無ロゴス的な部分にも2種類ある。植物的な部分はいかなる意味においても「ことわり」を分有しないが，欲求の部分は，それが「ことわり」に従う限りにおいてロゴスを分有する。先の図でいえば⑤の考量によってある程度，⑥怒りや⑦欲望とい

---

33) 『弁論術』，112頁。
34) 同前書，112-122頁参照。
35) 『形而上学（上）』（出隆訳，岩波文庫，1959年），21頁。
36) プラトン『ピレボス』（『プラトン全集 4』岩波書店，1975年），228-229頁参照。
37) 『ニコマコス倫理学（上）』，101頁。

った非合理的・無ロゴス的欲求を統御することが可能なのである。が，それには下準備が必要である。

　理説とか教えとかも，おそらくは必ずしもあらゆるひとびとにおいて力があるわけではなく，それが有効であるためには，「うるわしき仕方において悦びや憎しみを感ずる」よう，あらかじめ聴き手の魂がもろもろの習慣づけによって工夫されてあることを要するのであって，これはいわば，種子を育むべき土壌に似ている[38]。

「情念のままに生きるひとは，忠告的な言説には耳をかさないであろうし，耳をかしてもこれを理解しないであろう」[39]というアリストテレスにおいては，よき感性を育む教育こそが，とりわけ幼少期には求められることになる。

　総じて，情念は理説に譲らず，その譲るのは強要に対してのみであると考えられるのである。してみれば，そこには，徳の完成に固有な倫理的性状――すなわち，うるわしきを愛し醜悪なるを厭うという――が，何らかの仕方で，すでに見出されることが必要となる[40]。

「けだし世人は，理説によりも必須なるに従い，うるわしさによりも処罰に従うものなのだから」[41]，全生涯にわたってわたしたちは法律を必要とするというのがアリストテレスの結論である。確かに，エートスとして習慣化された「からだで感じるモラリティ」の形成は骨の折れる仕事ではあるが，しかし，おろそかにされてはならないであろう[42]。

---

38) 『ニコマコス倫理学（下）』，238頁。
39) 同前。
40) 同前。
41) 同前書，239頁。
42) 「欲望の統御の作法」をまず身につけさせることが，とくに義務教育段階における「からだで感じるモラリティ」の形成につながる。これは，元来それほど大それた課題ではなく，ごく単純化していってしまえば，子どもに時と場合に応じて「中庸」な抑制の体験を積ませるということに尽きるであろう。

2節　ホッブズとスピノザにおける徳と悪徳

人間を情念存在と見なし，徳と悪徳，さらに善と悪について熟考した思想家は数多いが[43]，その代表として，さらにホッブズ（Thomas Hobbes, 1588-1679）を取り上げてみよう。『リヴァイアサン』の冒頭，生命とは四肢の運動に他ならない（life is but a motion of Limbs）との唯物論的人間観から彼は出発する。その運動には，生命的（Vitall）なものと意志的（Voluntary）なものの2種類があるが，これら運動の本質には「努力」（ENDEAVOUR）がある。これは，続いて見るスピノザではコナトゥス（自己保持の努力）に相当するといえよう。

> 歩いたり，話したり，打ったりする人間の行為が，私たちの目に見えるまえに人体内ではその端緒となる運動が行われており，それはふつう《努力》（エンデヴァー）と呼ばれる[44]。

わたしたち生物は，まさに生き物であるがゆえに，まず「生きよう」と欲する。この生きようとする「努力」が生物の本質である。解剖学的に換言すれば，それは生理的欲求といえよう[45]。すなわち，ホッブズのいう生命的運動である。これは「言葉になる以前の根源的な感情としての『欲求』」[46]である。つまり，情念。「『欲求』のうち，『言葉』で表現可能なものが『欲

---

43)　とくにホッブズとスピノザの啓蒙期については，次を参照。James, Susan. *Passion and Action : The Emotions in Seventeenth-Century Philosophy*, Oxford : Clarendon Press, 1997.

44)　永井道雄編『世界の名著 28　ホッブズ』（中央公論社，1979年），90頁。Hobbes, Thomas. *Leviathan*, Cambridge (Cambridge Texts in the History of Political Thought), 1991, p. 38. 以下ページはこのテキスト箇所を指す。適宜ここから原文テキストを訳文に挿入した。

45)　石塚久郎・鈴木晃仁編『身体医文化論―感覚と欲望―』（慶応義塾大学出版会，2002年），439頁以降参照。

46)　同前書，440頁。

望』」[47]とすれば、ホッブズのいう意志的運動はまさしくこの「欲望」（DESIRE）であり、その他は生命的「欲求」（APPETITE）である。この代表としては、第一に食欲があげられる。この運動の基本パターンは、接近するか後退するか、意欲するか嫌悪するか、である。そこで、欲望と「愛」（LOVE）とは同一である。ただ、欲望は対象の不在を、愛は対象の存在を、嫌悪は対象の不在を、憎しみは対象の存在をあらわす[48]。ここから、ホッブズは善と悪とを、次のように定義する。

> 各人の欲求および欲望の対象がなんであろうとも、その人にとってはそれこそが「善」（Good）であり、また憎悪、嫌悪の対象となるものが「悪」（Evill）と呼ばれる。そして、軽視の対象は「とるにたりぬ」「問題にならぬ」ものである。すなわち善、悪、軽視すべき、といったことばは、つねにそれを用いる人間との関連において（relation to the person）用いられるものであり、単純に、そして絶対的にそうだというものはありえない。また対象自体の性質（the nature of the objects themselves）からとりだしうる善悪の一般的な法則（common Rule）もない。〔コモンウェルスのないところでは〕その人間の人格から、また〔コモンウェルスのなかでは〕これを代表する人格から、また意見を異にする人々が同意によって設立してその決定を自分たちの規則とすることにした調停者または裁定者から、善悪のルールがとりだされる[49]。

要するに、絶対的な善とか悪とかはこの世には存在しない。あるのはただ相対的な善と悪である。常にわたしとかあなたとかだれかとの「関係（リレイション）」のなかで、善とか悪とか呼ばれる運動が生じるだけである。そして、あくまでもこうした関係において善悪のルールは成立してくる。たとえば、ゴキブリはわたしにとっては憎悪と嫌悪の対象であるがゆえに悪である。が、ゴキブリ自体は、やはり生物として単に生きようと努力しているだけであり、絶対的

---

47) 同前。
48) 『世界の名著 28』、91頁。p. 38.
49) 同前書、91-92頁。p. 39.

な悪ではない。あくまでも，わたしという人間にとって相対的に「不快」なだけである。そこで，快楽と不愉快（快と不快）についてホッブズは，生命運動を強化し助長するのが「快」(Pleasure) であり，逆に生命運動を妨げ悩ますのが「不快」(Displeasure) であるとし，「すべての欲望，欲求，愛は，多かれ少なかれ快を伴うものであり，すべての憎悪，嫌悪も，多少の差はあれ不快や腹だちを伴う」[50]という。多くの人々にとって，ゴキブリはその人の生命運動を妨げ悩ますがゆえに不快であり，だからこそ憎悪と嫌悪の対象ともなり，すなわち悪となる。少なくとも，わたしというパーソンとの関係においては。ゴキブリがなぜわたしの生命運動を妨げ悩ますのか，その理由はよく分からないし，もっともな理由をあげることももしかしたら可能なのかもしれないが，ともかくこのわたし自身の生きようとする努力の過程においては，わたしはゴキブリを嫌悪し，これから後退するようにプログラムされている。よって，逆にこれと戦うためのより強力な「力」(POWER) を獲得しようと日々努力する。というのも「『人間』の《力》（パワー）とは〔一般的に考えて〕，彼が将来明らかに善であると思われるものを獲得するために現在所有している手段」[51]だから。あくまでも，わたしにとって善であると思われるものを獲得するための手段が力である。この力によって，ますますこの力をより強いものにしながら，わたしはわたしにとって善であると思われるものを獲得し，逆に悪であると思われるものを抹殺しようと「努力」する。これが人間という生物の本質である。しかし，このこと自体は生物として当然の努力であり，決して絶対的な悪ではありえないし，あるいは善でもありえない。ただ，そうなのであり，それだけのことである。ところが，人間はまさにそうであるがゆえに，ゴキブリに対してのみならず，万人の万人に対する戦争 (warre of every man against every man) を引き起こすことになる。善／悪のルールが必要となる所以である。

　ホッブズは，すべての人間にのなかに「死にいたるまでやむことのない権力への不断のやみがたい欲求」があることを指摘する。ここでの権力とは，

---

50) 同前書，93頁。p. 40.
51) 同前書，122頁。p. 62.

先のパワーである。

> その原因は必ずしも人がすでに得ているよりもより強烈な喜びを望むことにあるのではない。あるいは並みの力には満足できないということでもない。その理由は，生きてゆくために現在所有している力や手段を維持しようと思えば，人はさらに多くの力や手段を獲得しなければならないという点にある[52]。

すべての人間が基本的に自己の力を絶えず増強し，生物としての自己保存の努力をするならば，そこには戦争状態が帰結することになる。

ホッブズによれば，「《自然》は人間を身心の諸能力において平等につくった」[53]とされるが，しかし，この平等から相互不信が生まれることになる。

> もしふたりの者が同一の物を欲求し，それが同時に享受できないものであれば，彼らは敵となり，その目的〔主として自己保存であるがときには快楽のみ〕にいたる途上において，たがいに相手をほろぼすか，屈服させようと努める[54]。

人間の本性には，こうした争い (quarrel) の原因として競争 (Competition)，不信 (Diffidence)，自負 (Glory) の3つがあるとホッブズはいう。

> 第一の競争は，人々が獲物を得るために，第二の不信は安全を，第三の自負は名声を求めて，いずれも侵略を行わせる。第一は，他人の人格，妻，子ども，家畜の主人となるために，第二は自分を防衛するために，いずれも暴力を用いさせる。第三は一語，一笑，意見の相違，その他過小評価のしるしになる瑣末事にかんして，それらが直接自己の人格に向けられたか，間接に自己の親戚，友人，国民，職業あるいは名称に向けられたかを問わず，やはり暴力を用いさせる[55]。

---

52) 同前書，133頁。p. 70.
53) 同前書，154頁。p. 86.
54) 同前書，155頁。p. 87.
55) 同前書，156頁。p. 88.

苛酷な生存競争としてあらわされる人間本性は，現代においてますます顕著になっているのではなかろうか。

　以上によって明らかなことは，自分たちを畏怖させるような共通の権力がないあいだは，人間は戦争と呼ばれる状態，各人の各人にたいする戦争状態にある[56]。

ただし，この戦争状態においては，ここに善も悪もなく，また罪も不正もない。「共通の権力が存在しないところに法はなく，法が存在しないところには不正はない」[57]からである。人間をまず情念存在と捉えるホッブズによれば，情念そのものには，むろん欲求や欲望にも，罪は帰せられない。ただし，それを禁じる法の存在を知るまでは。

　ホッブズのいうこうした自然状態において人間は不幸な状態に止まるが，しかし，だからこそ，ここから脱出する可能性をわたしたちは模索することになる。それもまた，わたしたちを平和へと向かわせる（やはりさまざまな）情念（Passions）であり，これは理性（Reason）の指示による。

　人々に平和を志向させる情念には，死の恐怖，快適な生活に必要なものを求める意欲，勤労によってそれらを獲得しようとする希望がある。また人間は理性の示唆によって，たがいに同意できるようなつごうのよい平和のための諸条項を考えだす[58]。

ホッブズによれば，この情念の要請に従い，ついに理性によって人間が見出した法こそが「自然法」(Law of Nature, Lex Naturalis)である。その前提には，すべての人々がもつ「自然権」(Right of Nature, Jus Naturale)がある。

　著作家たちが「ユス・ナトゥラレ」と一般的に呼んでいる《自然権》とは，各人が自分自身の自然すなわち生命を維持するために，自分の力を自

56）　同前。p. 88.
57）　同前書，158頁。p. 90.
58）　同前書，159頁。p. 90.

分が欲するように用いうるよう各人がもっている自由である[59]。

すると、これは極端な場合には再び戦争状態へと至ることになるが、ともかく「各人は望みのあるかぎり、平和をかちとるように努力すべきである」という基本的な自然法がこれにブレーキをかける。そして、次にこの平和のために、各自のさまざまな権利をときに放棄するという第2の自然法が続くことになる。

ともかく、人間は互いに生きていくために、まずは自分のために多少の「がまん」をしあいましょう、というのが自然法の極意である。それは「自分自身して欲しくないと願うことは、他にも行うな」という言葉に要約されているという[60]。これは、わたしたちの「良心」(the inner court, the court of conscience) からの要請でもある。

> 自然法は「内的法廷において」(イン・フォロ・インテルノ) 拘束力をもつ。換言すれば、そう行われるべきだという意欲を持つように拘束する。しかし、自然法は「外的法廷において」(イン・フォロ・エクステルノ)、すなわちそれが行為に移されるところでは、必ずしも拘束しない[61]。

この自然法は永遠であり、これを履行しようとする人々は容易に法に適う。そして、その人々は正しい。ホッブズがいうには、こうした自然法についての学問こそが、真の唯一の道徳哲学である。

> 道徳哲学は、人間の交わりにおいて、また社会において、「善」および「悪」とは何かを追求する学問にほかならないからである[62]。

あるいは、徳と悪徳に関する学問が道徳哲学である。

翻って、人間を含む自然界において善や悪は相対的であった。それは、人間の気質、慣習、教説、快と不快の感覚などによって異なり、同一人物にお

---

59) 同前。p. 91.
60) 同前書、184頁。p. 109.
61) 同前。p. 110.
62) 同前書、185頁。p. 110.

いてさえも時間によって異なる。よって，個人的な善悪が判断の基準である限り，人間は自然〔戦争〕状態に止まることになる[63]。そこで，ホッブズは「善」とは「平和」(Peace)であると確定する。

> すなわち，「平和」こそは「善」である。したがって，そこへ至る道ないしは手段も善である。そしてその正しい道ないし手段とは，〔すでに私が示したとおり〕「正義」「報恩」「謙虚」「公平」「慈悲」その他の自然法，いいかえるならば「道徳的徳」(Morall Virtues)であり，そしてその逆は「悪徳」(Vices)すなわち悪である[64]。

ホッブズによれば，流動的で相対的な善と悪あるいは徳と悪徳に関する考察，すなわち道徳哲学は，あくまでもわたしたちが渇望する平和のために価値をもつ学問であり，単なる諸情念の中庸について考察するのではないとされる[65]。

では，次にスピノザについてごく簡単に見ておこう。人間とは欲望の塊である，と彼はいう。

> 欲望とは，人間の本質そのものである。ただその場合，人間は与えられた各変化状態のもとであることをなすように決定されていると考えられなければならない[66]。

「欲望」(cupiditas)が人間の本質である。が，それは「各変化状態」といわれる各自の時間にしたがって常に変化する「感情」(affectus)の下で，何かの行為に向けて仕向けられているという。感情とは，まさに身体そのものである。スピノザは，まず身体という自然から善と悪，さらに徳と悪徳につい

---

63) 同前。p. 111.
64) 同前書，186頁。p. 111.
65) 同前。p. 111.
66) 下村寅太郎編『世界の名著 30 スピノザ／ライプニッツ』(中央公論社，1980年)，244頁。*Spinoza Opera*, Bd. II., Heidelberg : Carl Winters Universitätsbuchhandlung, 1925, p. 146. 以下ページはこの全集箇所を指す。適宜ここから原文テキストを訳文に挿入した。

ての考察を開始する。

> 感情とは，身体そのものの活動力を増大させたり減少させたり，あるいは促したりまた抑えたりするような身体の変様であると同時に，そのような変様の観念でもある，と私は理解する[67]。

アフェクトゥスとは，すなわち「身体」(corpus) の状態であり，かつその状態を言葉にした際の「観念」(idea) である。スピノザによれば，わたしたちの精神や思惟の根底には，まずこうした身体や感情がある。それは「自然」(natura) でもある。

> 自然のうちに起こるもので，自然自体の欠陥のために生ずるようなものはありえない。なぜならば，自然は，常に同じ自然であり，また自然の力とその活動する力は，いかなるところでも同一なのである。すなわち，すべてがそれに従って生起し，一形態から他の形態へ変化していく自然の諸法則や諸規則は，どこにおいても常に同一だからである[68]。

すると，むろんわたしたちの身体も感情もまたこうした自然の一部であり，自然の法則や規則に例外なく従うことになる。

> したがって憎しみ，怒り，妬みなどの感情も，それ自体で考察されるならば，感情以外の他の個物の場合と同じく，自然の必然性と力から生ずるのである[69]。

自然の「必然性」(necessitas) と「力」(virtus) から一切が生起する。ここでのウィルトゥスは「力」(potentia) と同一である[70]。そこで，次のように述べられる。

> どのようなものでも，それ自身のうちにとどまるかぎり，自己の存在に固

---

67) 同前書，186頁。p. 139.
68) 同前書，185頁。p. 138.
69) 同前。p. 138.
70) 同前。注3参照。

執しようと努力する[71]。

人間の場合，わたしたちは誕生から死に至るまで，「わたし」としての肉体的・精神的・人格的な同一性を保ち続けようと「努力」(conatus) する。これが，わたしの生き物としての本質である。この努力は，単なる意志的な努力ではなく，生物としてのわたしの自然の必然性である。

> いかなるものでも自己の存在(エンス)に固執しようとする努力は，もの本来の生きた本質にほかならない[72]。

この努力は「精神」(mens) においては「意志」(voluntas) と呼ばれ，精神と身体とに同時に関係させられる場合には「衝動」(appetitus) と呼ばれる。したがって，衝動こそが人間の本質そのものであり，その自然本性より，わたしたちは自己保持に向けて必然的に導かれるのである。すると，欲望についても，先にホッブズが語ったのと同じように定義される。

> 欲望とはみずからの衝動を意識している衝動である (Cupiditas, est appetitus cum ejusdem conscientia.)[73]。

要するに，わたしたち人間は欲望存在である。ここから，スピノザは善と悪について，従来の多くの見方を反転する。

> われわれは，どのような場合にもものを善と判断するから，そのものへ努力し，意欲しあるいは衝動を感じあるいは欲求するのではない。むしろ反対に，あるものを善と判断するのは，そもそもわれわれがそれにむかって努力し，意欲し，衝動を感じあるいは欲求するからである[74]。

はじめに身体(からだ)ありき。ここから，わたしたちの身体保持に導くものが善であり，逆に身体壊滅に導くものが悪となる。というのも，「身体の存在を排除

---

71) 同前書，195頁。p. 146.
72) 同前。p. 146.
73) 同前書，197頁。p. 148.
74) 同前。p. 148.

するような観念は，精神の中にはありえず，むしろ精神に対立するものである」[75]から。よって，わたしたちの身体の活動力（potentia）を増大させる感情，すなわち「喜び」（laetitia）をもたらすものは善であり，逆に身体の活動力を減少させる感情，すなわち「悲しみ」（tristitia）は悪である。

スピノザによれば，わたしたちのすべてのアフェクトゥスは，基本的に欲望・喜び・悲しみの3つの様態のさまざまな織り合いから成り立っている。もし，喜びの感情が精神と身体とに同時に関係している場合，それは「快感」（titillatio）あるいは「爽快」（hilaritas）と呼ばれ，悲しみの感情が精神と身体とに同時に関係している場合，それは「苦痛」（dolor）あるいは「憂鬱」（melancholia）と呼ばれる。ともに，わたしたち身体の力を増大させる感情は善であり，逆に減少させる感情は悪である。あるいは，こうも規定される。

> 喜びとは，人間がより小さな完全性からより大きな完全性へ移行することである。（中略）
> 悲しみとは，人間がより大きな完全性からより小さな完全性へ移行することである[76]。

根本には欲望がある。が，わたしたちは基本的には喜びと悲しみの感情による身体変化に生きている限りさらされ続けているため，無秩序に引き回され，多くの場合，自分がどのような状態にあるのか知らないままである。よって，このメカニズムの全体解明の試みが『エチカ』であるが，それはあくまでも「生態の倫理」であり「道徳(モラル)」ではない点に，わたしたちは注意しなければならない[77]。ドゥルーズも指摘しているように，ここでいう道徳的思考は超越的価値に照らして生の在り様を捉えることであるが，「エチカ」はそうではない。「価値の対立（道徳的善悪）に，生のありようそれ自体の質的

---

75) 同前。p. 148.
76) 同前書，245頁。p. 191.
77) G. ドゥルーズ『スピノザ―実践の哲学―』（鈴木雅大訳，平凡社，2002年），32頁以降。

な差異（〈いい〉〈わるい〉）がとって代わるのである」[78]。

　スピノザによれば，自然界では，人間も含めて，ある種の構成関係の分解・複合・合一の過程が，自然の永遠の法則と秩序に従って繰り返されるだけである。そこで，この自然とは，すなわち神である。よって，自然にはそもそも善も悪もなく，個々の存在と場合に応じた〈いい〉〈わるい〉があるのみである。この個別状況的な〈いい〉〈わるい〉に対して，わたしたちは善とか悪とかいう名称を用いているにすぎない。とくに，善とは先の喜びであり，それはわたしたちをより大きな完全性へと移行させるもの，悪とは先の悲しみであり，それはわたしたちをより小さな完全性へと移行させるものである。善とはわたしたちのウィルトゥスやポテンチアを増大させるもの，悪とはわたしたちのウィルトゥスやポテンチアを減少させるものである。「一般に私たちが〈悪〉〔悪しきこと〕としてとらえている現象は，病いや死も含めて，すべてがこのタイプの現象，いいかえれば悪しき出会い，一種の消化不良，食あたり，中毒であり，つまりは構成関係の分解にほかならない」[79]。

　たとえば，禁断の木の実を食べたアダムは，神がこれを食べたらあなたにとって毒となり，つまるところあなたの身体を構成している諸部分を，あなたの固有の本質にはもはや対応しない新たな構成関係に入ること（分解）につながる，と忠告してくれたにもかかわらず，これをしてしまった。つまり，これは道徳的な禁止命令ではなく，そもそも「木の実」がアダムにとって毒である，とのアドバイスに他ならない。こうスピノザはいう[80]。アダム

---

78)　同前書，44頁。
79)　同前書，42頁。スピノザ『知性改善論』（畠中尚志訳，岩波文庫，1968年），17頁では「善いとか悪いとかはただ相対的にのみ言われるのであり，従って同一事物でも異なった関係に応じては善いとも悪いとも呼ばれ得るということである。これは完全だとか不完全だとかいうことと同様である」と述べられる。ときに，毒が薬になったり，薬が毒になったりすることは，同一人物においても他人においても，しばしば起こることである。
80)　詳しくは『スピノザ往復書簡集』（畠中尚志訳，岩波文庫，1958年），94頁以降，『神学・政治論（上）』（畠中尚志訳，岩波文庫，1944年），160頁以降参照。『神・人間及び人間の幸福に関する短論文』（畠中尚志訳，岩波文庫，1955年），107頁では

2節 ホッブズとスピノザにおける徳と悪徳　*169*

も理性に従うことができればよかったのに、とスピノザは感情の強大さを認める一方で、やはり理性に対して多大な信頼を置いている。

> 理性は自然に対立するようないかなるものも要求しない。したがって理性が各人に要求することは、各人が自分自身を愛すること、自分自身のためにほんとうに役だつような有益なものをもとめること、また人間をより大きな完全性へ真に導いてゆくものを欲求すること、要するに端的に言えば、各人が自分のすべてをつくして自分の存在を保持しようと努力することを要求しているのである[81]。

スピノザが常に求めるのは、このための力すなわち徳である。

> 徳の基礎は、自分に固有な存在を保持しようとする努力そのものである。また幸福は、人間が各自の存在を保持しうる能力の中にある[82]。

以上、やはりスピノザにおいても、各人ができるだけ各自の存在を保持していけるような状況が平和であり、この平和をもたらすものこそが善であると結論される。

> 人々の共同な社会生活のために役立つもの、あるいは人々が心を和して生活するようにさせるものは、有益である。反対に国家の中に不和をもちこむものは悪である[83]。

人々が心を和して (concorditer) 生活するように仕向けるものは、理性の導きによって (ex ductu rationis) 生活するようにさせる、とスピノザはいう[84]。すなわちそれが、その人のもつ徳である。ゆえに、そうした徳をもつ人の至

「善及び悪は単に関係を表はすものにほかならぬ」として、これはわたしたち人間の理性のなかにしか存在せず (entia rationis)、思惟する精神の外には実在しないとされる。

81) 『世界の名著 30』、281頁。p. 222.
82) 同前書、282頁。p. 222.
83) 同前書、304頁。p. 241.
84) 『知性改善論』、20頁。若干の生活規則を参照。

福（beatitudo）は，徳の報酬ではなく徳そのものである。わたしたちは，快楽を抑えるから至福を楽しむのではなく，むしろ逆に至福を楽しむがゆえに快楽を抑えることができる[85]。逆に，悪徳とは平和をかき乱し，理性の導きを混乱させるものである。

スピノザは，欲望や衝動を人間の本質において見ながらも，究極的には理性によって，自らの存在をも含めすべてを，「ある永遠の必然性」の下で意識することを，賢者に強く求めるのであった[86]。

3節　ドルバックとルソーにおける徳と悪徳

最後に，啓蒙期フランスにおける2人の思想について，ごく簡単に見ておこう。ドルバック（Paul Henri Thiry Holbach, Baron d', 1723-1789）とルソーである。

ドルバックはキリスト教を批判し，唯物論と無神論を説いたことで知られるが，その端緒は，すでにホッブズやスピノザのなかに見出されるかもしれない[87]。彼は，人間は全くの物質的存在であり，あらゆる探究において人間は物理学（自然学：physique）と経験（expérience）のみに頼るべきだとする。キリスト教的な神は人間の想像力による「妄想」である。わたしたちは自然の一部分である。『自然の体系』の冒頭では，こう宣言される。

> 想像力によって生み出された体系のために経験を棄てる時，人は必ず自分を欺くことになるであろう。人間は自然の作品であり，自然の中に存在し，自然の法則に服し，そこから脱することはできず，思考によってもそこから出ることはできない[88]。

---

85)　『世界の名著 30』，371頁。p. 307.
86)　同前書，372頁。p. 308.
87)　しかし，彼らは自然を賛美することで「神を捨てはしたものの，やがて神に代わるものを見出したように思われ」る。J. H. ブラムフィット『フランス啓蒙思想入門』（清水幾太郎訳，白水社，2004年），116頁参照。
88)　ドルバック『自然の体系 I』（高橋安光・鶴野陵訳，法政大学出版局，1999年），25頁。

この自然には善意も悪意もない。ただ必然的な不変の法則に従って諸々の存在を生み、壊し、感覚を与えたものには幸福と不幸を配って苦しませ、絶えずこれらを変えていくにすぎない[89]。「人間は特殊な性質を与えられた物質の配合に由来する一つの全体」[90]である。ゆえに、このわたしという「物質はつねに存在し、物質はその本質の力で動き、あらゆる自然現象は、自然に包含されながら不死鳥のようにつねに自然をその灰燼の中から再生させる多様な物質の様々な運動に負う」[91]とされる。こうした唯物論は古代ギリシア以来認められるが[92]、啓蒙期以後はこうした唯物論や無神論、要するに世俗化に拍車がかかることになる[93]。ドルバックは、あくまでも「物理学的（自然科学的）法則」によって徳と悪徳とを論じる。

> つまり、物理学の法則を道徳学のそれから切りはなさなければ、こうして人間たちは必要に迫られ、たがいに引き寄せ、結婚、家庭、社会、交友、交際と呼ばれる結合体を形成し、それらは善徳によって保持され、強化され、悪徳によって弛緩し、完全に崩壊するのである[94]。

ところでわたしたちは、いまここに存在しているが、存在の本質には「自己保存」(conservation) の運動がある、とやはりドルバックもいう。すべての存在は、それぞれの仕方で自己を保存しようと努める。それは、正当な自己愛であり、さらに幸福への欲求であり、安楽と快楽への愛であり、自己の存在に有利と思えるものに快感を示し、反対に不利と思えるものに不快感を示

---

89) 同前書、28頁。
90) 同前書、31頁。
91) 同前書、45頁。
92) エンペドクレス、オウィディウスなど、同前書、45頁原注参照。
93) このあたりの思想史的状況については、次を参照。P. アザール『ヨーロッパ精神の危機』（野沢協訳、法政大学出版局、1973年）、同『十八世紀ヨーロッパ思想―モンテスキューからレッシングへ―』（小笠原弘親ほか訳、行人社、1987年）、金子晴勇『近代人の宿命とキリスト教―世俗化の人間学的考察―』（聖学院大学出版会、2001年）。
94) 『自然の体系Ⅰ』、56頁。

すことに他ならない[95]。これらの現象は必然的であり、あくまでも自然である。わたしたちの存在をも含めたこの自然界は、常に自己保存のための徳と、それを解体しようとする悪徳、すなわち善と悪による運動の渦中にあるのだが、しかし、ある存在における無秩序はその存在の新しい秩序への移行である、と彼はいう。すると、死についてもこう述べられる。

> 死は人間にとって新しい存在への移行にすぎないし、死は自然の秩序のうちにあるのだ[96]。

だからといって、死に急ぐ必要はなく、わたしたちはここにいま存在しているあいだは、絶えず自己保存に努めることになる。それは、幸福を求める運動そのものである。

> ・・
> 幸福とは、私たちがその持続を欲し、それに固執したがるところの在り方である[97]。

ただし、瞬間的で持続性のない幸福は快楽であり、この快楽のみでは持続的幸福には至らない、とドルバックはいう。

> 過度の快楽は悔恨や倦怠や嫌悪をともない、一時的幸福は持続的不幸に変わる。この原理に従うと、生涯のいかなる瞬間にも必然的に幸福を求める人間は、理性的であれば、自己の快楽を慎み、苦痛に変わるものをすべて控え、もっとも恒久的な幸福を手に入れようと努めるべきことが明らかである[98]。

ゆえに、ドルバックは人間を自己保存に努める情念存在と前提しつつも、やはり理性的な教育を通じた幸福への到達を唱えるのである。彼は、決して単なる快楽主義者、あるいはサドのようなリベルタンではない。情念を理性に

---

95) 同前書、57頁。
96) 同前書、66頁。
97) 同前書、115頁。
98) 同前。

よる指導の下に置こうとする点では、やはりアリストテレスと同様である。情念は人間存在において自然の必然であり、「人間に情念を禁じるのは、人間であることを禁じるに等しい」[99]。よって、情念を情念によって指導するように理性を働かせよう。

> 情念を本当に抑制するものは情念だ。だから情念を滅却しようとするのではなく、情念を導くように努めよう。社会に有害な情念は、社会に有用な情念で釣り合わせよう。経験の成果たる理性とは、もっぱら私たちが自分自身の幸福のために耳を傾けるべき情念を選びとる技術である。教育とは人間の心のうちに、有用な情念の種を播いて耕す技術である。立法とは危険な情念を抑え、公益に有利となりうる情念を促す技術なのだ。宗教は人間の心のうちに、自分にも他人にも有害な情念のもとになる幻影、幻想、幻惑、ためらいの種を播いて養う技術にすぎず、人間はこれらの有害な情念と闘ってこそ、幸福への道を歩めるのである[100]。

このようにドルバックは、あくまでも自然と理性の導きの下に、わたしたちが幸福を追求すべきであると繰り返す。そして「情は人のためならず」しかり、「自分自身の幸福のために、両親、子供、隣人、友人、従僕に愛想よくしよう」といい、来世の運命のことで頭を一杯にすることはやめようと訴える[101]。

> 自然によって示された必然の道を不安なく進むがよい。(中略)うかがい知れぬ来世をのぞきこんではならない。来世の暗さというものを探っても無用または危険であることを充分証明しているのだから。したがって、お前が知るこの生のうちで自分を幸福にすることのみを考えるがよい。自己保存を望むなら摂生し、度を越さず、分別を持つがよいし、快楽を持続させようとするなら放蕩を慎め。自分をも他人をも害ないかねないものはす

---

99) 同前書、262頁。
100) 同前書、263頁。傍点引用者。情念の活用については、次も参照。A. O. ハーシュマン『情念の政治経済学』(佐々木毅・旦祐介訳、法政大学出版局、1985年)。
101) 『自然の体系Ⅰ』、225頁。

べて断つがよい。真に知的であれ，すなわち自己を愛し，自己を保存し，たえず自らに目標を立て，それを果たすことを学べ。揺るぎなく幸福でいるために，自然がお前自身の幸福に必要とした人びとから愛情と尊敬と助力を享けるために，有徳であれ。もし彼らが不当なら，お前は自らを自賛と自愛に相応しいものにせよ。そうすればお前は満足して生きようし，お前の平静は乱されないであろう。お前の最期はお前の生涯と同じく後悔を免れ，お前の生涯に汚点をつけまい。死はお前にとって，新たな秩序における新たな生存への入口となろう[102]。

そしてようやく「死は地上を不快な重荷から解放し，お前を最も残酷な敵であるお前自身からも解放してくれるだろう」[103]。あくまでも理性的かつ功利的に，まずは自己の幸福追求を第一に唱えたのがドルバックであり，その論旨はありきたりといわれればそうかもしれないが，明快である。

では，ルソーはどうか。ルソーもまた，情念をひとまず肯定的に捉える。

> われわれの情念は，自己保存のための主要な道具である。それゆえ，情念を根絶しようと望むのは，むなしく，またばかげた企てである。それは自然を抑制することであり，神の作品を造り変えることである[104]。

ルソーは情念のなかでももっとも根源的にして，生きている限り離れることのないものとして「自己愛」(amour de soi-même) をあげるが，しかし，すべての情念を自然かつで有益なものとは見なしていない。そのひとつとして彼は「利己心」(amour-propre) をあげる。自己愛と利己心とは，ルソーにおいて似て非なるものである。

> 利己心 amour-propre と自己愛 amour de soi-même とを混同してはならない。両者はその性質からいってもその効果からいっても非常に違った二つの情念である。自己愛は一つの自然な感情であって，これがすべての動

---

[102] 同前書，270頁。
[103] 同前書，271頁。
[104] 平岡昇編『世界の名著 36　ルソー』（中央公論社，1978年），466頁。

物をその自己保存に心を向けさせ，また，人間においては理性によって指導される憐憫によって変容されて，人類愛と徳とを生み出すのである。利己心は社会の中で生まれる相対的で，人為的な感情にすぎず，それは各個人を他のだれよりも自分を重んじるようにしむけ，人びとをそそのかせて互いにあらゆる悪を行わせるとともに，それは名誉の真の源泉なのである[105]。

ホッブズの自然状態を批判して，ルソーは元来原始の状態にあって人々のあいだには利己心はなかったはずであるとする。ところが，いまや現実には利己心に発する人間の邪悪に世界は満ち溢れている。そこで，教育によって情念に秩序と法則とが与えられなければならない。しかも，あらゆる情念の源泉は感受性にある。

> 彼の感受性が，自分一個に限られているかぎり，彼の行為のなかには，いっさいの道徳性がない。感受性が彼自身の外に向かってひろがってゆくときになってはじめて，彼はまず善悪の感情を，次に善悪の観念をもつようになる。この観念が真に彼を人間として，人類全体のなかの一部としてつくりあげるのである[106]。

エミールの教育において，ルソーは「彼の心のなかに自尊心〔利己心〕・虚栄心・羨望を芽ばえさせてはならない」として，きわめて意図的な教育環境と方法とを提案している[107]。

ルソーによれば，わたしたちの善悪に対する感情および良心は，自己愛と同様に自然なものである。

> 人間の魂の奥底には，生まれながらにして正義と美徳との原理があり，それに基づいて，われわれは，自分の主義には関係なく，自分の行動や他人の行動を，よいとか悪いとか判断するのだ。そして，まさしくこの原理

---

105) ルソー『自然と社会』（平岡昇編訳，白水社，1999年），76頁。
106) 『世界の名著 36』，472頁。
107) 同前書，474頁。

に，わたしは良心の名を与えるのだ[108]。

良心の働きは判断ではなく感情であるというルソーにとって，ひとまずこの良心の働きが駆動されさえすれば，わたしたちは人間化の道を歩むことができる。

　良心！　良心！　崇高な本能，不滅にして天より来たる声，無知で愚かではあるが知性をそなえた自由な存在をまちがいなく導く道案内，人間を神に似たものにする，善悪の絶対確実な判断者，あなたこそが人間の本性の優秀さと，人間の行為の道徳性とを作り出しているのです。あなたがなかったとしたら，わたしは自分を禽獣の上に立たせるものを何もうちに感じません。ただ，規則をもたない悟性と，原理をもたない理性との助けをかりて，あやまちからあやまちへとさまよい歩く，悲しい特権があるだけなのです[109]。

ルソーにおいて，この良心に対する信頼は厚い。それは同時に「いかなる国，いかなる宗派においても，何ものにもまして神を愛し，おのれの隣人をおのれのごとく愛することが，戒律の要点」であり，これこそが内心の信仰の第一であるとされる。もはや現代に生きるわたしたちにおいて「信仰なくしては，いかなるほんとうの美徳も存在しない」[110]が，しかし，「惻隠の情」は自然本来の素質であった[111]。ともかく，ルソーによれば，徳と悪徳，善と悪との起源は，わたしたち自身の良心の声に自然と遡るのであった。彼のなかには良心の自然法が，まだ生きていたといえるだろう。

＊　　＊　　＊

　徳と悪徳，善と悪について，時代や社会の背景もさまざまではあるが，情念の教育思想史の流れを部分的に振り返ってみた。いずれにせよ，わたした

---

108) 同前書，490頁。
109) 同前書，492頁。
110) 同前書，500頁。
111) ルソー『人間不平等起源論』（中山元訳，光文社古典新訳文庫），102頁。

ち人間の本質にはさまざまな情念の運動があるが、それを協調させたり、抑制したり、指導したり、釣り合わせたり、総じて教育したりするのは、やはり理性の力に求められていた。

畢竟するに、この理性の力による努力が、必ずや最善世界へとつながるという・信・仰・、そして・希・望・、さらに活動としての・愛がなければ、人間のすべての生は無意味に転落することだけは確実といえよう。ルソーのいうように、人間の生を究極的に支える「信仰」なくしては、すべての徳は消滅してしまうであろう。では、信仰とは何か。

信仰とは、「最後に喜びがある」ということに賭けることである[112]。

つまるところ、この「賭け」は終末論的未来への「信頼」でもある。信仰（fides）とは、信頼（fiducia）である[113]。

理性的活動は信仰による基礎づけを求める。理性は非合理性に根ざしている。終末論に立ちつつ、たとえ明日世界が滅びるとしてもわたしは今日もりんごの苗木を植える、といったルターの信仰なくしては、道徳教育のみならず、人間としてのすべての徳と隣人愛（はたらき）は、やはり根本的に成り立たないのではなかろうか[114]。次章からは、現代の日本における道徳教育に目を向けてみよう。

---

[112] P. L. バーガー『現代人はキリスト教を信じられるか―懐疑と信仰のはざまで―』（森本あんり・篠原和子訳、教文館、2009年）、22頁。
[113] 同前書、21頁。
[114] Cf. Lindberg, Carter. *The European Reformations*, MA : Blackwell Publishing, 1996, p. 133.

第9章
情動知能の育みと道徳教育

　2008（平成20）年3月に告示された新学習指導要領では，道徳教育の充実がいままで以上に強調されている。その内容は，小学校の場合「道徳の時間を要として学校の教育活動全体を通じて行う」とされる。具体的には，全教科，外国語活動，総合的な学習の時間，特別活動それぞれの「指導計画の作成と内容の取扱い」のなかで，次のように明記されるに至る。「道徳の時間などとの関連を考慮しながら，第3章道徳の第2に示す内容について，○○○〔たとえば体育科〕の特質に応じて適切な指導をすること」といった具合である[1]。

　これまで見てきたように，そもそも人間は生物であり動物の一種である。が，人間と他の動物との違いは，どこにあるのだろう。あるいは，連続性についても，同様の問いが提起される。

　周知のように，現代ますます研究が盛んになってきている進化生物学や進化心理学，あるいは進化発達心理学では，人間とチンパンジーなど霊長類との連続性が注目されてきている[2]。

　しかるに，古来，西洋教育思想においては，古代ギリシア・ローマ以来のパイデイアやフマニタスの理想，さらにキリスト教の「神の像」理解なども加わり，人間と他の動物との非連続性もしくは断絶が強調されてきたことは，すでに確認した。そのキリスト教においては，人間は万物の支配を任された「神の似姿」として捉えられた。人間は動物としてこの世界に誕生し，

---

[1]　工藤文三編『小学校・中学校　新学習指導要領全文とポイント解説』（教育開発研究所，2008年）参照。

[2]　たとえば，次を参照。F. フェルナンデス＝アルメスト『人間の境界はどこにあるのだろう？』（長谷川眞理子訳，岩波書店，2008年）。

人間らしい「人間」にならなければ人間とはいえない。そして，人間化された人間は，この世界をよりよく支配する義務と責任を負うという。よって，人間を「人間」化（ヒューマナイズ）する能動的な教育が強調されることになる。しかも，この「人間」の根幹に，神とつながる信仰，および人々とのあいだの道徳が想定されてきた。人間と他の生物との違いは，まさに信仰と道徳にある，というわけである。むろん，ニーチェのいう「神の死」以降，現代のわたしたちには，モラルこそが「人間」としてのメルクマールだといえるかもしれない。

　が，環境問題のことなどいうまでもなく，このモラルが現代社会では全世界的に問題となってきている。視線をわたしたち1人ひとりの人間の内面に向けてみれば，わたしたちは「人間」という理念以前に，まず動物であって，その中心には欲望がある。それは，生き物としてあくまでも「生きよう」とする欲望であるが，この方向づけは，すでに見た古代ギリシアはもとより，どの時代においても，さらに現代においては，なおさら困難を極めている。

　本章では，道徳教育の強化が叫ばれる現代において，その背景にある「人間」以前の生き物としての欲望の姿を，まず明らかにしたい。人間を人間化すること。すなわち，どのような在り方・生き方が「人間」としてふさわしいのか。その人間「らしさ」は，常にどの時代や場所においても，わたしたちにとっての課題であった。いまあらためて混沌の最中にある「人間」をあぶり出すために，欲望の塊としての人間の明確な事例を，思想史のなかに遡り，はじめに確認しておきたい。これが，原点であり，かつわたしたちの本能である。

　次に，欲望のコントロールなどに関して，情動知能（emotional intelligence：EI）という考え方に最近注目が集まっている。これもいうまでもなく思想史をひもとけば，情動あるいは情念や感情と知性や理性との密接なかかわりとして，古代ギリシア以来注目されてきているが，現代の心理学では，こうした文脈をどう再解釈，あるいは理解するのか，簡潔にまとめておきたい。

そして，現代では情動知能（今後はEIと略記）を育むことが，まずは欲望の水路づけ・方向づけとしての道徳教育につながると考えられている。他者を前に，情動を自ら制御しえない事態においては，人と人との「あいだ」にあるモラルは不在となる。では，EIはどう育まれるのか。いかに，現代の道徳教育に役立てられるのか。そのヒントを探ってみよう。

1節　欲望と意志——ショーペンハウアー，ニーチェ，サドの視点から——

　生物としての人間にとって，その根幹には「生きよう」とする力，すなわち欲望がある。ドーキンスの有名な利己的遺伝子説をもち出すまでもなく，わたしたちは生き物としてこの世界に誕生するや否や，生存しよう（サバイバル）と自動的に意志する。意志は，知性や理性がかかわる認識とはまた別の機能であり，生き物にとっては爬虫類の脳に属する，より根源的な働きである[3]。生き物にはサバイバルが本能として自然本性に書き込まれている（インプリントされている）といえよう。これを，かつて哲学者ショーペンハウアーは「生への盲目的な意志」といい，ドーキンスの学説を先取りするようなことを述べている。

　自然にとっては，個人が死滅しようと知ったことではない。生への意志である自然にとってはただ種族の維持だけが問題であって，個人個人は物の数ではないからだ[4]。

この意志は，性欲（エロス）のなかに本質として現れる。ショーペンハウアーは，「生殖器は認識にではなく，単に意志に従属している」[5]とする。

3）　ジョン・H・カートライト『進化心理学入門』（鈴木光太郎・河野和明訳，新曜社，2005年），169頁以下参照。
4）　A．ショーペンハウアー『存在と苦悩』（金森誠也編訳，白水社，1995年），80-81頁。
5）　同前書，81頁。

生殖器は意志の焦点であり，したがって世界の別の側面である表象としての世界，すなわち認識の代表である頭脳とは全く対立した関係にある。生殖器に通用する原則は，生命を保ち，無限の生のために時を確実にかせぐものである。(中略)〔ギリシア人にとってはファルス，インド人にとってはリンガム〕両者はともに意志の肯定のシンボルであった[6]。

　まずは生きる力とは，このような自然のエロスに起源している。これは，生物としての人間に予め組み込まれた遺伝的プログラムである。それは，欲望である。

　さて，問題は，この欲望の目的である。結論からいえば，この生の欲望に目的はない[7]。ただ生きるがゆえに生きる，としかいいようがない。この欲望は欲望することだけが目的であって，ただ生きることの欲望の外に，「……のために」という目的はもたない。だから，ショーペンハウアーは，「盲目的な (blinder) 意志」と呼んだのだ。たとえわたしという個体が死んでも，他の無数の個体が種族としての人類を引き継ぐであろう。さらに，たとえ人類がすべて滅んでも，他の生物が無生物も含めて，この存在への意志（欲望）を引き継ぐであろう。わたしたちは現在，地球温暖化問題等に関して人間世界（人間圏）[8]の持続可能性をさかんに唱えているが，人間のサバイバルとしては当然のことながら，自然全体のなかからすれば，人間が生存しようが死滅しようが，宇宙には全くかかわりのないことである（ここで問題となる価値の問題は後に取り上げる）。

　こういう意味において，ショーペンハウアーは「意志の不滅」を説いた。

---

6) 同前。
7) 同前書，247頁参照。生物学者の見解については，次を参照。M.ルース『ダーウィンとデザイン―進化に目的はあるのか？―』（佐倉・土・矢島訳，共立出版，2008年）。最終的にルースは，目的があるとかないとか，そういう議論から離れて，神と邂逅するような「美」の体験で締めくくっている（322頁）。科学者が至る境地については，立花隆『宇宙からの帰還』（中公文庫，1985年）も参照。立花がいうように，根源的な「なぜ」（なぜ存在するのか）に，科学は答えることができないのである（304頁）。
8) たとえば，次を参照。松井孝典『宇宙生命，そして「人間圏」』（ワック，2005年）。

「樹木の葉とちょうど同じように，人間の世代がある」[9]。木の根や幹や枝は「生への意志」。わたしたち個々人は，季節ごと世代ごとに入れ替わるそれぞれの「葉」である。枯葉となって寿命を全うするものもあれば，若芽でかれてしまうもの，摘まれてしまうものもあろう。(あるいは，ショーペンハウアーによれば，入れ替わり立ち替わりわいてくるハエと同じ。)

　ただし，この木の根(意志や欲望)はいったいどこに根ざしているのか。この気づきが，次章で見るセンス・オブ・ワンダーであり，そしてスピリチュアリティであることは，いうまでもない[10]。ショーペンハウアーは，「無限の現在にとっては，死は，個人にとっての眠りに，目にとってのまばたきに等しい」[11]という。

　人間や動物は死によって，一見消滅したようであっても，その真の本質は，なんら妨げられることなく存続する[12]。

こうしたショーペンハウアーの思想は，周知のように，ニーチェの(救いでもあり地獄でもあるような) 永劫回帰に影響を及ぼす。

　彼から大きな影響を受けたニーチェの思想の中心も，やはり「力」の強調にある。「力への意志」(Wille zur Macht)。これは主体なき意志である。つまり，始まりも終わりももたない。「われわれはなにかをしようと意志することはできる。だが，なにかをする意志を意志することはできない」[13]。意志を生き物の基本とする人々にとっては，欲望そのものを教育することは不可能である。これは，もともとあるもの以外の何ものでもないのだから。キルケゴールがいったように[14]，無から有を作り出すことは教育にはできな

---

9) ショーペンハウアー前掲書，86頁。
10) N. ノディングズ『幸せのための教育』(山﨑洋子・菱刈晃夫監訳，知泉書館，2008年)，監訳者あとがき参照。
11) ショーペンハウアー前掲書，87頁。
12) 同前。
13) 貫成人『ニーチェ―すべてを思いきるために：力への意志―』(青灯社，2007年)，125頁。
14) 拙著『近代教育思想の源流―スピリチュアリティと教育―』(成文堂，2005年)，132頁以降参照。

い。それは，神の役割である。

　よく「学ぶ意欲」の教育とか，「生きる力」の教育とかいわれるが，生き物としての根源に作動する意志や欲望は，そうした認識や作為の圏外にある原動力であり，これに教育が手をつけることなどできはしない。何を意志しようか，何を選択しようか，という点ではルターのいう「選択の自由意志」(liberum arbitrium) は認められるが，第2章2節で見たように，意志そのもの（欲望）を自由に操作することはできない。何を選択するかに向けての援助や動機づけに対して「学ぶ意欲」の刺激はできても，生きる力は，そもそも教育の対象にはならないことを，これらの思想家は示唆しているといえよう。教育は万能ではない[15]。

　さて，ただ生きようとするがために生きるだけ，というこの意志と欲望を本質とするわたしたち人間。ただ生きるのではなく善く生きるべし，と説いたソクラテスは自然本来の人間ではない。彼は，すでに真・善・美・正義という価値とイデアの世界を有するヒューマナイズされたパイデイア（教育の結果として教養）を具えた「人間」である[16]。この特異な人間化の過程を，文明化，後に近代化ともいう。が，この文明化がひとつのピークに達する啓蒙時代，「人間」以前の人間をドラマチックな小説として極端に表現したもうひとりの「教養」人，サドの思想にも再び簡単に触れておこう。

　彼もまた，永遠に続くエロスの現実態として，この世界や人間を表現して

---

[15] 次を参照。広田照幸『教育には何ができないか―教育神話の解体と再生の試み―』（春秋社，2003年），苅谷剛彦・増田ユリヤ『欲ばり過ぎるニッポンの教育』（講談社現代新書，2006年）。

[16] 意識的で合理的な主体，自由で自律的な主体という近代の人間観を準備するものともいえよう。ソクラテス自身は，ダイモニオンの声に従うなどと述べてはいるが。現代では，脳神経倫理学（neuroethics）という分野まで登場しているように，意識的合理的な選択の自由意志がどこまで可能なのか，脳科学の成果を踏まえて根本的な問題が提起されてきている。たとえば，次を参照。信原幸弘・原塑編『脳神経倫理学の展望』（勁草書房，2008年）。道徳教育においてこれほど感情が問題とされるのも，わたしたちが従来考えられてきたほど意識的・合理的主体ではないということが実感されてきているからであろう。しかし，わたしたちはその無意識のメカニズムをどこまでも意識的に解明し，さらに操作しようと意志せざるをえない。その心理学的探究の一端がEIである。

いる。それは，別に何もない虚無でもあり，永遠に在る世界，色即是空・空即是色のような「いま・ここ」である。さまざまな価値や，その究極のイデアとしての神を立てるキリスト教神父との対話編のなかで，サドは臨終の男に，こういわせている。

> 実際，虚無の教義以外のものはすべて高慢ちきな精神の所産です。それ〔虚無の教義〕のみが理性の賜物です。それにしても，この虚無というやつを怖ろしいものに見立てたり，威圧的なものに思ったりするのは間違いです。自然界の万物が後から永遠に生産されて行くさまは，われわれの親しく目にするところではないでしょうか？　どんなものだって，滅んでなくなってしまうということはありません。そうですとも神父さん，この世のものは決して壊滅しはしないのです。今日人間だったものが明日は蛆虫となり，明後日は蝿となって生きるとすれば，永遠に存在することとちっとも変りはないではありませんか？[17]

つまり，「いま・ここ」だけがすべてであり，それは絶えざる変化と変容である。すべては生成の渦中にある。ただそれだけ。生とか死とかいう表象は，自己認識をもつ人間という生き物のみが名づけた，生成の一側面にしかすぎない。こうした思想を，サドは同時代のドルバックやド・ラ・メトリ（Julien Offroy de La Mettrie, 1709-1751）から受け継いでいる。彼らもまた起源をたどれば，古代ギリシアのエンペドクレス（Empedokles, 前493頃-433頃）やローマのオウィディウス（Publius Ovidius Naso, 前43-後17頃）やプルタルコス（Plutarchos, 46頃-120以後）に行きつく[18]。ちなみに，オウィディウスは『変身物語』で，こう語る。

> どんなものも，固有の姿を持ちつづけるということはない。万物の更新者である自然が，ひとつの形を別の形につくり変えていく。わたしの言葉を信じてもらいたいのだが，この全世界に，何ひとつ滅びるものはないの

---

17)　M. サド『悲惨物語』（澁澤龍彦訳，現代理想社，1976年），219頁。
18)　秋吉良人『サド―切断と衝突の哲学―』（白水社，2007年），145頁以降参照。

だ。さまざまに変化し，新しい姿をとってゆくというだけのことなのだ。生まれるとは，前とは違ったものになることの始まりをいい，死とは，前と同じ状態をやめることをいう。あちらのものがこちらへ，こちらのものがあちらへ移行することがあるかもしれないが，しかし，総体からいえば，すべては不変だ[19]。

プルタルコスも同様の指摘を行っているが[20]，それはエンペドクレスからの引用である。彼によれば，世界はすべて4元素から成り立ち，常に生成流転している。断片129より。

凡て死すべきものどもの何ものにも〔元来〕生誕もなく，また呪うべき死の週末もなし。むしろただ混合と混合せられたるもの〔元素〕の分離とがあるのみ。生誕とは人間どもの間で，それに対してつけられた名前にすぎぬ[21]。

このように，人間存在を含めた万物を，自然の永遠の生成の相の下に眺める見方は，ある意味わたしたち日本人にとっては，諸行無常や「自然」（じねん）として感覚的に納得できるものかもしれない[22]。

さてそこで，サドは，わたしたちの存在そのものを含みこむ自然の運動の代弁者，あるいは器官として情念をもち出す。自然の運動とは，むろん生と死の流転である。

自然がぼくたちの中に生じさせるすべての衝動は，自然の法則を代弁する声なのだ。人間の情念は，自然が目的を達成しようとして用いる手だてでしかない。自然は人間が必要になれば，ぼくたちに愛を吹き込む。それが創造だ。破壊が必要になれば，自然はぼくたちの心に，復讐心や貪欲，色

---

[19] オウィディウス『変身物語（下）』（中村善也訳，岩波文庫，1984年），311-312頁。
[20] プルタルコス『モラリア 14』（戸塚七郎訳，京都大学学術出版会，1997年），97頁以降参照。
[21] 山本光雄訳編『初期ギリシア哲学者断片集』（岩波書店，1958年），55頁。
[22] 木田元『反哲学入門』（新潮社，2007年），22頁以降参照。

欲や野心といったものを生じさせる。それが殺人なのだ。だが，自然はつねに自分のために活動してきた。そして，ぼくたちは自然の気まぐれに使われるおめでたい手先となってきたのに，それに気づかないでいる[23]。

わたしたち人間存在もまた，サドにいわせれば，自然の現実態，ヒュームとは違うニュアンスをもった情念の奴隷である。が，この情念は自然のものであるがゆえに，すべてが肯定される。これが，サドの思想の一端である[24]。サドもまた，ショーペンハウアーやニーチェと同様，人間存在の根幹に，ただ生成するだけの自然，意志，欲望，そしてその手だてとしての情念を見出したのであった。

さらに，ド・ラ・メトリは人間もまた「機械」のようなものであって，否「機械」そのものであって，全世界には「種々雑多な様相化の与えられた唯一つの物質が存在するのみ」[25]だという。人間は，ただ理性をもち，道徳に関する確実な本能をもって生まれてきた。ただそれだけであって，他の存在ととくに変わるところはない。つまり，ここに神という「不自然」な存在者を立てる必要は，全くないという。「自然の世界において，死は数学における零のごときものである」[26]。それ以上や以下を求めることはできず，わたしたちは大人しく無知に服従すべきである，と彼はいう。

よって，サドもまた神を否定し，これを妄想としながら，次のように述べている。

人類の全道徳は，次の一語のうちに含まれております，すなわち「みずから幸福たらんとせば，これを他にも施すべし」そして，他より害を受けたくなければ，決して他にも害を及ぼすなです。

これこそ神父さん，これこそ，われわれが従わねばならぬ唯一の原理で

---

23) M. サド『ジュスチーヌまたは美徳の不幸』(植田祐次訳，岩波文庫，2001年)，134頁。
24) 詳しくは，秋吉前掲書参照。
25) ド・ラ・メトリ『人間機械論』(杉捷夫訳，岩波文庫，1932年)，134頁。
26) 同前書，34頁。

す。この原理を受け容れ承諾するためには，別だん宗教も神も要りません。一箇の善き心さえあれば足りるのです[27]。

以上，人間の本能，すなわち自然のなかに人間の生を位置づけた思想を振り返ってみた。自然は自然であることそれ自体を目的としていて，何かのためにという目的を有してはいない。この点で，自然に目的などない。自然は無目的である。やはりショーペンハウアーに大きな影響を及ぼしたベーメ (Jakob Böhme, 1575-1624) は「はじめに欲動（Sucht）ありき」といった[28]。この運動のなかに人間も組み込まれている。

が，もちろんこうした教説には満足しきれず，不安なのが人間である。ただ生きているだけで幸せとはいえないのが，これもまた欲望の塊としての人間。自然としての人生に目的はない。しかし，わたしたちは，この無目的の生に，さまざまな目的を創作するようになる。そのほうが，生きやすいからである。あるいは，先の虚無や生成や流転では耐えられない，と思うほど我欲が深いからである。

ともかく，人間自然のなかに道徳の原理はすでに埋め込まれていて，わたしたちは理性によってこれに従えばそれだけでよい，との哲学者たちの指摘は[29]，現代の進化心理学者たちからも，形を変えて支持されている[30]。神を妄想するほどの欲望をもつ人間にとって，この欲望の制御は，現代においてどう作動するのであろうか。善き心に生きる道徳は，どう実現されるのであろうか。順に見てみよう。

---

27) サド前掲『悲惨物語』，222頁。
28) 詳しくは前掲拙著，240頁以降参照。
29) メランヒトンもまたそうである。詳しくは，次を参照。拙著『ルターとメランヒトンの教育思想研究序説』（渓水社，2001年）。
30) たとえば，次を参照。R. ウィンストン『人間の本能―心にひそむ進化の過去―』（鈴木光太郎訳，新曜社，2008年）。あわせて H.ガードナー『MI：個性を生かす多重知能の理論』（松村暢隆訳，新曜社，2001年），102頁も。

2節　情動知能（エモーショナル・インテリジェンス）をめぐって

　生き物としての人間の本質は，欲望にあることが確認された。欲望は，わたしたち人間のすべての行動の動因である。が，何がこれを突き動かしているのか。しかも，これは何を目指しているのか。原因と目的について，わたしたちが無知であることも確認された。ただ，わたしたちは生物として，生きようとする本能をもつ。ダーウィンは，他の動物の利益になるように生じた本能などないという。ただし，個々の動物は他の動物の本能を利用する，と[31]。ウィンストンは，これに関して次のように述べている。

　　ダーウィンは，本能が私たちをよき人間にするために「デザイン」されているわけでも，種全体の利益を促進するためにデザインされているわけでもない，ということをよく理解していた。本能は，ひたすら個体の遺伝的成功を追求することを通してのみ生じ，したがってこれらの遺伝子の生き残りと複製の確率を高める特性なら，どんな特性もうまくいき，広まる[32]。

　まさに，わたしたちはドーキンスがいうところの遺伝子の乗り物かもしれない。あるいは，先のサドの言葉で表現すれば「自然の手先」である。繰り返して確認するが，「自然淘汰のプロセスに倫理的価値があるわけではない。自然淘汰は，その本質から言って，倫理的に良いも悪いもなく，ランダムな突然変異にもとづくプロセスである」[33]。自然に，そしてその手先である生物としての人間に，その存在が善とか悪とかいう倫理的価値は，ダーウィンらによれば，全くない。それは，前節で取り上げた思想家にも共通する認識である。認識以前の主体なき意志や欲望は，ただ「あるがゆえにある」だけ

---

[31]　ウィンストン前掲書，252頁。
[32]　同前。
[33]　同前書，242-243頁。

である。これに、わたしたちはみな駆動されてサバイバルを続けている。アーヴィンは、この駆動力を、生物学的(バイオロジカル)インセンティヴ・システム（略してBIS）と名づけた。生物学的誘因システムが、わたしたち人間には、ひとり残らず内部に埋め込まれている[34]。

さて、このBISは、何を欲するか欲しないか、あるいは好き嫌いという情動として、わたしたちの内側でまず発動する。ルドゥーが『エモーショナル・ブレイン―情動の脳科学―』[35]で明らかにしたように、こうした情動「即」行動が、生物の自然の姿であり、これは無意識的に生じる。

> 動物の世界では、意識化されないことは、例外的というよりも、むしろ無意識が精神的世界の常態なのである。（中略）情動反応の大部分は意識下で生じる。意識は精神という氷山の一角であると述べたフロイトは正しかったのだ[36]。

ただし、人間だけが生物学的進化の末に、この情動をモニターする知性や理性を獲得した。いまでも無意識に生じる情動経験を感情として意識化することができるようになった。言語化できるようになった。そして、ある程度の制御も可能になった。まさに「情動の脳科学」研究は、そうしたコントロールに向けた探究の成果である。

ともかく情動は、生物学的に必要不可欠であるがゆえに具わる機能である。人間にとって、何千年か何万年後かに、こうした機能がどう進化しているかは分からないが、しかし、この情動が、現代社会に生きるわたしたちにとって、極めてやっかいな問題を引き起こしていることは、確かである。「進化史的に見たとき、現時点でのわれわれの脳の回路では、情動系から認知系への結合のほうが、認知系から情動系へのそれよりもはるかに強い」[37]。

---

[34] W. B. アーヴィン『欲望について』（竹内和世訳、白揚社、2007年）、143頁参照。
[35] J. ルドゥー『エモーショナル・ブレイン―情動の脳科学―』（松本元ほか訳、東京大学出版会、2003年）。
[36] 同前書、21-22頁。
[37] 同前書、23-24頁。

結果として、さまざまな問題、ひいては心の病理まであらわれるようになる。

　一度情動が起きると、それはその後の行動を強力に動機づける。情動は、その時々の行動の途中で計画を立てたり長期的な目標達成に向けて邁進する原動力になるだけでなく、一瞬一瞬に変わる行動経過を方向づけもする。しかし、情動はまたトラブルの種でもある。恐怖が不安になり、欲望が貪欲に変化したとき、いらだちが怒りになり、怒りが嫌悪に、友情が嫉妬に、愛が独占欲に、快楽が中毒になったとき、情動はわれわれを裏切りはじめる。心の健康は情動の衛生管理によって保たれるが、心の問題はかなりの程度までは情動の秩序が壊されたことの表れである。情動は有益な結果をもたらすこともあるし、病理的な結果を招くこともあるのだ[38]。

　こうした不調和な人間の悲惨な状態を指して、すでに見たエラスムスは、「私はあなた〔情念や情動〕と一緒に生きることができないし、さりとてあなたなしに生きることもできない」(nec tecum possum vivere nec sine te.) と嘆いたのであった。現状はエラスムスの時代と何ら変わらない。脳内で理性と情熱 (passion) が調和的に統合されるのが理想であり[39]、これをアリストテレスなら、「中庸」とか「節制」とか (mediocritas) と呼んだであろう[40]。メランヒトンなら、正しい理性の判断に従おうと心を向ける習慣 (habitus) が徳 (virtus) である、と述べる。徳とは「人間」ならではの習慣であり、その原理は理性に基づいている。こうした徳の形成が教育であり、さらに現代的に表現すれば、道徳教育ということになる。

　そこで、ようやく20年ほど前から、心理学の分野においても、情動の制御に関してEIということがいわれはじめた。さらに現代では進化発達心理学はもとより、先のルドゥーの優れた研究も含めて、脳科学の分野においても

---

[38]　同前書、24頁。
[39]　同前書、25頁。
[40]　アリストテレス『ニコマコス倫理学（上）』（高田三郎訳、岩波文庫、2009年）、154頁以降参照。

日々研究が進められている。EIとは，まさしく「正しい理性の判断に従おうと心を向ける習慣」を形成するためのカギとなる概念であり，結果として人間としての徳，つまり道徳(モラル)の形成に資するであろう。

梶田がいうように，「人は，基本的に『欲求・欲望』の塊である。この『欲求・欲望』は，何よりもまず生命力であるが，これと直結しているのが，喜・怒・哀・楽といった情動であり，貪・瞋・痴・慢・疑・見といった煩悩である」[41]。そこで，次の３つの能力が提唱される[42]。

① 自己統制力・・・「欲求・欲望」をコントロールし，方向づける働き。
② 現実検証力・・・周囲の状況や自己の立場，置かれた場所等々を見てとり，それに最も適合した形で「欲求・欲望」を実現しようとする働き。
③ 価値志向力・・・自分のそのときその場の現実的利害を超えてでも真・善・美・聖などの価値を実現したいという働き。

梶田は，このいずれもが現代の教育課題であり，とりわけ欲望の肥大は「快感原則」の社会的全面肯定の風潮により著しく，自己統制力は危機に瀕しているという。モラルは，これら３つの能力のすべてが動員されて，はじめて実現される習慣だといえよう。とくに最初の自己統制力のなかでEIは，大きな役割を果たす。では，EIについて見る前に，IQ（知能指数）の方面からも，EIに相当する知能を提唱したガードナーの多重知能（Multiple Intelligence: MI）について確認しておきたい。

端的にいって，古代ギリシア以来，メランヒトンもそうであったが，西洋文化圏では「知性ある人」は理想の人間像とされてきた。しかも，この知性に従って生活のすべてが制御されている人が。ゆえに，教育課程においても，古典言語や数学，幾何学などの科目が伝統的に重要とされてきた[43]。現

---

41) 松村京子編『情動知能を育む教育―「人間発達科」の試み―』（ナカニシヤ出版，2006年），ⅰ頁。
42) 同前書，ⅰ-ⅱ頁。
43) ガードナー前掲書，２頁参照。あわせてノディングズ前掲書，15頁以下参照。

代に近づくにつれて，こうした知性の能力は，知能として確定され，これをテストすることが試みられ始めた。知能測定とか知能指数とかいわれるものである。しかし，現代では，こうした知能指数や知性のみを重視したカリキュラムに対して，大きな疑問が投げかけられ，人間が有する知性以外のさまざまな能力にも関心が集まってきている[44]。ガードナーは，そこでMIを提唱した。

彼は知能を「情報を処理する生物心理学的な潜在能力であって，ある文化で価値のある課題を解決したり成果を創造したりするような，文化的な場面で活性化されることができるようなもの」[45]としている。知能は，見たり数えたりできるものではない。これは，神経的な潜在能力である。各人が有する潜在能力は，環境次第で，活性化されたりされなかったりする。彼は，当初7つの知能を提唱した[46]。①言語的知能，②論理数学的知能，③音楽的知能，④身体運動的知能，⑤空間的知能，⑥対人的知能，⑦内省的知能である。

①と②は，いわゆる学校教育課程において，伝統的に重視されてきた知能であり，まさしく知性ある人という理想的人間の形成に役立てられる。が，とりわけ，EIと関連してくるのはむろん，⑥と⑦の「個人的知能」である。詳しく見ておこう[47]。

> 対人的知能・・・他人の意図や動機づけ，欲求を理解して，その結果，他人とうまくやっていく能力。外交販売員，教師，臨床医，宗教的指導者，政治的指導者，俳優には，すべて鋭い対人的知能が必要。
> 内省的知能・・・自分自身を理解する能力に関係する。自分自身の欲望や恐怖，能力も含めて，自己の効果的な作業モデルをもち，そのような情報を自分の生活を統制するために効果

---

44) ノディングズ前掲書，260頁以降参照。
45) ガードナー前掲書，46-47頁。
46) 同前書，58-61頁。
47) 同前書，60頁参照。

的に用いる能力に関係。

　ガードナーは，人間はこうした7つか8つ，あるいは10以上の基本的な知能を，（進化の結果）潜在能力として具える生き物だという。これらは，自分の性向や文化に応じて，動員され連結される，と。先の，真・善・美・聖という価値志向についていえば，とくに聖とのかかわり，いわゆるスピリチュアルなものとのかかわりに関する能力については，「究極的なこと」をめぐる関心として，（決して霊的知能ではなく）⑧実存的知能を，ガードナーは提唱している。さらに，彼は道徳的知能についても言及しているが，しかし，道徳は一種の文化的価値体系であって，個々人がその価値体系を順守するか破壊するかは，個人の選択と決断によるとしている。つまり，「どの知能もそれ自体は，道徳的でも不道徳でもない」のであって，「知能は厳密には道徳とは無関係であり，どんな知能でも，建設的にも破壊的にももちいることができる」[48]という点が大切である。道徳的知能は，その人のパーソナリティや性格についての記述である。ガードナー自身，道徳は知能よりずっと重要かもしれないが，道徳と知能とを混同してはならない，と価値中立の立場をとり，研究者として必要な自己抑制をしている[49]。たとえば，第1節で見たような思想家たちは，ほとんどがいわゆる道徳的な在り方・生き方からはほど遠い人たちであったといえるであろう。だが，先の8つの内のいくつかの知能を多重に連結・動員して，道徳教育に重要な示唆を与え続ける作品を残した。よって，道徳教育という，否が応でも価値志向的な営みにおける最終局面は，やはり何を価値ありとして，その実現のためにどういう手段や方法を選択するかにかかわらざるをえないことになる。が，この問題は次節で取り上げることにしよう。

　さて，ガードナーの唱える対人的知能と内省的知能は，EIと大きく関係する。EIは，ゴールマンの著書『EQ―こころの知能指数―』[50]により，日

---

[48] 同前書，63頁。
[49] 道徳的知能については，R. コールズ『モラル・インテリジェンス―子どものこころの育て方―』（常田景子訳，朝日新聞社，1998年）がある。
[50] D. ゴールマン『EQ―こころの知能指数―』（土屋京子訳，講談社＋α文庫，1998年）。

本でも有名となった。ゴールマン自身は EQ（情動指数）という言葉を用い
てはいないが，周知のとおり，ともかく彼の *Emotional Intelligence* によっ
て，情動知能に対する関心が飛躍的に高まった[51]。その定義はいまださまざ
まであるが，まず情動知能の先駆者であるサロベイとメイヤーのものは，こ
うである。

> 情動知能とは，情動の意味および複数の情動の間の関係を認識する能力，
> ならびにこれらの認識に基づいて思考し，問題を解決する能力をいう。情
> 動知能は，情動を知覚する能力，情動（emotion）から生じる感情（feel-
> ing）を消化する能力，情動から情報を理解する能力，情動を管理する能
> 力に関与する[52]。

ゴールマンは，EI の 5 つの領域を定義する。

> 自己の情動を知ること・・・情動の管理・・・自らの動機付け・・・他者
> の情動の認識・・・人間関係への対応[53]。

このように，情動知能の構成要素やその名称は研究者によって多少の違いは
あるものの，上記のように，およそ 4 つから 5 つに分けられよう。ゴールマ
ンに従えば，次のように整理される[54]。

> ①自己アウェアネス（覚知）・・・正確な自己評価，自信
> ②自己制御・・・自制，（他者の目から見た）信頼可能性，良心的であるこ
> 　　　　　　　と，適応力，創意性
> ③動機づけ・・・達成意欲，コミットメント，自発性，楽観性
> ④共感・・・他者への理解，他者を育成，他者に役立とうとすること，多

---

51) J. チャロキー・J. P. フォーガス・J. D. メイヤー編『エモーショナル・インテリジ
　　ェンス―日常生活における情動知能の科学的研究―』（中里浩明ほか訳，ナカニシヤ
　　出版，2005年），3 頁以降参照。
52) 同前書，10頁。
53) 同前。
54) 同前書，11頁。

様性の奨励，政治意識
⑤対人的スキル・・・影響力の行使，意思疎通，争いの調停，リーダーシップ，主導者の適切な交代，絆の形成，協力，チームワーク

　サロベイとメイヤーに符合させれば，①は，情動を正確に知覚する能力，②は，思考を促進するために情動を利用する能力，③は，情動とその意味を理解する能力，④は，情動を管理する能力，とされる[55]。
　このように，これらの要素から構成される情動知能が，いかに先の対人的知能および内省的知能とかかわるかが理解できよう。さらに，「究極的なこと」に関する実存的知能は，道徳教育が目指すべき最終的な価値の問題—人間のある「べき」在り方・生き方—と関係してくることは，容易に予想できるであろう。しかし，これは当為（sollen）と，さらには信仰の領域となるがゆえに，知能そのものの働きとは区別されたのであった。
　わたしたちは，日常生活を送る上で，常に情動の運動の渦中にあって，日々刻々と生起してくる出来事に対して，情動をベースにして（ほとんど無意識的に）行為している。が，自己の情動を適切に知覚し，表現し，理解し，管理することは，極めて重要である。しかも，これらは他者の情動の適確な知覚や理解とも連動している。あるいは，人間以外の動物や生物とも[56]。自己の情動の奴隷となり，ゴールマンの言葉でいえば，情動にハイジャックされた場合，どのような恐ろしい事態が起こるかを，わたしたちは日常的に経験している。だからこそ，情動知能は，わたしたち1人ひとりが幸せに「よりよく」生きるために，必要不可欠な能力なのである。
　ただし，これはガードナーのいうように，潜在能力である点に注意しなければならない。教育によって，的確に育まれない限り，これらが情動知能として作動することはありえない。この重要な役割を担うのが，まず家庭であり，そして学校であることは，いうまでもない。

---

55) 同前．
56) ノディングズ前掲書，208頁以降参照．

情動知能は，スキルのまとまりとして形成されるものであり，そのスキルのほとんどは，教育を通して発達させることができる。したがって，情動知能を促進するための最適の環境が学校だと位置づけることは，まったく驚くべきことではない。ゴールマンは，学校を，「子どもたちの情動的，社会的コンピテンスの不足を調整するための１つのコミュニティの場所」と位置づけている。情動的なスキルの学習は，もちろん家庭で始まるが，しかし，子どもたちは，学校に入学すると，家庭とは違った「情動的な出来事が始まる場所」を経験する。このように，学校とは，教えるということだけではなく，子どもの情動的なスキルを再調整するという新たな挑戦に直面しているといえる。この挑戦は，従来からの基本的なカリキュラムのなかにある読み書きの能力に，情動的な能力を追加し，学校現場に，情動的なスキルの発達や適用を促進する雰囲気を作るというものである[57]。

このためのさまざまな取り組みが，アメリカでは，ゴールマンらを中心に進められている。CASEL (Collaborative to Advance Social and Emotional Learning) もそのひとつである[58]。後ろの頭文字をとった SEL は，日本の学校においても，必要不可欠の課題であるといえよう。さらに，道徳教育の基礎をも形成するであろう。

他者の考えていることや感じていることが察知できない障害として自閉症があげられるが，彼らには「心の理論」，つまり他者の視点からものを見る能力が欠けている。これは，「心が読めない障害」（マインド・ブラインドネス）ともいわれる[59]。わたしたちは，長い進化の過程において，他者の心の状態や情動を的確に察知することが，いかに重要かを経験してきた。たとえば，ある危機的な場面で，他者―人間以外の動物も含めて―からのわたしに対する怒りの情動表現が的確に知覚できなければ，わたしは危ない状況に至

---

[57] J. チャロキー前掲書，174頁。
[58] 同前書，174頁以降参照。あわせて，www.CASEL.org. も参照。
[59] ウィンストン前掲書，397頁参照。あわせて D. F. ビョークランド・A. D. ペレグリーニ『進化発達心理学―ヒトの本性の起源―』（無藤隆監訳，新曜社，2008年），218頁以下参照。

るであろう。個々の人間がサバイバルしていく上で，こうした他者への共感は，欠くことのできないスキルともいえる。近年の脳科学では，ミラーニューロンがそうした役割を担うという[60]。

ともかく，こうした危険な状況をなるべく回避し，個々人が「よりよく」生きていくためには EI に基づく共感が必須であり，これこそが道徳性の起源であることがよく理解できよう。いわゆるモラル・センスの根幹は，EI による共感から成り立っている。これを育む大切な場所が，家庭であり，学校である。

3節　道徳教育につながる EI の育み——ペスタロッチを手がかりに——

西洋教育史を振り返れば，すでに前記したような意味での家庭と学校の重要性を声高に唱えた有名な教育者がいた。それが，ペスタロッチ（Johann Heinrich Pestalozzi, 1746-1827）である。以下『シュタンツだより』[61]を手がかりに，ペスタロッチが，現代いうところの EI をどのようにして育もうとしたのかを見ることにしよう。これは，道徳教育と直結している。

わたしはもともとわたしの企図によって，家庭教育のもつ長所は学校教育によって模倣されねばならないということ，また後者は前者を模倣することによって初めて人類に何か貢献するということを証明しようと思った[62]。

周知のように，ペスタロッチは，家庭での人間関係，とりわけ居間での母の温かい眼差しを人間教育の基礎にすえる。

いやしくもよい人間教育は，居間におる母の眼が毎日毎時，その子の精神

---

[60] ウィンストン前掲書，399頁以降参照。
[61] J. H. ペスタロッチ『隠者の夕暮・シュタンツだより』（長田新訳，岩波文庫，1993年）。
[62] 同前書，54頁。

状態のあらゆる変化を確実に彼の眼と口と額とに読むことを要求する[63]。

これこそ，極めて愛情深く高度なEIに基づく共感以外の何ものでもない。まず，両親による共感を基礎にした家庭の上に，次に学校教育が構築されねばならない。が，これは現代においても難問である。だからこそ，スクールホームといったことが提唱されるのだが[64]，ともかくこうした家庭をまさにホームベースとして，子どもは何をまず欲求あるいは欲望するであろうか。

> 子供は自分の愛するものは何でも欲する。彼に名誉をもたらすものは何でも欲する。彼の大きな期待を鼓舞するものは何でも欲する。彼に力を与えるもの「ぼくにはそれができる」と子供に言わせるものは何でも欲する。
> しかしこうした意欲は言葉によって生み出されるのではなくて，あらゆる方面に子供が注意し，このあらゆる方面の注意によって彼の心に喚起される感情と力とによって生み出される。言葉は事がらそのものを与えるものではなくて，事がらについての明瞭な理解力ないし意識を与えるだけだ[65]。

子どもという生物の根源に，欲望や意欲，そして感情と力があることを適切に捉えたペスタロッチの教育理論は，リアルな人間の本質をうまくいい当てていたといえよう。ただし，次の点はペスタロッチの信仰，すなわち価値の問題にかかわり，道徳教育の目指すべき方向性を規定する確信である。

> 人間は心から喜んで善を欲し，子供もまた心から喜んで善に耳傾けるものではあるが，しかしそれは教師よ，汝のためでもなければ，教育者よ，汝のためでもなくて，自己自身のために欲するのだ。汝が子供を導く目標である善は，汝の気まぐれや発作的な思いつきを許すものではなくて，事がらの性質上それ自身善でなければならないし，また子供は善を欲する前

---

63) 同前。
64) たとえば，次を参照。J. R. マーティン『スクールホーム―〈ケア〉する学校―』（生田久美子監訳，東京大学出版会，2007年）。あるいはN.ノディングズ『学校におけるケアの挑戦―もう一つの教育を求めて―』（佐藤学監訳，ゆみる出版，2007年）。
65) ペスタロッチ前掲書，55頁。

3節　道徳教育につながるEIの育み　　199

に，自己の身辺の事情なり自己の必要なりから，汝の意志の必要性をしみじみと感じていなければならない[66]。

あくまでも「自分自身」のために「善」価値を欲望する，という点が重要である。欲望に生き物としての本能が根ざしているのだが，それがペスタロッチの場合は，「善」として価値づけされているところが，いかにも教育者(ペダゴーグ)らしい。さらに，子どもはそうした価値を，まず「感じて」いなければならないという点。現代アメリカの教育学者・ノディングズの言葉でいい換えれば[67]，インフェアード・ニーズ（他者から推測された必要性）が自分自身のニーズだと，まず感じられる状況が前提されている，という点である。つまり，子どもが「善」価値へと向かう際には，あるいは向かわせる際には，必然的に向かわざるをえない情動的・感情的シチュエーションが必要不可欠である，ということをペスタロッチは強調している。あるいは，次のようにもいわれている。「汝の児童は善を欲する前に，汝の意志の必然性を自己の状態と必要とに従って感じなければならない」[68]。決して「言葉はことがらそのものを与えるものではない」のである。これが道徳教育のスタート地点である。よって，こう述べられる。

　このようにわたしはどんな徳でも口で言う前にまず感情を喚起した。なぜかといえば子供が自分で言うことが自分でわからないようなことは，どんなことでも子供と語り合うのは悪いと思ったからだ[69]。

言葉や概念よりもまず大切なのは感情体験である。豊かな情動と感情をたっぷりと味わい尽くさせることである。わたしたち人間という生物が根ざす情動と感情という大地から，本当にその価値が必然的に感じられない限り，言語によって与えられた概念は，生きた力をもたない砂上の楼閣となってしまう。道徳においては，まさにこれが当てはまるであろう。「言葉や概念には

---

66)　同前。
67)　ノディングズ前掲『幸せのための教育』，85頁以降参照。
68)　ペスタロッチ前掲書，112頁，注21。
69)　同前書，72頁。

よらずに直下に生命主観の本質としての感情を触発する」[70]。ここに，ペスタロッチの道徳教育法は基づいている。あるいは，福田は次のように指摘している。

> ペスタロッチは，道徳的実践能力，つまり人間が真理や正義を実践する能力は，その本質において，高度で純粋な，そして総合的な一種の「感覚」（Sinn）にほかならない，と主張する。言葉を用いての思考でもなければ，知的裏付けのある判断でもなく，それは感覚なのである[71]。

わたしたち人間の自然本性には，こうした道徳への感覚が予め植えつけられ具わっている。メランヒトンの伝統的な思考とも相通じる原理を共有しながらも，より現代に近いペスタロッチは，身体感覚による直観を大切にする。言葉以前の体験，そして経験。

> かくして，ペスタロッチにおいては，道徳教育も，究極的な意味においては，人為の術のよくするところではない。むしろ，術としての教育に可能なことは，人間の内奥に神によって与えられている基礎的資質が自然に展開できるような条件を作り出すことにとどまる，とさえいえよう[72]。

要するに，潜在能力としてのモラル・センスの覚醒と育成。ペスタロッチによれば，これは3つのステップから成る。

> 道徳の基礎的陶冶の範囲は一般に三つの見地に立っている。すなわち純真な感情によって道徳的情緒を喚起すること，正しくかつ善良なもののなかで克己と奮励とをさせて道徳的訓練を行うこと，最後にすでに子供が自分の生活と境遇とを通じて立つ正義関係と道徳関係とを熟慮させ比較させることによって道徳的見解を養うことだ[73]。

---

70) 同前書，114頁，注40。
71) 福田弘『人間性尊重教育の思想と実践―ペスタロッチ研究序説―』（明石書店，2002年），194頁。
72) 同前書，195頁。
73) ペスタロッチ前掲書，78頁。

①道徳感情の喚起，②道徳的訓練，③道徳の概念化というように，まずは感情・情緒・情動に訴えかけること。これが，ペスタロッチにおける道徳教育論の要であることは，明らかである。EI が注目されるはるか以前。すでにペスタロッチは，モラル・ライフの根底に，情動に働きかける教育の必要性と必然性とを指摘していたのであった。その重要な発端は，だれよりもまず母親との関係にある。

* * *

　道徳は決して概念として教えられるような科目や教科ではない。言葉以前，わたしたち人間の自然に，生き物としての本質にある欲望と意志，そして情動と感情に根ざすものでなければならない。言語によって注入された徳育や修身が，いかに無力なものであったかは，わたしたち日本人がすでに経験済みである。よく若者のマナーやモラルが問題とされるが，かつて厳しい道徳教育を受けたはずの人々のマナーやモラルなども，かなりあやしいではないか。欲望の水路づけ・方向づけとしての道徳教育は，あくまでも人間の内なる本性としての EI に根ざすものでなければ，無効である。しかも，「よりよい」本性を想定しなければ，信じなければ，やはり教育という営みそのものも，成立しえないであろう。ここに価値の問題を不問にしたままでは，道徳教育は無為に終わる。しかし，何が本当に価値ある価値なのかは，絶えず問われ続けなければならない。常に課題（プロブレム）としてある人間の在り方・生き方。だが，「人間らしい」道徳生活（モラル・ライフ）は，ここに営まれるのである。

　さて，EI を育む教育には，先の CASEL を含め，現代さまざまな提案と実践がなされている[74]。こうしたものも参考にしながら，やはりペスタロッチの教育思想を回想しつつ，できれば「学校生活」（スクール・ライフ）全体を通じて，モラル・

---

[74] たとえば，次を参照。松村編前掲書，J. ゴットマン『0歳から思春期までの EQ 教育』（戸田律子訳，講談社，1998年），G. ドティ『「こころの知性」を育む―幼稚園児から中学生までの教育―』（松村京子監訳，東信堂，2004年）。多重知能に関しては，H. ガードナー『多元的知能の世界―MI 理論の活用と可能性―』（黒上晴夫監訳，日本文教出版，2003年）。

センスとその原理となる EI を育んでいく努力が，いま課題として求められているといえよう。

前章でも見たように，かつてアリストテレスは「欲情のままに子供たちは生きるものなのであって，快というものへの欲求の最もはなはだしいのも彼らなのである」[75] と記した。これを理知，つまり知性や理性に即して「節制」させる訓練（しつけ）の必要性を説いた。しかも，その結果としての「中庸」の徳を。ゴールマンが現代的に表現した EI は，まさにこの「節制」へのチャレンジである。MI のガードナーは，教育の「本当の」目的について，しごく当然のことながら，こう述べている。

> けっきょく，教育の「本当の」目的は，他人とうまくやれるようになり，規律を身につけ，バランス感覚をもち，職場に備え，成功と幸福という究極の報酬への準備をすることではないのか？[76]

畢竟するに，「幸せのための教育」とは何かを不断に問いかけるとき，EI の育みと道徳教育が「要」であることは，確かである。

---

75) アリストテレス前掲書，163頁。
76) ガードナー前掲『MI：個性を生かす多重知能の理論』，226頁。

第 10 章
センス・オブ・ワンダーを育む特別活動

『沈黙の春』(*Silent Spring*, 1962) で著名な海洋生物学者にして作家のレイチェル・カーソン (Rachel Carson, 1907-1964) は，名著『センス・オブ・ワンダー』(*The Sense of Wonder*, 1962) のなかで，こう記している。

 子どもたちの世界は，いつも生き生きとして新鮮で美しく，驚きと感激にみちあふれています。わたしたちの多くは大人になるまえに澄みきった洞察力や，美しいもの，畏敬すべきものへの直感力をにぶらせ，あるときはまったく失ってしまいます。
 もしわたしが，すべての子どもの成長を見守る善良な妖精に話しかける力をもっているとしたら，世界中の子どもに，生涯消えることのない「センス・オブ・ワンダー＝神秘さや不思議さに目を見はる感性」を授けてほしいとたのむでしょう。
 この感性は，やがて大人になるとやってくる倦怠と幻滅，わたしたちが自然という力の源泉から遠ざかること，つまらない人工的なものに夢中になることなどに対する，かわらぬ解毒剤になるのです[1]。

「センス・オブ・ワンダー＝神秘さや不思議さに目を見はる感性」。この感性・センス，あるいは感覚を，現代人の多くが鈍らせ，そして失いつつある。
 人工的な物質(モノ)や電子メディアに取り囲まれ都市化された環境のなかに，センス・オブ・ワンダーを刺激する自然は，ほとんど見当たらない。効率とかノルマとか成果とかいった数値目標に日々刻々と追いまくられ，あわただしく生きることを強いられる現代人にとって，センス・オブ・ワンダーなど感

---

 1) R. カーソン『センス・オブ・ワンダー』(上遠恵子訳，新潮社，1996年)，23頁。

じているゆとりなどない，といったほうが適切かもしれない[2]。カーソンが
いうように，生来（by nature）子どもが具えていたはずの驚きと感激のセン
スは，大人へと徐々に近づくにつれて鈍磨させられ，やがてはただ忙しいだ
けの倦怠と幻滅のなかで死にたえてゆく。残るのは，生きる意味を失った，
つまり「生きる力」をなくした不幸な人々である[3]。

　事態は，学校教育の現場においても同様の観を呈しつつある。教師自身が
ゆとりのない「ゆとり教育」（2007年当時）のなかで，日々の多忙とともにセ
ンス・オブ・ワンダーを失っていく（もちろんもともとそのセンスのない教師
は別だが）。子どもたちは，あふれるモノとメディアにどっぷり漬かった状
態で，生来の感性をどんどん腐らせていく。目指されるのは，こんどは学力
向上といった効率や成果，そして成功など。その挙句のはてに，先の不幸が
待ち構えていたとしたら。教師は，不幸せを目指して子どもを教育したのだ
ろうか。教育とは，本来「幸せのための教育」ではなかったのか[4]。

　ここで教師の果たす責任は大きい。むろん，効率や成果主義が幅をきかす
現代社会のシステムに，すでに否応なく組み込まれてしまっているわたした
ち教師にできることは限られている。しかし，できないことばかりではな
く，できることもまだたくさん残されている。とりわけ，学校教育の5大領
域のひとつ，特別活動には，その可能性が大いに期待できよう。

　本章では，人間の一生を通じた「生きる力」の源泉＝センス・オブ・ワン

---

2) スローライフがもてはやされる所以。辻信一『スロー・イズ・ビューティフル―
遅さとしての文化―』（平凡社，2001年）参照。
3) 辻はこういう。かつて人々は「『生きる』のに理由など要らなかった。『生きる』
ということに過不足はなかったのだ。そう感じられたのはなぜだろう。多分，いの
ちというものが，自分にはおさまりきらない，自分を越えた，自分以上の存在だと
感じていたからではないか。そこでは現代の我々が思うようにいのちは自分の所有
物ではない。それは神秘であり，奇蹟。それは聖なるものと感受されていたのでは
ないか。『今』はいのちの表現であり，『答え』。その『今』を，その『答え』を人間
はひたすら生きてきた」（辻前掲書，31頁，傍点引用者）。センス・オブ・ワンダー
とは，まさにこの感受性である。
4) こうした本格的な問いに対しては，次を参照。N.ノディングズ『幸せのための教
育』（山﨑洋子・菱刈晃夫監訳，知泉書館，2008年）。

ダーを，特別活動のなかでいかにして育むのか，考えてみたい。まずは，「生きる力」の根元にある，人間にとってのセンス・感性・感覚という能力の本質について一瞥する。次に，これと関連して，現代の子どもの現状と，今後の特別活動に必要とされる意味や内容を確認する。その上で，センス・オブ・ワンダーを育む特別活動の実践に触れてみたい。

1節 「生きる力」とセンス

　先の引用において，センス・オブ・ワンダーは，大人が常に経験せざるをえない倦怠と幻滅に対する変わらぬ解毒剤になる，とカーソンは語った。しかもそれは，自然という力の源泉から遠ざかること，つまり，つまらぬ人工物に夢中になることによって引き起こされるのだという。ならば，生の倦怠と幻滅の解毒剤としてのセンス・オブ・ワンダー再生の試みとは，まさに自然という「生きる力」の源泉へと再びアクセスし，わたしたちの生を人工的なモノとメディアによる支配から解放することであるともいえるだろう。そのためには，一方でわたしたち大人や教師自身のワンダーのセンス・感性・感覚を再生させなければならない。と同時に，他方で子どもや児童・生徒に対しては，生来のセンスを鈍らせることなく大切に育む努力を，わたしたちが「子どもの成長を見守る善良な妖精」とともにしていかなければならないことを意味する。その責任を，とくに学校教師は職業上担っているといえよう。

　ところで，学校週5日制が導入され，「ゆとり教育」政策のスローガンのひとつとしても掲げられた「生きる力」とは，いったい何を指していたのであろうか。これへの批判は，正当なものを含めていろいろあるが[5]，藤田は，その構成要素を3つあげている[6]。①〈能力・忍耐力〉，②〈豊かな経験〉，③〈希望・楽天性〉である。以下，特徴を抽出してみよう。

---

5) 藤田英典『義務教育を問いなおす』(ちくま新書，2006年) 参照。
6) 同前書，281頁以降参照。

① 〈能力・忍耐力〉・・・〈力〉のつくほとんどの能力。考える力，理解力，創造力，問題解決能力，表現力，体力，運動能力，技術・技能，精神力，社会力，持久力，忍耐力（辛抱強さ），情報処理能力，対人関係処理能力など。

② 〈豊かな経験〉・・・幅広い豊かな経験をもつ人には，「生きる力」がある。これはさらに，3つの要素に分けられる。1．〈豊かな出会い〉，2．〈豊かな努力〉，3．〈豊かな挫折〉。

③ 〈希望・楽天性〉・・・楽天的な人は，少々の困難・苦労や面倒なことがあっても，うまく遣り過ごし，乗り越えることができる。また，いわゆる打たれ強い人も，これに含まれる。希望をもっている人，もつことのできる人もまた，どのような困難や苦労に直面しようとも，何とか苦境を克服していける。

とりわけ，②〈豊かな経験〉のなかの〈豊かな出会い〉には，特別活動や総合的な学習の時間に期待が寄せられるであろう。また，実際そうした〈豊かな経験〉のためのきっかけやしかけを，これまでも特別活動は用意してきたのである[7]。現実に「やってみることによって学ぶ」(learning by doing) という特別活動の本質には，自らの身体を動かす実体験・経験を通じた学びの豊かさが，本来豊富に含まれているはずである。

さて，「生きる力」を構成する要素として〈豊かな経験〉，そして〈豊かな出会い〉が示されるとき，とくに・自・然・は・す・べ・て・の・生・の・源・泉であるがゆえに，これとの〈豊かな出会い〉を再セットできれば，いかほどまでに〈豊かな経験〉に寄与できることであろうか。これは3節のテーマであるが，それにしても豊かに出会うためには，当然のこと出会うためのセンスが前提されていなければならない。感性や感覚がなければ（芸術はその分かりやすいもののひとつだが），わたしたちはどんなに美しいものに日常的に出会っていても，じつは出会わないままである。よって，やはり最大の問題は，〈豊かな出会い〉，〈豊かな経験〉，そしてすべての「生きる力」の根元にあるセンスと，

---

[7] 同前書，287頁参照。

このセンスをどう育むかにある。

　では、さらにセンスの本質とは何か。それは身体(からだ)にある。センスとは、このわたしという自然の身体そのものに生来具わる感性であり、感覚である。この身体に具わる自然のセンスが語ることに耳を傾ける。ここから、「生きる力」の甦生、もしくは育成は始まるといえよう。この「生の哲学(レーベンス・フィロゾフィー)」を力強く唱えたのが、周知の通りニーチェである。彼は、行き詰まる現代社会や教育に対して、それをまるで予想していたかのように、すでに1世紀以上も前に数々の教訓を与えていた。『ツァラトゥストラはこう言った』(Also sprach Zarathustra, 1883-91) では、次のように記されている。

　　わが兄弟たちよ、むしろ健康な身体の語る声に聞くがいい。これはもっと誠実な、もっと純粋な声である。
　　健康な身体、完全な、しっかりした身体は、もっと誠実に、もっと純粋に語る。それは大地の意義について語るのだ[8]。

世界の背後だとか、物自体(ディング・アン・ジッヒ)だとか、悪魔だとか、地獄だとか、つまりイデアや神だとかいう観念の「胡散臭さ」を白日の下にさらした―神は死んだ―ニーチェが語る「大地」とは、まさに自然そのもの、この生ける身体である。このわたしの身体自体が語りかけてくる「おのれ」(das Selbst) に気づくことを、ツァラトゥストラの声を通じてニーチェは語る。ここには、読者のインスピレーションをかきたてる刺激に満ちた魅力的な言葉が、いやというほど散りばめられている。

　　「わたしは身体であり魂である」―これが幼な子の声なのだ。なぜ、ひとは幼な子のように語ってはいけないのか？
　　さらに目ざめた者、識者は言う。わたしはどこまでも身体であり、それ以外の何物でもない。そして魂とは、たんに身体における何物かをあらわす言葉にすぎない。

---

8) ニーチェ『ツァラトゥストラはこう言った(上)』(氷上英廣訳、1967年、岩波文庫)、50-51頁。

身体はひとつの大きな理性だ。ひとつの意味をもった複雑である。戦争であり平和である。畜群であり牧者である。
　あなたが「精神」と呼んでいるあなたの小さな理性も，あなたの身体の道具なのだ。わが兄弟よ。あなたの大きな理性の小さな道具であり玩具なのだ。
　「わたし」とあなたは言い，この言葉を誇りとしている。しかし，もっと大きなものは，―それをあなたは信じようとしないが―あなたの身体《からだ》であり，その大きな理性である。それは「わたし」と言わないで，「わたし」においてはたらいている。
　感覚は感じ，精神は認識する。それらのものは決してそれ自体で完結していない。ところが感覚も精神も，自分たちすべてのものの限界であるように，あなたを説得したがる。かれらはそれほどまでに虚栄的なのだ。
　感覚も精神も，道具であり，玩具なのだ。それらの背後には本物《ほんもの》の「おのれ」がある。この本物の「おのれ」が，感覚の眼をもってたずねている。精神の耳をもって聞いているのである。
　この本物の「おのれ」は常に聞いたり，たずねたりしている。それは比較し，制圧し，占領し，破壊する。それは支配する。それは「わたし」の支配者でもある。
　わが兄弟よ，あなたの思想と感情の背後には，強力な支配者，知られざる賢者がひかえている，―それが本物の「おのれ」というものなのだ。あなたの身体のなかに，かれは住んでいる。あなたの身体は，かれなのだ。
　あなたの最善の知恵のなかよりも，あなたの身体のなかに，より多くの理性があるのだ。そして，あなたの身体がなんの目的で，あなたの最善の知恵を必要とするのか，誰がそれを知っているだろう？[9]

心身論などという言葉によく示されるように，今日のわたしたちは，心や精神と身体とか，いまのわたしと本物の自分探しとか，道徳と体育とか，学力と体力とかいうように，人間や教育をばらばらに分解してみる見方に，いつ

---

9) 同前書，51-52頁。

しか毒されてしまっている[10]。しかし，よくよく目覚めてみれば，ここにあるのは，わたしやあなたといった「身体(からだ)」（der Leib）という塊の他にはない。このわたしの身体において，すべてはひとつであり，この身体そのものが「おのれ（わたし自身）」である。フロイトやユングの心理学を先取りしたようなニーチェの言葉は，行きすぎた心身分裂によるさまざまな苦しみにあえぐ現代人に対して，いまいちど身体に，大地に，そして自然に還ることの必然性を唱えているといえよう。

　このようにニーチェによれば，センスは身体に具わるものであり，それは精神や頭と同様「おのれ」の道具である。ここにあるのは，わたしという身体以外の何ものでもない。まさに全身が全霊であって，わたしたちは１人ひとり，この身体をフル活用するべく「おのれ」から，つまり身体そのものから駆動されるのである。これが，生きるということであり，すなわち「生きる力」とは，身体の活動を全面展開させる「おのれ」の力である。あるいは，その逆も然り。「おのれ」の活動を全面展開させる身体の力が，「生きる力」である。そのためには，感覚も精神も，すべてがひとつとなった身体が，大地に，そして自然に，大きな理性に，「おのれ」に素直でなければならない[11]。この生の過程で，先の〈豊かな出会い〉が積み重なって〈豊かな

---

[10] 竹内敏晴『教師のためのからだとことば考』（ちくま学芸文庫，1999年）によれば，教師も同様である。教師は子どもの「からだに気づきもせず，大人たちは『こころ』だけを理解しよう『教育しよう』として，しきりに子どもたちに話しかけようと試みている。まるでこころという『もの』がからだと別に存在しているかのように。これはすでに近代身心二元論の終焉の風景といっていいのではないか」（14頁）。これは，まさしくニーチェがいっていたことに他ならない。あるいは，「子どもは教員によって操作される対象であって，荒れるとかイジメとか不登校とかは学校という機械の部品の故障に相当する。大急ぎでデータを集め，分析判断して対策を執行する。生きている子どもの，からだの異議申し立てだと感じる発想自体がない，のだ」（18頁）。わたしたちは，自他を含めてもっと「身体」に繊細でなければなるまい。

[11] しかし，すべての人々が，あまりに「おのれ」素直になり過ぎてもまた困る。いわゆる精神病患者といわれる人々は，何と「おのれ」に素直であることか。道徳や教育は，一面でこの「おのれ」の暴発を防ぐ役割を果たさざるをえない。自我によるコントロール，あるいは抑圧，身体の管理など。これを全否定するわけにいかないし，またしてもならない。ニーチェのいう通り，人間とはまさしく「ひとつの意

経験〉が，より豊富に蓄積されていくのである。すると，「生きる力」はもっとパワーを増すことになるであろう。

　まずは，わたしたち大人や教師が，いまいちど「おのれ」の身体に虚心坦懐に耳を傾ける素直なセンスを再生し，これを磨きなおさなければ，次の特別活動はとうてい始まらない。ニーチェのいう意味で，わたしたち現代人は，自分本来の身体（とこれとひとつとなったセンス）をもっと大切にし，これを健康にしていかなければならないのである。

2節　センスをなくした子どもと今後の特別活動

　要するに，現代人は，大人も子どもも含め，あわせて身体・感覚が鈍くなっている[12]。前節でも明らかなように，これが「生きる力」低下の要因のひとつといえよう。あるいは，今日あえて「生きる力」の育成などといわなければならないところに，すでに身体・感覚の鈍磨の進行があらわれているともいえよう。それは，すでに指摘したように，わたしたちを取り囲むメディア環境の爆発的な伸展と大きな関係がある。魚住絹代は「メディアは本来，人々の暮らしや考え，心を豊かにするべく発展してきたはずだった。だが，

味をもった複雑』，内的には「戦争であり平和」の繰り返しである。もし昨今流行の個性といわれるものがこの「おのれ」であるなら，「個性の伸長」は極めて危険ですらある。個性や「おのれ」などは，歴史に残る真に個性的な天才を見れば分かるように，否が応でも頭をもたげざるをえないものであろう（ニーチェしかりで，彼は結局，発狂した）。とりわけ教育界における個性幻想のうそやまやかしから，わたしたちは早く目を覚まさなければならない。個性は求められるものでも，教育できるものでもない。そのようにしてできた個性を「おのれ」とはいわない。だとすれば，それは既製品の「おのれ」になってしまうから。個性は自然に形成されるものであり，平凡に生きていれば後から自然に具わっているものなのだ。毎日平凡であることこそ，もっとも非凡なことなのだから。子どもたちは1人ひとりが強いて個性的である必要などまったくない。なぜなら，生まれつきみながすでに個性的なのだから。つとめて個性の伸長などという人は，まず没個性的である。土井隆義『「個性」を煽られる子どもたち―親密圏の変容を考える―』（岩波ブックレット，2004年）参照。

12)　山下柚実『〈五感〉再生へ―感覚は警告する―』（岩波書店，2004年）参照。

それが、子どもたちを損なう方向に働いている」[13]と警告している。「無気力・無関心・無感動」、自分から主体的に現実に向かっていこうとすることを避ける回避的ライフスタイル、自らが求め、生み出すという能動性や本当の創造力の欠如、対人関係力のなさなど[14]、電子メディアにもの心ついたころから取り囲まれ、このなかでいわば家畜化されて育てられた子どもや大人たち。レディメイドの一方的な情報に受動的にさらされた末に、身体・感覚は瀕死の状態にあるといえよう。すなわち、「生きる力」の低下は、メディアによる身体の家畜化と感性の磨滅にあるといっても過言ではなかろう。ならば、「生きる力」を再び取り戻すには、この家畜化された身体に再び大地の自然を甦らせ、磨滅したセンスを再び覚醒させる他ないであろう。この方策について、これから考えていくわけであるが、ちなみに魚住は「手作りの子育て」として、次のように提案している。

　人は促成栽培や温室栽培ではうまく育たない。子どもひとりひとりのための時間と体験を創造していくという手間を省かないことこそ、人になるために必要な子育てであり、教育だと思う。
　昔は不便な暮らしの中で子育ても家事もたいへんだった。子どももそんな姿を見て育った。それは、ある部分で、手作りの体験を与えていたのだ。ひとりひとりが特別な体験を、自然にすることができた。画一化され、パッケージ化された教材やビデオやテレビ番組やゲームなどなかったから、みんな手作りで試行錯誤しながらやっていたのだ。それがかえって子どもの脳や心を育んできたのだと思う。(中略)
　たとえば、身体を動かすこと、遊ぶこと(ただし、出来合いのものではなく、何もないところから遊びを作り出す本来の遊び)、話し合うこと、文章を書くこと、課題に向かって努力すること、辞書や図書館で調べて勉強すること(中略)。安易に出来合いのプログラムやメディア教材に頼るのではなく、手作りで行っていく試行錯誤のプロセスが、子どもを育んでいく[15]。

---

13)　魚住絹代『いまどき中学生白書』(講談社、2006年)、241頁。
14)　同前書、246頁参照。
15)　同前書、245-247頁。

より快適でより便利な，ひとことで幸せな世の中を目指して尽力してきたわたしたちであったが，皮肉なことに，文明化・近代化が成し遂げられたところでは，逆に人間は「おのれ」の「生きる力」を，当の人間たちが作り出したモノによって吸い取られ，身体・感覚は骨抜きにされ，しまいには不幸の底に転落していく。高度の教育を受けた結果，いわゆる一流の学校を卒業した者たちが，こうしたメディアや人工環境の開発に日々しのぎを削る。いったい全体，すべては何のための教育だったのか。はじめにも記したように，こうした問いにとりつかれるのも無理のない現実ではあるが，やはりわたしたち大人や教師は，この罪を見つめながら，できることをやる他はない。身体を動かすことに始まる先の提案は，3節でより具体的に示すとしよう。

さて，大人も含めて現代の子どもに顕著とされる身体・感覚の鈍磨は，自分の感情や気分にすら鈍感で，それをうまくキャッチすることのできない人々を大量に生み出している，と襲岩はいう。すると，こういう人々は，必然的に他人にも自分の感情や気持ちをうまく伝えられないし，逆に他人の感情や気持ちにも鈍感ということになる。つまり，「おのれ」への通路がほとんど塞がれた状態の人間，ひとりのわたしでありながら「おのれ」の人生を真に生きていないヒトが増えつつあるというショッキングな事態である。

　子どもとのコミュニケーションがうまく成り立たない——教員たちのこういう訴えから気づくことは，相手の気持ちや自分のなかにおこる危険や不安といった感覚，感情を子どもたちがうまく感じ取れていないのではないか，ということだ。

　小学校で知識を学び始める。その段階までに，開発されるべきものが育っていない。そんな子どもたちを多く抱えながら，知識を伝えることを主とせざるをえない，という矛盾が今の学校にはあるのではないだろうか。

　では，知識を学び始める前までに開発されるべきものとは，なんだろうか。それは，「自分の感情を十分に味わって，その自分なりのコントロール方法を，ある程度身につけているかどうか」ということだ。

　かつては，気持ちを取り扱うための訓練が，家族のなかで自然になされ

ていた。たとえば、兄弟ゲンカをしたり、家族との駆け引きをしたりしながら、自分の気持ちを自覚し、それを表現する方法を自分なりにみつけ、磨く機会があった。

　親戚の集まりが日常的にあれば、ちょっと気の張るおじさんに挨拶をするなど、ぎこちないながらも自分なりの人間関係を結ばざるをえない場面に遭遇することになる。事前に、どんなふうに言えばいいのか、コミュニケーションの方法を予習させられることもあった。

　けれども、今の子どもたちは、そういった予行演習の場がない。突然に学校といった公の場に出ることになる。子どもは恥ずかしい気持ちや、うまく言えるだろうかといった緊張に、練習することなくさらされることになりやすい。

　家族や地域といったつながりが希薄になった今、子どもたちの気持ちを育て、それを表現する練習の場を提供するといった機能が、学校での教育のなかに組み込まれる必要性が生まれてきている[16]。

わたしの身体から否応なしに、自然に湧き起こってくる感覚や感情や気持ちを、まずはたとえそれがネガティヴなものであろうともしっかりと味わい、これを素直に感じ取ることが極めて重要である。子どもの頃から、この自然の感情を蔑ろにしてはならない。この身体の声こそ、「生きる力」そのものなのだから。

ところが、とりわけ（早期）教育の名の下、こうした「快―不快」の感覚・感情・気持ちや情緒をたっぷり味わいし尽くすことなく、すぐに「正―誤」の知的な反応が子どもに強いられる。次章でも取り上げるが、「快―不快」をベースにした情緒的なもの、エモーション・フィーリング・アフェクション・センチメントといったセンスこそが、とりわけ道徳的な価値や判断の拠り所ともなっていることを、わたしたちは忘れてはなるまい。「おのれ」の身体の声が聞こえなくなるということは、すなわち「生きる力」の減退で

---

[16]　袰岩奈々『感じない子ども　こころを扱えない大人』（集英社新書、2001年）、12-14頁。傍点引用者。

あり、道徳性(モラリティ)の退廃とも直結している。

　が、残念ながら、現代社会および教育の現場で進行しつつあるのは、こうしたわたしたちの身体（＝自然）に対する虐待に他ならない。あるいは、「生」の生殺しなのかもしれない。それが、先にもいったように、教育の名の下に「善意」で行われているところが、また皮肉としかいいようがない。現代社会および教育は、人間を生かそうとしつつ、同時に殺している。人間とは、何とも矛盾した奇妙な存在である。

　再びわたしたちは、大人もしくは教師として、子どもに対する深い罪をここに感じざるをえないのであるが、それでもできることをしていく他はない。裴岩のいう「子どもたちの気持ちを育て、それを表現する練習の場を提供するといった機能」を学校教育のなかに組み込むという提案に、はたして特別活動はどう答えるのか。

　平成21年度から実施されている現行の小学校学習指導要領・特別活動編では、学校行事が次のように改善された。

> 学校行事においては、学校行事を通して育てたい態度や能力を新たに目標として示した。特に、よりよい人間関係を築き、公共の精神を養い、社会性の育成を図ることを重視した。また、学校行事の内容については、自然の中での集団宿泊体験や異年齢の交流などを含む多様な人々との交流、文化的な体験などを重視する観点から、遠足・集団宿泊的行事の内容に「自然の中での集団宿泊活動など」と「人間関係など」を加えた[17]。

このように、自然体験の充実が明示されている。しかも、ここでの特別活動は、道徳の時間や総合的な学習の時間とも関係が深い。

　まず、道徳の時間とのかかわりにおいて、自然体験は、どう生かされるのか。

　これらは、特別活動において道徳性の育成にかかわる実践的な活動や体験的な活動を積極的に取り入れ、活動そのものを充実させることによって道

---

[17] 文科省『小学校学習指導要領解説　特別活動編』（東洋館出版社、2008年）、5-6頁。

徳性の育成を図ろうとするものである。そして，このような体験活動における道徳的価値の大切さを自覚し，自己の生き方についての考えを深めるという視点から実践的な活動や体験的な活動を考えることができるように道徳の時間を工夫し，連携を図っていく必要がある[18]。

ここでの道徳性とは，主に「望ましい」人間関係―人と人との交わり―を指しているようであるが[19]，先にも触れたように，その根底には，自分のなかの「快―不快」といった感情等を素直に味わうセンスが必要である。しかも，このセンスは，センス・オブ・ワンダーのセンスとも，決して別のものではありえない。「おのれ」のなかのセンスは，美しいものに接して「美」というエモーショナルなフィーリングをかきたて，醜いものに接して「醜」というエモーショナルなフィーリングをかきたてる。たとえば，友人同士の助け合いを見て，あるいは自らがそれを体験して，子どもは自身の身体で（あえて言葉にするなら）「美」という友情を感じるのである。それはまた，当人たちにとっても，傍で見ている者にとっても「快」であり，美しいと身体で感じられるのである。逆もまた然り。陰湿ないじめを傍で見れば，ふつうならこれを「不快」あるいは「醜」と身体は感じるであろう[20]。

このように，特別活動では目標の「望ましい集団活動を通じて」，その活動の最中で「おのれ」の身体から湧き起こるさまざまな感情等，言葉にならない気持ちを，ポジティヴなものもネガティヴなものもすべて含めて，体験し味わい尽くすことが必要である。こと人間の集まる集団活動や人間関係においては，それは大人になっても，いついかなる時や場所でも同じであろう

---

[18] 同前書，27頁。
[19] むろん道徳教育には，その内容について，1．主として自分自身に関すること，2．主として他の人とのかかわりに関すること，3．主として自然や崇高なものとのかかわりに関すること，4．主として集団や社会とのかかわりに関すること，という4つの視点が設けられている。本章で問題にしているセンス・オブ・ワンダーを育む特別活動は，とりわけ視点3とのかかわりが大きいといえよう。これを本章では道徳性の根幹と捉えている。
[20] ただし，（サドがいうように）世の中には「趣味」の問題として，また違った感じ方をする人間もいる。

が，いいことばかりではなく，嫉妬や憎悪など，さまざまな感情が彩りを添える。だが，それは決して「悪」ではない。それが身体の自然なのである。自然にあるものについて「善」も「悪」もありえない。「おのれ」の身体から自然に発せられるこうしたサインに対して，すぐにそれを「よくない」とか「誤」だとか「悪」だとか，人為的で知的なフタをしてしまえば，子どもも大人も「生きる力」の根元にある（善悪以前の）自然との通路を遮断されてしまうことになる。これが「生きる力」の低下，畢竟不幸につながる。

今後の特別活動では，人為的で知的な言葉や判断を先立てる以前に，子どもたちが，とりわけ情緒的なもの―「おのれ」の内なる自然・身体―を存分に味得できるようなプログラムを工夫するべきであろう。「生きる力」と直結する生きた道徳性は，このような自然・身体にこそ根本をもたなければならない。ちなみに，人為的で知的なものだけで組み立てられた道徳性や，そのための道徳教育は，確かに頭のなかの仮想王国だけでは有効かもしれない。しかし，それはあくまでもフィクションであり，この生きる現実とわたしたちの身体に対しては，生き生きとした活力を与えてはくれない。インドクトリネーションの道徳教育や人格教育（キャラクター・エデュケーション）では[21]，頭と首から下が切れてしまう。心身分裂の道徳である。しかるに，「生きる力」となるモラリティは感情に，身体に，自然に根ざしている。今後の道徳教育も，そして特別活動も，もっと身体という自然に根ざしたものを工夫しなければなるまい。

これからの教育においては，このような複雑で変化の激しい社会において，将来の職業や生活を見通して自立的に生きるための「生きる力」を育成することが求められている。（中略）このような資質や能力は，学校の教育活動全体を通じて育成されるものであるが，特に，学校における望ま

---

21) むろん教え込みや人格教育のすべてが悪いというわけではない。Th. リコーナ『「人格教育」のすべて―家庭・学校・地域社会ですすめる心の教育―』（水野修次郎・望月文明訳，麗澤大学出版会，2005年）などを参照。あわせて，Cf. Noddings, Nel. *Educating Moral People : A Caring Alternative to Character Education*, New York : Columbia University, 2002.

しい集団活動や体験的な活動を通して，児童の人間形成を図ることを特質とする特別活動は，大きな役割を担うものである[22]。

ここでの「生きる力」とは，まさに身体という自然に根ざしたものと解されても差し障りなかろう。そこで，本章では次節で，自然体験活動の具体例を取り上げることになる。

次に，総合的な学習の時間とのかかわりについて，両者の関連が強調されている。たとえば，集団宿泊活動においては，こう示されている。

> 特別活動として実施する集団宿泊的活動において，例えば，数日間実施するうち，探究的な学習として実施したり，このことに関連して事前や事後に指導したりする部分について，総合的な学習の時間として行うことなどが考えられる[23]。

こうして特別活動では，とくに学校行事の遠足・集団宿泊的行事が，有効に活用できよう。

第一に，センス・オブ・ワンダーを刺激し，再生し，育むこと。ここに，今後のモラリティと「生きる力」の根元はある。さらに，カーソンが警鐘を鳴らした環境問題(エコロジー)とも関連して，わたしたち人類の未来もかかっているといえるだろう。本物の「生きる力」再生のために，センス・オブ・ワンダーを育む特別活動を，子どもたちの生きる希望の星としたいものである。わたしたち教師にできるささやかな一例を，次に見るとしよう。

3節　センス・オブ・ワンダーを育む実践

次章で取り上げるが，ギブソン（James Jerome Gibson, 1904-1979）の生態学的心理学によると，わたしたち人間を含めてすべての動物は，環境との相互依存的な関係にある。河野は，心身分裂的な近代の心理学や教育学に対し

---

[22] 文科省前掲書，15頁。
[23] 同前書，28頁。

て，これを乗り越える重要な示唆に富むギブソンを紹介している。

> ギブソンによれば，人間は環境のなかに立脚し，埋め込まれた存在であり，そのさまざまな身体的・心理的な活動も，周囲の自然的・人工的・社会的な環境から切り離されてはありえない。生命の活動は，それが適切に機能するためには，それぞれのニッチ（生態学的地位，すみか，活動できる場所）を必要としている。人間のどのような能力でも一定のニッチにおいてはじめて可能となり，能力と環境とは双対をなしている。能力それだけを孤立させて論ずることはできない。心の働きも脳の内部に閉ざされた内的過程などではなく，自然的・人工的環境とのインタラクションにこそ，その本質がある[24]。

人間は環境に埋め込まれ，これに適応しながら，同時に環境をも改善しつつ生きる動物である。わたしという存在は，本質においてエコロジカルなものであり，わたしがどのような環境（ニッチ）にセットされるかに応じて，わたしの心身は変化する。このいかにも当たり前のことが今日では忘れ去られて，心だとか，個性だとか，自分探しだとか，自己実現だとか，すべてを自分の内面（あるいは脳）に求める「自己責任」的傾向が見受けられるが，これではますます心身の分裂を招くだけで，生き物としての人間は苦しくなる一方である。生からは遠ざかり，いよいよ不幸になるだけである。人間も他の動物も，生物という点では何ら変わるところはない。すると，教育についていえば，この教育システムをどのようにデザインするかが，最大の問題となる。すなわち「教育を，子どもの成長を支援するデザインとして考える」[25]ことである。子どもは，環境のなかで全身を通じて自然に何かを感

---

[24] 河野哲也『環境に拡がる心─生態学的哲学の展望─』（勁草書房，2005年），12頁。同『エコロジカルな心の哲学─ギブソンの実在論から─』（勁草書房，2003年），『〈心〉はからだの外にある─「エコロジカルな私」の哲学─』（NHKブックス，2006年）なども参照。前野隆司『脳はなぜ「心」を作ったのか─「私」の謎を解く受動意識仮説─』（筑摩書房，2004年）とも関連していて興味深い。ここには，いわゆる東洋的な発想に近いものがある。

[25] 河野前掲『〈心〉はからだの外にある─「エコロジカルな私」の哲学─』，234頁。

3節　センス・オブ・ワンダーを育む実践　219

じ，そして何かを学習するのである。そこで，わたしたち教師は，そのための望ましい環境を子どもに上手にセットしなければならない。これが本節の課題である。

　まず，もっとも大切なことは，カーソンもいうように，決して「教える」ことではなく，「感じる」こと，そして「楽しむ」ことである。

> わたしたちは，嵐の日も，おだやかな日も，夜も昼も探検にでかけていきます。それは，なにかを教えるためにではなく，いっしょに楽しむためなのです[26]。
>
> ロジャーがここにやってくると，わたしたちはいつも森に散歩にでかけます。そんなわたしは，動物や植物の名前を意識的に教えたり説明したりはしません。
>
> 　ただ，わたしはなにかおもしろいものを見つけるたびに，無意識のうちによろこびの声をあげるので，彼もいつのまにかいろいろなものに注意をむけるようになっていきます。もっともそれは，大人の友人たちと発見のよろこびを分かち合うときとなんらかわりはありません。
>
> 　あとになってわたしは，彼の頭のなかに，これまでに見た動物や植物の名前がしっかりときざみこまれているのを知って驚いたものです。(中略)
> 　いろいろな生きものの名前をしっかり心にきざみこむことにかけては，友だち同士で森に探検にでかけ，発見のよろこびに胸をときめかせることほどいい方法はない，とわたしは確信しています[27]。

自然の神秘を子どもとともに感じ，感動し，楽しむ。この体感と体験のパトスの後に，名前や言葉という知的なロゴスが，おのずとついてくる。

> いったいいつのまにかそのような名前を覚えたのか，わたしにはまったくわかりません。一度も彼に教えたことはなかったのですから[28]。

---

26)　カーソン前掲書，10頁。
27)　同前書，11-14頁。
28)　同前書，14頁。

教えずして「教える」こと。つまり，ともに感動を分かち合う感情と感性との交流─共感─のなかで，子どもといっしょに大人も「何か」を自然に学んでいること。そのような場所に，ともにあることの大切さ。さらに，そのことへの気づき。わたしたちは子どもとともに，自然から何かを「教えられている」のである。ここで，教師はわたしたちではなく自然そのものである。その教師の声を，センス・オブ・ワンダーが感じ取るのである。そのような声を感じる場所（環境・ニッチ）へと，わたしたちをセットすることが必要である。

> わたしは，子どもにとっても，どのようにして子どもを教育すべきか頭をなやませている親にとっても，「知る」ことは「感じる」ことの半分も重要ではないと固く信じています。
>
> 　子どもたちがであう事実のひとつひとつが，やがて知識や知恵を生みだす種子だとしたら，さまざまな情緒やゆたかな感受性は，この種子をはぐくむ土壌です。幼い子ども時代は，この土壌を耕すときです。
>
> 　美しいものを美しいと感じる感覚，新しいものや未知なものにふれたときの感激，思いやり，憐れみ，賛嘆や愛情などのさまざまな形の感情がひとたびよびさまされると，次はその対象となるものについてもっとよく知りたいと思うようになります。そのようにして見つけだした知識は，しっかりと身につきます。
>
> 　消化する能力がまだそなわっていない子どもに，事実をうのみにさせるよりも，むしろ子どもが知りたがるような道を切りひらいてやることのほうがどんなにたいせつであるかわかりません[29]）。

すべての知識や知恵のベース（土壌）には，「感じる」ということがなければならない。この感受性が豊かに育まれた子どもには，その後，身体と自然という樹と大地にしっかりと結びついた知識と知恵の果実がなるであろう。感情，情緒，感覚，感性，センス，つまり感受性を豊かに育むことが，あら

---

[29]）　同前書，24-26頁。

ゆる人間教育の基本であることを，わたしたちはいまいちど確認しなければなるまい。土壌もまだ不安定なまま，あまりに早期に知的なものを教え込んではならない。そのようなことをすれば，せっかくの種子も芽を出さずじまいか，出したとしても，やがては根無し草となって枯れてしまうに違いない。こうしたことを，わたしたちはできるだけ避けるべきではなかろうか。（人間が）教えずして（自然が）教えることの極意は，「子どもが知りたがるような道を切りひらいてやること」に尽きるのである。

さて，カーソンから多大な影響を受け，その遺志を受け継いだ人々が，センス・オブ・ワンダーを育む自然体験活動を提案している。『子どもが地球を愛するために―〈センス・オブ・ワンダー〉ワークブック―』など[30]。これには，特別活動の枠内でも，あるいは総合的な学習の時間でも，大いに活用できる実践例が豊富に紹介されている。すでに，そのための団体もあれば，活動ができる場所までもが紹介されている。

詳細は，この本を参照されたいが，学びのスタートとして，まず好奇心―子どもの好奇心を育む遊びや野外活動等―があげられる。ここから探検，発見，シェアリング（分かち合い），情熱といったテーマ別の活動実践例が紹介されている。むしろ「生きる力」を失って倦怠と幻滅の只中にある大人や教師こそ，その解毒剤として，ぜひ子どもたちとともに実際に体験してみたいものばかりである。

他にも，「ネイチャーゲーム」[31]がよい参考になる。

---

[30] M. ハーマンほか『子どもが地球を愛するために―〈センス・オブ・ワンダー〉ワークブック―』（山本幹彦監訳，人文書院，1999年），M. ラチェッキ・J. カスパーション『もっと！ 子どもが地球を愛するために―〈センス・オブ・ワンダー〉ワークブック―』（山本幹彦監訳，2001年）参照。あわせて「センス・オブ・ワンダー――レイチェル・カーソンの贈りもの―」（グループ現代，パイオニアLDC株式会社）というDVDでは，その舞台となった美しい場所が紹介されている。

[31] J. B. コーネル『ネイチャーゲーム1 改訂増補版』（日本ネイチャーゲーム協会監修，柏書房，2000年）などを参照。原題は，*Sharing Nature With Children* である。同書店よりシリーズで出版されている。彼はエマソンやソローからの影響を大きく受けている。カーソンにしても同様であるが，彼らは換言するに自然神秘主義的ともいえよう。

その考案者でナチュラリスト（自然案内人）のコーネルは，教師の役割について5つの重要な指摘をしている[32]。これは，カーソンのいうことと，まさに通底している。その第一前提は，「教え込むのではなく，分かち合う」(Teach less, and share more)[33] である。以下，要点だけ確認しておこう。

1. 「教える」よりも分かち合おう・・・たとえばこれはツガの木で…といった教科書的知識を与えるよりも，このツガの木についてその場で心に感じていることを子どもたちに伝える。あくまでも，わたしたちが心のなかで「感じていること」を素直に伝えることが大切である。子どもにしても同様。こうした共感が，まず大事である。
2. 指導者は受け身でいよう・・・子どもの反応に敏感になること。これが子どもと一緒に活動するときもっとも大切な態度である。野外では，子どもは自発的に何かに興味を示していく。わたしたちは，それを待って，たくみに自然の学習へと興味をふり向けていけばよい。
3. チャンスを逃さないで・・・導入段階で問いかけをし，おもしろいものや音で興味をそそり，子どもの関心をできるだけひきつけること。子どもの発見を一緒によろこぶという態度が大切。
4. 体験第一，解説は二の次に・・・人から聞いた話は忘れることがあっても，自分で体験したことは決して忘れない。子どもが動物や植物の名前を覚えないといって心配するのはばかげている。名はうわべのラベルであって，本物の姿ではありえない。わたしたち自身の本当の姿や体や精神的な特性が名前からは決して分からないように，ナラの木という名前から木の特徴が分かるわけではない。まずは本物の自然を見ることが第一。このなかで，教師と生徒は，いつしか冒険仲間という関係に発展していく。
5. 楽しさは学ぶ力・・・楽しかった体験を子どもは決して忘れない。わたしたち自身が，その楽しさの感覚を失わないようにしなければならな

---

32) 同前書，10-14頁。
33) 同前書，211頁。

い。これこそが、ナチュラリストとしてのいちばん大切な資質である。

こうしたことを踏まえて、ネイチャーゲームには、〈熱意を呼び起こす〉〈感覚をとぎすます〉〈自然を直接体験する〉〈感動を分かち合う〉など、さまざまなテーマ別の実践例が紹介されている。いずれも、ゲームとして楽しくできるように工夫されている。詳細は、やはりこの本を参照されたいが、これも同じくわたしたち自身の解毒剤として、体験してみたいものばかりである。また、活動の団体もすでにあるので、ともに参考にされたい[34]。

このように、センス・オブ・ワンダーを育む実践は、すでに数多くある。現代のわたしたちこそ、子どもたちとともにこのようなエコロジーへと自ら没入する時間を、もっと大切にしなければならないのではないか。大人も子どもも含めた「生きる力」の本当の再生のために、教師にできる特別活動を、今後さらに盛んなものにする必要があろう。ただし、あくまでも Teach less, and share more を忘れずに。センス・オブ・ワンダーは、育むものであって、決して教えられるものではないのだから。つまるところ、「生きる力」にしても同様である。

＊　　＊　　＊

『子どもと自然』で河合は、こう指摘している。

> 現今、子育てや教育が最大の課題として声高に叫ばれているのは、伝統的なシステムが破壊されたからに他ならない。その理由は、子どもを取り巻く環境が急速に人工化したことに基因している。家族でさえ人工化してしまった。そこが問題なのである[35]。

まさに、その通りである。つまり、文明化と近代化の下、自然から、大地から、生命の本源から、どんどん遠ざかってしまったのである。あるいは、これを滅茶苦茶に破壊しつつあるともいえよう。わたしたち人間は、じつは自

---

34) 社団法人日本ネイチャーゲーム協会 http://www.naturegame.or.jp
35) 河合雅雄『子どもと自然』(岩波新書、1990年)、237頁。

らの手で自らの首をしめている。

　このような危機的事態にあって，それでもわたしたちは人為的，あるいは人工的に，やれることを企てていかなければならない。たかが学校教育，されど学校教育。センス・オブ・ワンダーを育む特別活動も，そのひとつである。

　センス・オブ・ワンダーがあれば，わたしたちはこの地球というエコロジーのなかで，他の生きものとまったく同様，生きて死んでいく存在であることに気づかされる。この環境のなかで，たまたまいまのわたしが生かされていて，やがてはまた土に戻ることが，自然のプロセスの一部なのだと自然に感じられるのである。それが，あるべくしてある生命の姿だと[36]。このとき，わたしという自我などあってないようなものだ。〈わたし〉とは，じつにエコロジーの産物である。虫や草花など，この世に存在している他のすべてのものと，本質的には何ら変わるところはない。わたしは，たまたまいま〈わたし〉として，ここに存在しているだけなのだから。もしかしたら，セミに生まれていたかもしれないし，ひょっとすると，かつてセミだったのかもしれない…。

　畢竟するに，センス・オブ・ワンダーとは，人間がこの狭い〈わたし〉への執着を超えて，母なる生命の根元―生きる力―とアクセスする中心回路に他ならない。これを大切に育み続けることが，すなわち最終的に，人間として幸せに生きることにつながるのではなかろうか。幸せのための教育のひとつとして，センス・オブ・ワンダーを育む特別活動のさらなる実践が，これからの学校には求められよう[37]。

---

36) たとえば，L. バスカーリア『葉っぱのフレディ―いのちの旅―』（みらいなな訳，童話社，1998年）は，それを分かりやすく描いた絵本である。教材としても有用である。

37) ちなみに，志水宏吉は学力を，A学力…知識・理解・技能，B学力…思考・判断・表現，C学力…意欲・関心・態度というように3つに区別し，それぞれをA葉，B幹，C根というように「学力の樹」のたとえで説明している。『学力を育てる』（岩波新書，2005年），44頁以降。なかでも，「根っこの大切さ」と「根っこを育む」ことの重要性を指摘する。センス・オブ・ワンダーを育む特別活動は，まさにこの「根っこを育む」教育活動に他ならない。つまり，この特別活動は，学力全体の根本を，「生きる力」の根元を育む教育活動である，といっても過言ではあるまい。

第11章
センス・オブ・ワンダーを育む道徳教育に向けて

　「生きる力」再生のためには,「センス・オブ・ワンダー＝神秘さや不思議さに目を見はる感性」が不可欠であることを,前章で確認した[1]。カーソンの言葉を,再確認しておこう。

　　子どもたちの世界は,いつも生き生きとして新鮮で美しく,驚きと感激にみちあふれています。わたしたちの多くは大人になるまえに澄みきった洞察力や,美しいもの,畏敬すべきものへの直感力をにぶらせ,あるときはまったく失ってしまいます[2]。

こうした感性を大人になってももち続けられるなら,わたしたちはどれほど幸せであろう。

　　この感性は,やがて大人になるとやってくる倦怠と幻滅,わたしたちが自然という力の源泉から遠ざかること,つまらない人工的なものに夢中になることなどに対する,かわらぬ解毒剤になるのです[3]。

　前章では,特別活動のなかで,このセンスをいかに育むかについて簡単な考察を試みた。本章では,派生して道徳教育がもつ課題について触れてみたい。
　さて,このセンスは,カーソンのいうように,自然という力の源泉に位置している。つまり,人間も他の動物や植物などと変わらない生物の一種として,本来この自然のなかに深く根づいている。わたしたちは,人間独自の

---

1)　上岡・上遠・原編著『レイチェル・カーソン』（ミネルヴァ書房, 2007年）参照。
2)　R. カーソン『センス・オブ・ワンダー』（上遠恵子訳, 新潮社, 1996年）, 23頁。
3)　同前。

「人間圏」[4]を，近年あまりにも急速に発展させすぎてしまったため，往々にしてこのことを忘れがちである。そして，「人工的なもの」に夢中になってしまいがちである。その最たるものは，経済的効率や儲けなど[5]。

だが，翻って見れば，わたしたち人間も，長い進化の過程を経て，チンパンジーからあるとき袂を分かち，現在にまで至る，いわば「一匹の人間」[6]である。わたしたち1人ひとり（あるいは1匹）のなかには，いまに至るまでの生物進化のプロセスが確実に刻印されている。すると，センス・オブ・ワンダーもまた，本来この生物という自然のなかに根ざしているとはいえないであろうか。

人間はイマジネーションを駆使して，古今東西，鳥であれ虫であれ，森であれ花であれ，すべての存在が，この世界の美しさに感激しこれを賛美している，と芸術や文学や宗教，そして哲学を通じて表現してきた[7]。豊かな想像力を働かせて世界を眺めれば，いかにも生き物はすべて，生きて在ることへの歓びの賛歌を歌っているように思えないこともない。カーソンは海洋生物学者として，海辺に生きる生き物から，こうした囁きや歌を聞きとったに違いない。

わたしたちみなが詩人になる必要がある，といいたいわけではない。ただ，ここではセンス・オブ・ワンダーが，生き物としての人間のなかに生来的に具わる可能性について考えてみたい。しかも，このセンス・オブ・ワンダーは，人間にとってのみ問題となる道徳性の根幹に位置するのではなかろうか。つまり，モラル・センス（道徳感覚）とも通底しているのではなかろうか。

---

4) 松井孝典『宇宙人としての生き方―アストロバイオロジーへの招待―』（岩波新書，2003年）などを参照。

5) たとえば，辻信一『「ゆっくり」でいいんだよ』（ちくまプリマー新書，2006年）などを参照。

6) 正高信男『ヒトはいかにヒトになったか―ことば・自我・知性の誕生―』（岩波書店，2006年），224頁参照。他にも，同著者による『ヒトはなぜヒトをいじめるのか―いじめの起源と芽生え―』（講談社ブルーバックス，2007年）など参照。

7) ドイツロマン主義の文学や哲学や芸術など，その典型たるものであろう。たとえば，中井章子『ノヴァーリスと自然神秘思想』（創文社，1998年）参照。

もちろん学習指導要領にも，このことは「道徳の内容」の視点3「主として自然や崇高なものとのかかわりに関すること」として明示されている。いくつか取り出してみよう[8]。

- 身近な自然に親しみ，動植物に優しい心で接する。
- 美しいものに触れ，すがすがしい心をもつ。
- 自然のすばらしさや不思議さに感動し，自然や動植物を大切にする。
- 美しいものや気高いものに感動する心をもつ。
- 生命がかけがえのないものであることを知り，自他の生命を尊重する。
- 美しいものに感動する心や人間の力を越えたものに対する畏敬の念をもつ。

　すべてはいまわたしたち1人ひとりが，ここにこうして生きて在ることの不思議さと有り難さへの感動から始まる。そこに自他の生命の尊重が育つ。センス・オブ・ワンダーには，わたしたち自身の存在への気づきも含まれている。それは人間が他の生物と同様に，この地球上で共存していくことを可能にする感性でもある。地球温暖化を想起するまでもなく，この気づきを忘れた人間圏の肥大は，反転して，現代わたしたち人間自身の生存の危機へとつながっている。いま一度，できるだけ多くの人々が，センス・オブ・ワンダーを再生させねばならない。そして，教育においては，これを育む努力をしなければならない。

　本章では，こうした「1匹」の生き物としての人間の人間性を証するモラリティの生物学的基礎をめぐって，とくに社会生物学の知見を，まず簡単に整理してみたい。が，こうした道徳のいわゆる自然主義的基礎づけという試みは，すでに宗教や哲学の方面からも，表現を変えて古来なされてきている。よって，この点についても簡単に押さえておこう。

---

8) 文科省『小学校学習指導要領解説　道徳編』（東洋館出版，2008年）の「道徳の内容」より。

1節　センス・オブ・ワンダーの所在としてのからだと心
　　　―受動意識について―

　「生命がかけがえのないものであることを知り，自他の生命を尊重する」というのは，まさに人間ならではの道徳の基本であろう。人間だけがこうした気づきを自覚でき，また逆に，これとは正反対の行動をとることもできるという点で。生命のかけがえのなさに対するワンダーのセンスから，他者に対する愛の働きも生まれてくる。しかし，なかなかこうした気づきにはふだん至らない。

　ともかく，神秘さや不思議さの気づきは，わたしたちのからだ，そして心によって感じられるクオリアである。ちなみに，クオリアとは，「私たちが針に刺されたときに痛いと感じたり，うれしいときに幸せだと感じたりする，心の質感のことである。意識の現象的な側面のこと，と言い換えてもいい」[9]。わたしたちは生きている限り，こうしたクオリアの連鎖に浸り続けることになる。

　もちろん，いまわたしは「こう感じている」と意識した途端，それは「Xというクオリア」だと言葉で表現することも可能であるが，しかし，たいていは意識することなく，わたしたちはある種の気分や情動や感情の状態に，すでに無意識的に捉えられてしまっている[10]。いわば心や意識には，からだや無意識が先立ち，わたしたちは，近代的な人間観が主張するほど自律的に生きているわけではないのである。「我思う，ゆえに我在り」ではなく，「我在り，ゆえに我思う」のほうが，むしろ現実に即しているといえよう。厳密な自律は，フィクションである。仏教には，こういう言葉がある。

9）　前野隆司『脳の中の「私」はなぜ見つからないのか？―ロボティクス研究者が見た脳と心の思想史―』（技術評論社，2007年），30頁。
10）　たとえば，伊藤勝彦・坂井昭宏編『情念の哲学』（東信堂，1992年）に含まれた，ハイデガーに関するものなど，興味深い諸論考を参照。

ものごとは心にもとづき，心を主とし，心によってつくり出される[11]。

わたしたちは日常生活で，確かに後から振り返ってみれば，わたしは「こう思う」から「こうした」のだ，と理由づけすることが多い。そう思う心が原因となって，ある行為が生じた，というふうに。

しかし，これはすべてには当てはまらない。むしろ実際は，その逆である。なぜかしらそう行為してしまった後で，そう思ったからだ，そう心が命じたからだ，と理由づけをしたがるのである。3節で取り上げるが，わたしたちの日常は，それほど自律的かつ意識的に営まれているわけではない。よって，ここでの心とは，きわめて心もとない心でしかない。ブッダは，この点について，こうも述べている。

　心は，動揺し，ざわめき，護り難く，制し難い。英知ある人はこれを直くする。―弓師が矢の弦を直くするように[12]。

　心は，捉え難く，軽々とざわめき，欲するがままにおもむく。その心をおさめることは善いことである。心をおさめたならば，安楽をもたらす[13]。

からだのなかにある心。否，むしろからだと一体の心は，いわくいい難くすでにからだによって規定されてしまっている。その結果，心は知らぬ間に動揺し，ざわめく。捉え難く，いつしか欲のままに動かされている。心は，わたしの主人でも，中央でも，司令官でもない。だからこそ，その心をおさめられる人がいれば，その人は英知ある人と呼ばれるというのである。その努力と克己をブッダは教えているといえるが，出発点は，心の心もとなさであることに注意したい。上は，だからこその勧めといえよう。前野は「受動意識仮説」を提唱してる。その要点は，次の4点である[14]。

(1)「無意識」というシステムは，「意識」によるトップダウン的な決定に

---

11) 『ブッダの真理のことば　感興のことば』（中村元訳，岩波文庫，1978年），10頁。
12) 同前書，15頁。
13) 同前。
14) 前野前掲書，68-69頁。

従って仕事をする追従的なシステムではない。むしろ，部分部分のモジュールが独立してそれぞれの得意な情報処理を同時におこなう超並列計算機である。四方八方のモジュールから湧き上がってきたさまざまな自律分散的情報処理結果のうち，特に目立つもの（たとえば発火頻度が高い神経集団が生成した情報）が民主的に選び出されて「意識」に転送される。

(2) 一方，「意識」という機能は，脳の重要事項の決定を一手に担うリーダーではない。むしろ，無意識的情報処理の結果を受け取って，あたかも自分が注意を向けて自分の自由意志でおこなったことであるかのように幻想体験し，その体験結果をエピソード記憶に転送するだけの，受動的・追従的な機能を担うシステムである。また，意識体験は，小びとたちの並列的な体験よりも単純で直列的である。

(3) つまり，心は民主主義社会のようなボトムアップなシステムである。

(4) そして，意識の現象的な側面は，幻想のようなものである。

要するに，わたしたちの心とか意識とか自我とかいわれる中心は，からだ全体からのボトムアップによる結果なのであって，決してその逆ではないということである。つまり，心や意識や自我がボトムダウンにからだを支配したり制御したりは，じつはできないことを示している。もちろん，たとえばいまこのページをめくろうとしてページをめくる，といった自由意志を否定したいわけではない。

が，これはいわれてみればしごく当たり前のことである。何事も，心がいちいち指令を出して，この心から実行許可の捺印をえなければ行動できないといったことになれば，わたしたちは身動きできなくなってしまうに違いない。わたしたちが歩くという動作をいちいち意識したら，いかに滑稽なものとなるか。また3節で取り上げるとしよう。

前野は，こうした受動意識の宗教的，哲学的伝統を手短に紹介している[15]。たとえば，ヒュームのいう「知覚の束」という考えも，興味深い。

---

15) 同前書，71頁以降。

私たち人間はいかなる時も知覚なしには自分自身を決してとらえることができない。心とは、いわば、たくさんの「知覚」がめまぐるしく登場し続ける劇場のようなものである。つまり、人間の心とは、思いもよらない速さで繰り返される「知覚の束」にすぎない[16]。

わたしたちのクオリアは、そう反省しているわたしという自我は、決して実体としてあるわけではない。あるのは、心の臓器を含むこのからだだけである。そしてこのからだのなかの自動的な物理的現象として、「快楽や苦痛や感動や感情や情念といった一連の印象全体」[17]があるだけである。後から反省して言葉で表現してみれば、これらを指して心理的諸情態だとか、クオリアだとかいっているだけである。そして時がくれば、このからだも消え去る（「色即是空、空即是色」）[18]。

このように見てくると、センス・オブ・ワンダーにおける感性は、こうしたからだに根づく受動的な作用であることが明らかとなる。物理的な、まるで自動機械のような生物に、進化の過程において、やはり必要かつ有益であったからこそ身につけられた感覚なのかもしれない。社会生物学の観点から、次に探ってみよう。

2節　社会生物学から見た道徳性

いうまでもなくウィルソン（Edward O. Wilson, 1929-）は、『社会生物学』の大著により、その名を知られる20世紀を代表する昆虫学者、生態学者、進化学者である[19]。『人間の本性について』も大いに話題となり、いわゆる

---

16)　同前書、128頁。
17)　同前。
18)　「色」とはサンスクリット語のrupa ルーパ。「形あるもの」の他に「変化するもの」「壊れるもの」という意味がある。玄侑宗久『現代語訳　般若心経』（ちくま新書、2006年）、39頁以降参照。
19)　一連の進化論的見方については、佐倉統『進化論の挑戦』（角川ソフィア文庫、2003年）などを参照。

「社会生物学論争」を引き起こした[20]。しかし、「効果的な教育を望み、調和と創造性のある社会を実現しようというなら、人間という種の生物学的な起源を理解しないわけにはゆきません」[21]という言葉には、たいへん惹きつけられる。「人文・社会諸科学は、物理学抜きの天文学、化学抜きの生物学、そして代数抜きの数学のようなもので、表面的な現象の単なる部分的な記載の域にとどまってしまう」[22]というのは、的を射ているといえよう。『知の挑戦』[23]では、科学的知性と文化的知性の統合を企てているが、とりわけ教育学においては、こうした知の統合は、今後ますます推進する必要があろう。

ともかく、ウィルソンによれば「ヒトという種は、神の被造物ではなく、遺伝的偶然と環境のもたらす必然の産物」[24]であり、「種の起源の問題に神を介入させるのは、もはや無理なこと」[25]である。こうした立場や見方に対しては、先のさまざまな論争があるが、それはさておき、ウィルソンらによる社会生物学から見た道徳性について、一瞥しておきたい。まずは、生物という存在をどう捉えるか。

どんな生物も、その遺伝的歴史によって形成された諸規範を超越する目的などというものを持ってはおらず、人間もその例外ではないということである。もちろん、生物が、物質的・知能的進歩の大きな可能性を持つことはありうるだろう。しかし、内在的な目的を所持したり、あるいは当面の環境を超越した何らかの要因によって進路の誘導を受けるなどということが生物に起こるはずはなく、さらに、分子的な構造の故に生物が自動的に何らかの進化上の目標に向かって前進するなどということもありえないの

---

20) たとえば、J. オルコック『社会生物学の勝利―批判者たちはどこで誤ったか―』(長谷川眞理子訳、新曜社、2004年) などを参照。
21) E. O. ウィルソン『人間の本性について』(岸由二訳、ちくま学芸文庫、1997年)、7頁。
22) 同前書、16頁。
23) E. O. ウィルソン『知の挑戦―科学的知性と文化的知性の統合―』(山下篤子訳、角川書店、2002年)。
24) ウィルソン前掲『人間の本性について』、15頁。
25) 同前書、16頁。

である[26]。

ウィルソンは徹底した経験主義に立つため,「道徳の指針を人間精神の外に存在する」[27]とは捉えない。道徳はあくまでも人間精神の考案物である。つまり,「神」といった超越者を立てることは一切しない。人間の精神といっても,それはこの物理的なからだのなかに,とりわけ脳という心を生み出す臓器を道具として機能しているのであって,これが物理的なプロセスから逃れることなど不可能である。そして,ありとあらゆる物質や生命の進化には,とくに定められた目標や目的といったものはなく,それはむしろただ変化と呼ばれるほうがふさわしい。たとえばキリスト教的な見方をここに少しでももち込めば,すべてはある目的に向かって進歩するなどといいたくなるわけであるが,ウィルソンはそうした立場をとらない。これは,ポスト・モダンの哲学者リオタールにも共通する見方である。歴史に明確な目的や到達点など存在しない。

人間は歴史の中でただ意味もなく増殖してきただけであり,人々の歴史や,個人の一生に,あらかじめ定められた目的はない。したがって,存在するのは,小さな個人個人の一生という物語だけである[28]。

先に見た「受動意識仮説」によれば,わたしというクオリア＝意識の現象的側面は,幻想のようなものでる。ただ人間だけが,有り難いことに,この存在をモニターできる心を獲得することができた。本来は「空」であるのに,これを「色」つまり存在として認識させてもらえたという,何という素晴らしさ（むろん,ここに幻想にしがみつく執着と死への恐怖も生じることになるのだが）[29]。なのに「人間はなんて愚かなのであろう。本質的な目的のない人

---

26) 同前書, 16-17頁。
27) ウィルソン前掲『知の挑戦』, 290頁。
28) 前野前掲書, 147頁。
29) 周知のとおりヒュームも指摘しているが,こうした死への不安と恐怖などの感情も宗教の源泉となる。

生を，他者との競争のために消費した後に死んでいく」[30]。「意味もない増殖」にいまも拍車がかかり，やがては増殖しえない状態が近づきつつある，といったところが現在であろうか。

　さて，ともかく人間を超越した「神」といった存在を一切前提しないところから，心や道徳性の問題に取り組んでみよう，というのが社会生物学からのアプローチである。ちなみに，宗教を信じるかどうかは「分かる」次元の話ではない。宗教はあくまでも「納得する」次元の話である[31]。個人が自分の一生という物語をトータルに納得する上で活用すべきものであり，他人を説得する「説明」のための原理的体系ではない。

　では，このようなクオリアを生み出す脳は，なぜ存在するのだろう。そして，心は。さらに，道徳性は。ウィルソンは，こう述べる。

　　脳というものが存在するのは，それを構築せしめる遺伝子群の生存と増殖にとって，脳自体が促進的効果を示すからなのだということである。人間の心というものも，生存と繁殖のための一つの装置なのであり，理性とは，そのような装置が行使する各種の技術のうちの一つにすぎないのである[32]。

　かつて，ショーペンハウアーは人間存在の根源に「生への盲目的な意志」を見たが，わたしたちは生き物として，確かに「生き続けたい」という本性だけを有しているのかもしれない。ただ，人間だけがそれに止まらず，つまりパンのみ生きるにあらず，言葉(知性)による意味を見出そうとする。が，ウィルソンはいう。

　　知性というものは，原子の理解を目的として作り上げられたものでもなければ，ましてや知性自体を理解するために作り出されたものでもない。そ

---

30) 前野前掲書，149頁。
31) 松井孝典『「わかる」と「納得する」―人はなぜエセ科学にはまるのか―』(ウェッジ，2007年)や松井孝典・南伸坊『科学的って何だ！』(ちくまプリマー新書，2007年)などを参照。
32) ウィルソン前掲『人間の本性について』，17頁。

れは，人間の遺伝子の生存を促進させるためにこそ作り上げられたものだといえるのである[33]。

いまここでこのようなことを書いたり読んだりして考えていることそのものが，じつは知性本来の目的ではないということ。すなわち，まさにこうした知性の使用はスコレー（余暇）においてなされるものであり，これが哲学であり，学問だということかもしれない。

ただし，脳や心や知性や理性とは，第一に・生・存・の・た・め・の・装・置であることを確認しておこう。すると，生存したいと欲する生物としての人間は，当然のことながら養育に向かおうとする[34]。

人間というものは，ヒトという種を特徴づけているあらゆる衝動，機知，愛情，自尊心，怒り，希望，そして気づかいのすべてを傾けて，結局のところは，同じ人生のサイクルを子孫たちが繰り返してゆくのを確実に手助けしようとするものなのである。自省的な人々はそれに気づいているのである[35]。

この「手助け」が養育であり，教育である。ただし，この手助けはただ生存そのものが第一目的であり，これを超えた目的を有しているわけではない。宗教や哲学，さらに教育思想と呼ばれてきたものなら，これに加えてさまざまな（ときに立派な）意味づけや（ときに壮大な）方向づけを行おうと試みるであろうが，ウィルソンは次のように断言する。

我々には特別の目的地など無いということなのだ。ヒトという種には，それ自体の生物学的本性から独立した目的など備わってはいないのである[36]。

---

33) 同前書，18頁。
34) たとえば，長谷川眞理子『生き物をめぐる4つの「なぜ」』（集英社新書，2002年）参照。
35) ウィルソン前掲『人間の本性について』，18頁。
36) 同前書，19頁。

ゆえに，信仰もまた「生存を促進するための機構」[37] である。逆に，生存をおびやかす機構ともなりうるのが信仰であるが，ともかくわたしたちはひたすら「生きよう」としているだけの「1匹」の，ただの生き物である。

> この上なく高貴な諸々の衝動も，詳しく調べてゆくと，実は生物学的行為に姿を変えてしまうもののようである[38]。

納得するかどうかは各人の自由として，社会生物学から見た人生（ヒューマン・ライフ）とも，わたしたちは正面から向き合う必要があろう。

すると，次に道徳性は，こうした生物としての人間のどこに位置づくのであろうか。ウィルソンは，こう述べる。

> 人間というものに一段と真実に近い定義を与えた上で，新しい道徳を探究するためには，人間の内面に目を向けて心という機構を解剖し，その進化史を改めて辿ってみる必要があるのである[39]。

これは次節で取り上げることとするが，重要なのは，この認識である。

> 我々の脳の中には，複数の生得的な検閲装置および動機付け装置があって，これらが，我々の倫理的諸前提に無意識のうちに大きな影響を加えているということ。そして，道徳性は，それら諸装置を足がかりとして，本能として進化したのだということである。もしもこの推察が当たっていれば，あらゆる倫理的主張や多くの政治的行為の源泉となっている人間的な諸価値の起源や意味自体が，遠からず科学的研究の対象となるだろう[40]。

わたしたちのからだに，とりわけ心を生み出す臓器としての脳において「無意識」の内に自動的に大きな影響を及ぼしているさまざまな機能。これらの上に，道徳性は本能として進化してきたということである。

---

37) 同前。
38) 同前書，20頁。
39) 同前書，21頁。
40) 同前書，21-22頁。傍点引用者。

生物学では道徳性を, (簡単にいえば)「自分の欲することをめざす行為が, 他者の欲求や利益を妨げるとき, どのようにして自己抑制するかということ」[41]と捉える。つまり, 利己主義的行動ではなく, 利他主義的行動の優先。ひたすら「生きたい」とする生物にとって, そのための欲求を一時的にせよ抑制することは, 自己以外の生き物の利益を優先することになる。本来, 自己の生存のことしかない生物において, こうした利他行為は, なぜ進化してきたのか。ウィルソンが示唆したその後の研究は, 今日ますます進んでいる[42]。いましばらくウィルソンの見方について確認しておこう。

彼は, 人間の道徳や倫理が, からだや脳や心のなかに, 無意識的なメカニズムとして進化の過程において埋め込まれていると捉える。よって, こうした問題に古来言葉を費やしてきた哲学者にしても, 結局のところは「彼ら自身の個人的な感情的反応を頼りに判断を下しているのであり, その作業はあたかも姿を見せない祭司のお告げを頼りにしているようなもの」[43]で, 一般人と何ら変わるところがないという。では, この祭司は, いったいどこにいるのだろうか。

この祭司は, 脳の感情中枢の奥深い場所, おそらくは大脳辺縁系の一部に住みついている。(中略) 人間の情緒的反応や, これらを基礎とするより一般的な倫理的行為は, 数千世代にわたって働いてきた自然選択によって, かなりの程度までプログラムされているのである。科学が取り組むべき課題は, このプログラムが人間にどのくらいの強さの制約を加えているかを測定し, 脳内にあってその制約を生ぜしめている原因を究明し, さらに心というものの進化史を再構成することによって, そういった制約の意

---

41) 長谷川前掲書, 195頁。
42) たとえば, R. ライト『モラル・アニマル (上・下)』(小川敏子訳, 講談社, 1995年), M. リドレー『徳の起源―他人をおもいやる遺伝子―』(岸由二監修, 翔泳社, 2000年), F. ドゥ・ヴァール『利己的なサル, 他人を思いやるサル―モラルはなぜ生まれたのか―』(西田利貞・藤井留美訳, 草思社, 1998年), 同『共感の時代へ―動物行動学が教えてくれること―』(柴田裕之訳, 紀伊國屋書店, 2010年) などを参照。
43) ウィルソン前掲『人間の本性について』, 23頁。

義を解読することである[44]。

しかし，これは「自らに備わった生物学的特性を頼りとした自動操縦法をやめて，生物学的知識にもとづいた手動操縦に切り換えねばならないということ」[45]を，ある程度意味することになろう。実際，現代において，これほど道徳や倫理，さらに教育の在り方や方法が問題化しているのは，自然に根ざすプログラムが自明ではなくなりつつあり，この機能を十分に発達させる余裕もないまま，社会や文明が急速に変化していることによろう。もはや自動操縦では危険な，いわば人類の手動離着陸領域に入ってしまったかのようである。このような不自然な時代だからこそ，とくに道徳教育にたずさわる者にとっては，「脳内の検閲装置および動機付け装置のうち，我々はいったいどれに従い，またどれを抑制あるいは昇華すべきなのか」[46]について，できるだけの見識を備えておくことは必要だと思われる。しかも，「そういった諸装置は，人間性のまさに核心に位置する情緒的指針である」[47]。センス・オブ・ワンダーにせよ，モラル・センスにせよ，本章でもいちばんの問題にしているのは，こうしたセンス，感性や感覚，つまり「情緒的指針」の重要性の再認識と，正しい位置づけ，そして教育である。混迷する人間社会や教育界において，この作業は不可欠であろう。

が，これはかなり困難なことでもある。

この研究を推し進めるためには，自然科学を社会・人文科学に統合することを目指しながら，人間の本性を自然科学の対象として研究する以外に手はない[48]。

人間の本性の分析に関する重要な発展の第一歩は，心理学や人類学，社会学，経済学など各種の人文・社会科学と，生物学の結合という形をとるだ

---

44) 同前。
45) 同前書，24頁。
46) 同前。
47) 同前。
48) 同前。

ろう。二つの文化が互いに相手側の領域に十分目を向けるようになったのはごく最近のことである[49]。

とりわけ教育学は、今後こうした知の統合のさなかで研究を発展させていかなくてはならない。

さて、できるだけ間違いを避けながら、道徳や倫理の手動操縦にチェンジするためには、生物学的特性を頼りとする自動操縦の仕組みを解明しておかなければならない。もちろん、その試みはいま始まったばかりである。しかも、ふだんの自動操縦をすべて止める必要もない。むしろ、わたしたちの生物としての自動操縦がうまく機能することを期待し、これを育みながら、破綻が見られる箇所を手動操縦できるよう、うまい手だてを考えていかなければならない。これが道徳教育に与えられた最大の課題である。道徳や倫理の自動操縦法の一端を明らかにするため、最新の脳科学からの見解を、次に確認してみよう。

3節　脳のなかの道徳

脳神経科学者のガザニガ（Michael S. Gazzaniga, 1939-）は、『脳のなかの倫理―脳倫理学序説―』で、こう述べている。

つまり、重要なポイントは、人間という生物に生得の道徳感が備わっているのか、もし備わっているなら、私たちはその存在を認めてなおかつそれに従うことができるのか、である。人を殺してはいけないのは、人を殺してはいけないからであって、神やアッラーやブッダがそう言ったからではないのだ[50]。

倫理や道徳を、神といった超自然的な存在に基礎づけるのではなく、あくま

---

49) 同前書、25頁。またウィルソン前掲『知の挑戦』も参照されたい。
50) M. S. ガザニガ『脳のなかの倫理―脳倫理学序説―』（梶山あゆみ訳、紀伊國屋書店、2006年）、225頁。

でもこのわたしのからだという自然に基礎づけること。それは、からだの一部であり、倫理や道徳の大部分にかかわる脳という自然に、これらを位置づけることを意味する。こうした試みは、決して現代に始まるのではない。が、今日では、人間のからだを含み込んだ自然科学の目ざましい発達により、日々新しい知見が明らかにされてきている。その一端を確認しておきたい。

人間には生れながらに道徳感が備わっていて、基本的な能力のひとつとして善悪の判断ができるという見解は、最近までは根拠もないまま主張されるか、人間行動の分析に基づいて論じられることが多く、生物学的な実証に基づく議論は少なかった[51]。

先に触れたように、道徳哲学の歴史を振り返れば、その当時のあらゆる知を駆使して、道徳の基礎づけを試みた例はいくつもある。現代では、それがより自然科学的に実証的に証明されつつある[52]。

善悪にかかわる判断が脳活動で説明できると思わせる研究が、このところ次々と発表されている。通常は感情の情報を処理する脳領域が、ある特定の道徳的判断を下すときにだけ活動するのもわかった。善悪の判断とはどういう性質のものか、またその判断が一致したり違ったりするのはなぜかについて、数世紀にわたり激しい議論が続けられてきたが、その問題が今、現代の脳画像技術で速やかに疑いようもなく解決されようとしている[53]。

---

[51] 同前書、225頁。

[52] ウィルソンは『知への挑戦』で「私は、道徳論はすべてのレベルで自然科学と本質的に統合すると信じる」(290頁)。そして、「科学のほうは、人間の条件に関するあらゆる前提を容赦なく検証し、やがて道徳感情や宗教感情の基盤を発見するだろう」(323頁) と述べている。次も参照。Wilson, James Q. *The Moral Sense,* New York : Free Press, 1993. Hauser, Marc D. *Moral Minds : How Nature Designed Our Sense of Right and Wrong,* New York : Ecco, 2006. Joyce, Richard. *The Evolution of Morality,* Cambridge : Mass, 2006.

[53] ガザニガ前掲書、227頁。

じつに恐ろしい時代が近づきつつあるのも事実であるが[54]，それはさておき，感情と道徳が極めて密接な関係にあることに注目しておきたい。まさにモラル・センスは感情や直感に根ざすとの見方である。こうした見方は，本書でも振り返ったように古来見受けられてきた。近頃の脳科学は，これを支持しようとしているかのようである。

最新の研究からすると，人が道徳的信念に従って行動しようとするのは，善悪の判断が求められる問題を検討しているときにその人の感情にかかわる脳領域が活性化したからと見られる。一方，同等の判断が求められる問題に直面しても行動しないと判断するのは，感情の領域が活性化しないからだ。これは，人間の知識の驚くべき進歩である。脳の自動的な反応を見れば，どのような道徳的判断が下されるかを予測できる可能性が開けたのだ[55]。

感情と道徳をめぐる問題については第1章ですでに論じたので，ここでは補足を試みたい。ガザニガは，道徳哲学の3つのサンプルを取り上げている。

その三つとは，功利主義，義務論，徳倫理であり，それぞれジョン・スチュアート・ミル，イマヌエル・カント，アリストテレスが唱えた[56]。

これらに，おのおの3つの脳領域が対応するという。整理してみよう。

①功利主義・・・J. S. ミル・・・最大多数の最大幸福を生み出す行為が正しい。最終的な結果に注目・・・前頭前野，大脳辺縁系，感覚野。
②義務論・・・I. カント・・・行為の結果で善悪を判断するのではなく，動機の善し悪しを重視。理想的な結果を得るよりも，他人の権利を侵害しないことのほうが重要・・・前頭葉。

---

54) たとえば，下條信輔『サブリミナル・マインド―潜在的人間観のゆくえ―』(中公新書，1996年)，同『〈意識〉とは何だろうか―脳の来歴，知覚の錯誤―』(講談社現代新書，1999年) などを参照。
55) ガザニガ前掲書，227頁。
56) 同前書，229頁。

③徳倫理・・・アリストテレス・・・徳を修めて悪を避けることを求める・・・すべての脳領域を適切に連携させながら働かせる。

もちろん単純化されすぎてはいるが，明快に考えようとする上では，よい示唆を与えてくれよう。

さらに，善悪の認知に関する研究の3つのテーマがあるという[57]。これも整理しておこう。

①道徳的感情・・・行為の動機となるもの。主に脳幹と大脳辺縁系によって生み出される。性欲や飲食欲などの基本的欲求をつかさどる場所。
②心の理論・・・他者に対して適切な反応をするために，相手が何を考えているかを推測する能力。社会規範にかなった行動をとるうえでの指針であり，善悪の判断に欠かせない能力。ミラーニューロン，眼窩前頭皮質，扁桃体の内側部，上側頭溝。
③抽象的な道徳思考・・・さまざまな脳内システムの関与。

いずれも大切であるが，とりわけ道徳教育においては，まず道徳的感情が出発点になるのではなかろうか。しかも，これは性欲や食欲など，生物としての基本的欲求と同根である。つまり，道徳的感情は，生き物としての「1匹」の人間が，生存に役立つものとして進化の過程で身につけた本能に近いものなのかもしれない。こう見ると，やはりモラル・センスは，生物学的な自然のなかに基礎をもつといえそうである。道徳教育は，これをどう活性化させるのであろうか。次に，心の理論に基づく共感や想像力を，道徳教育はどう育もうとするのであろうか。最終的に，こうして道徳をめぐって考えることを含め，抽象的な道徳思考に向けて，道徳教育に何ができるのであろうか。

道徳教育には以上のような課題が見出されるわけであるが，とりわけ①のテーマをここでは強調しておきたい。それは，ガザニガの次の見解にもよる。

---

[57] 同前書，230頁。

3節 脳のなかの道徳　243

これがいちばん重要なのだが，〔善悪の判断について〕自分の選択の理由を明確に説明できた者はひとりもいなかった。つまり，道徳上の難問に答えるときには，全人類に共通する無意識のメカニズムが働いているように思える[58]。

繰り返すように，道徳的判断は，そのほとんどが自動操縦によってなされている。理屈(ロゴス)は，その後である。

善悪の判断はほとんどが直感に基づいている。ひとつの状況や意見に接したとき，私たちはそれに対して何かを感じ，なぜそう感じたのかを説明する理屈を組み立てる。簡単に言えば，人間は状況に対して自動的に反応している。脳が反応を生み出しているのだ。その反応を感じたとき，私たちは自分が絶対の真実に従って反応していると信じるに至る[59]。

しかも「進化は個人ではなく集団を救う。集団を救えば個人も救われるからしい。そのため，私たちは何らかの方法で無意識のうちに人の心を読むようになった」[60]。前節で触れた利他行為も，ここに位置づけられるであろう。わたしたちの利己的遺伝子は，集団，あるいは人類の存続において自己を保存しようと試みるのである[61]。

さて，さまざまな知見が明らかになりつつある現代。この分野においても，何が正しいのかは，まだ明らかにはなっていない。古今東西の道徳哲学の知恵を裏づける自然科学的知識が，日進月歩で増殖しているといった状況である。ただ，次のことだけは確かだ，とガザニガはいう。

人間が生きる指針にしているらしき善悪の真理は，私たちとは切り離された独立したルールとして存在していて，人はそれを学び，それに従ってい

---

[58]　同前書，233頁。
[59]　同前。
[60]　同前書，234頁。
[61]　たとえば，R. ドーキンス『利己的な遺伝子〈増補新装版〉』（日高敏隆ほか訳，紀伊國屋書店，2006年）参照。

るのだろうか。それともそのルールは，脳が自らに組み込まれたシステムを使って他者に共感し，それによって相手の行動を予測して，しかるべく対応した結果として生まれたものなのか。どちらが正しいにせよ，ひとつ確かなことがある。ルールは間違いなく存在するということだ[62]。

現代の脳神経倫理学は，「人類共通の倫理が存在するという立場に立って，その倫理を理解し，定義する努力をしなければならない」[63]。

人間は何かを，何らかの自然の秩序を信じたがる生き物だ。その秩序をどのように特徴づけるべきかを考える手助けをすることが，現代科学の務めである[64]。

もちろん道徳教育も，この成果を積極的に取り込んでいかなければならない。

以上，道徳性を生物としての自然のなかに位置づけ，そして解明しようと試みるにつれ，この自動操縦の巧妙な装置に，わたしたちは目を見はらざるをえない。

まずは，わたしたち自身が，わたしという人間の自然に驚嘆すること。そこには，人間ならではの道徳性に対する驚嘆も，必然的に惹起させられるであろう。

つまるところ，人間のモラリティ，およびその探究と教育は，人間による人間自然へのセンス・オブ・ワンダーによって，はじめて覚醒させられる。しかも，この感性は，理屈よりさらに深く，生物としての感情に根ざしているのである。

* * *

センス・オブ・ワンダーが，わたしたち自身の存在そのものに対する驚き

---

[62] ガザニガ前掲書，240頁。
[63] 同前書，241頁。
[64] 同前。

から発すること。しかも，その生物としての存在にはモラリティが，あたかも自動装置のようにして組み込まれていること。道徳教育は，まずはこのようなわたしたちの生に対するセンス・オブ・ワンダーを育むという課題をもつ。

ところで，事実命題「○○である」から規範命題「××すべし」は導けないとし，「べし」を「ある」に基礎づけようとすることを自然主義的誤謬とする説もある[65]。ドーキンスの「利己的遺伝」によれば，「純粋で，私欲のない利他主義は，自然界に安住の地のない，そして世界の全史を通じてかつて存在したためしのないもの」[66]である。生物としての「である」と「すべし」は，区別されなければならない。

が，これに関して，周知のようにドーキンスは，人間の遺伝子（gene）に加えて，ミーム（meme）という新しい自己複製子を提唱する。

> 新登場のスープは，人間の文化というスープである。新登場の自己複製子にも名前が必要だ。文化伝達の単位，あるいは模倣の単位という概念を伝える名詞である[67]。

ギリシア語のミメーシス（模倣）からミーム。ジーンにちなんだネーミングである。わたしたちは死後に，遺伝子とミームしか残すことができない。

> われわれは，遺伝子を伝えるためにつくられた遺伝子機械である。しかし，遺伝子機械としてのわれわれは三世代もたてば忘れ去られてしまうだろう[68]。

しかし，わたしたちには模倣能力をもつ脳がある。そこに，ミームは増殖し，進化し続けていく。すると，次のようになる。

---

65) たとえば，D. C. デネット『ダーウィンの危険な思想―生命の意味と進化―』（山口康司監訳，青土社，2001年）などを参照。
66) ドーキンス前掲書，311頁。
67) 同前書，296頁。
68) 同前書，308頁。

少なくともわれわれには、単なる目先の利己的利益より、むしろ長期的な利己的利益のほうを促進させるくらいの知的能力はある。(中略) 私たちには、私たちを生み出した利己的遺伝子に反抗し、さらにもし必要なら私たちを教化した利己的ミームにも反抗する力がある。(中略) われわれは遺伝子機械として組立てられ、ミーム機械として教化されてきた。しかしわれわれには、これらの創造者にはむかう力がある。この地上で、唯一われわれだけが、利己的な自己複製子たちの専制支配に反逆できるのである[69]。

ドーキンスは「われわれの遺伝子は、われわれに利己的であるよう指示するが、われわれは必ずしも一生涯遺伝子に従うよう強制されているわけではない」[70]という。ここに人間の自由が、そして教育の可能性が残されている。

倫理や道徳を徹底して自然化(あるいは生物学化)することをめぐる議論は、さまざまである[71]。が、工学の基礎として物理学があるのと同様に、倫理学の基礎に生物学があるのは、むしろ当然ではないか[72]。自然哲学と道徳哲学がまだ密接に関係していた時代には、道徳を自然のプロセスのなかに位置づけようとする試みがなされていた。

わたしたち「1匹」の人間は、生物としてどこまでも利己的である。しかし、そこには単なる利己性を超える可能性も含まれている。「である」から「すべし」が導き出せるかどうかは別として、わたしたちの意識そのものは、すでに何らかの価値を無意識的かつ自動的に選択してしまっている。そこには、自己保存のためのモラリティがすでに作動しているのかもしれない。この意識の問題に、最後にごく簡単に触れておきたい。

やはり、人間における意識とは何であろうか。意識の機能とは。

---

[69] 同前書、311頁。
[70] 同前書、4-5頁。
[71] デネット前掲書参照。あるいは、M. W. デイヴィズ『ダーウィンと原理主義』(藤田祐訳、岩波書店、2006年)なども参照。
[72] 佐倉前掲書、118頁参照。

意識というものがなければ，自分がどのように感じているのかということを，あなたはいかにして知るというのでしょうか。それが意識の機能なのです。それは（中略）本来内観的なものであるばかりでなく，本来評価的なものでもあります。それは**価値を知らせる**のです。それは私たちに，あるものが「良い」か「悪い」か，ということを知らせるのですが，その知らせ方は，物事を良いと感じさせるか，悪いと感じさせるか（あるいはその間か），ということによっています。そのようなことのために意識，感じはあるのです[73]。

意識は，わたしたち1人ひとりの生存にとって不可欠の機能であって，「古来一連の**生物価**（biological value）に深く根ざしています。このような価値が感じの本質であり，そして意識はすなわち感じなのです」[74]。生きようと欲するひとりの人間が，その生存にとって心地よく有利な状態を保つために，自己の現在の内的状態と外部状況とのあいだにあって作動する意識。「意識は自己への気づき（self-awareness）という背景媒質を基盤とした，私たちのまわりで起こっていることへの気づきから成っている」[75]もので，しかもそれは無意識的に評価的であり，生存という価値（生物価）に否応なく深く根ざしている。ゆえに，こうした意識によって語られる倫理や道徳が，生物学的な自然を無視することは，もはやできないのである。

畢竟するに，理屈よりもさらに深い感じ，あるいは感情に基礎づけられたモラリティ。それを，どうさらによりよく育むのか。人間存在へのセンス・オブ・ワンダーを育むことから始め，この方策を，これからもわたしたちは模索していかなければなるまい。

---

73) M. ソームズ・O. ターンブル『脳と心的世界―主観的経験のニューロサイエンスへの招待―』（平尾和之訳，星和書店，2007年），133-134頁。
74) 同前書，138頁。
75) 同前書，136頁。

第12章
道徳と教育の未来

　グレイは『わらの犬―地球に君臨する人間―』のなかで，こう述べている。

> 道徳の起源を訊ねるなら，動物の生き方を見るといい。道徳のはじまりは動物の美質にさかのぼり，親戚である動物と共有する徳性なくして人類は豊かに生きられない[1]。

からだで感じるモラリティが，この動物と共有する徳性と重なり合う様態を，わたしたちはさまざまな角度から考察してきた。その原動力には，情念があった。
　が，問題は，人間が自然という動物を超えて，もはや反自然的な生き物となってしまった現実にある。わたしたちには，自ずから然りとしての自然のままに生きることは，もう不可能だ。わたしたちは，不自然な動物である。動物以上，神未満。かといって，他の動物のほうが，人間よりも劣るであろうか。
　狂った動物としての人間に比べれば，自然そのままの動物のほうが，はるかにましなのではないか。そこには，むろん善／悪の（人間にとってのみ問題となる）価値は存在しない。自然に道徳はない。あるがままの自然に埋没した自然そのものがあるだけである。そうした世界を指して「楽園」といったのであろうか。いずれにせよ，こうした動物にも人間にも，パラダイスは夢のようである。

1）　J. グレイ『わらの犬―地球に君臨する人間―』（池央耿訳，みすず書房，2009年），115頁。

つくづく思うに，人間の一生と動物の一生になんのちがいもありはしない。人間も動物も，それとは知らぬ間に世界に投げ込まれて，情況にもてあそばれる。ときどきは面白いこともある。生き物として，決まりきった手順で毎日を送るところも人間と動物は同じである。自分が理解すること以上に何を考えるでもなく，自分とはちがった生き方があるとは思いもしない。猫は日向で転げまわって眠りこける。人間も喜怒哀楽の入り組んだ生涯を右往左往したあげくに目を瞑る。両者とも，自分が何者であるかを決定している宿命の支配からついぞ逃れることがない[2]。

これまであれこれ考察した挙句，最後にわたしたちが行き着くところが，結局こうした無常感でしかなかった，とするならば。わたしたち日本人にとって，「どうせ」と最終的には落ち着いてしまう心性が，どこかにあるのだろうか[3]。

終わりに代えて，ここでは宿命が支配するこの無常，無情あるいは非情と向き合っておこう。

1節 「わらの犬」としての人間

グレイの本のタイトルは「わらの犬」であるが，これは『老子』の一節である。

天地は仁ならず，万物を以て芻狗と為す。
天地には仁愛などない。万物をわらの犬として扱う[4]。

天地は無為自然であり，人間を含む万物に対する特別な仁愛などなく，そこに感情の入り込む余地はないことを，この言葉は示しているという[5]。「芻

---

[2] 同前書，137-138頁。傍点引用者。
[3] 竹内整一『「おのずから」と「みずから」―日本思想の基層―』（春秋社，2010年）などを参照。
[4] 『老子』（蜂屋邦夫訳注，岩波文庫，2008年），31頁。
[5] 同前書，32頁。

狗」は祭用の草で編んだ犬で，祭りが済めば淡々と捨てられ，それに対する愛惜の情はない[6]。要するに，この世界や宇宙において人間は何ら特別な地位を占める生き物ではない，ということの明言である。その次には，こう続く。

　聖人は仁ならず，百姓を以て芻狗と為す。
　聖人には仁愛などはない。人民をわらの犬として扱う[7]。

天地と同様，統治者もまた無情・非情であってこそ，万人を支配できる。
　中国思想にはこうした現世的な側面が濃厚であるが[8]，万物が「わらの犬」であるとする見方，わたしたち人間もまた自然の手先であり，ときに一構成部分であるとする見方は，すでに西洋にも形を変えて見られることを，これまで確認してきた。東洋の思想と西洋の思想とを同列に論じることはできないが，ともかくこうした東洋思想において人間は，「道（タオ）」としか呼ばれえない，いわば自然の法に則って，自らの「徳（はたらき）」を無為自然のままに展開させて生きるのが，もっとも幸福な人とされている。これこそが人間の「道徳」である。

　人は地に法り，地は天に法り，天は道に法り，道は自然に法る。
　人は地のあり方を手本とし，地は天のあり方を手本とし，天は道のあり方を手本とし，道は自ずから然るあり方を手本とする[9]。

だが，現代のわたしたちが無為自然に憧れるとしても，これを実現することは極めて困難である。わたしたちは，自分自身をもはや「わらの犬」とは思ってもいないし，それ以上の「何者」かとして，地球に君臨しているつもりでいる。そして，まるで飼い主を見失ったか，あるいは飼い主を狂って嚙み殺してしまった犬のように，わたしたち病気の人間たちは，この地球上を

---

6) A. チャン『中国思想史』（志野・中島・廣瀬訳，知泉書館，2010年），185頁以下参照。
7) 『老子』，31頁。
8) 森三樹三郎『中国思想史（上）』（レグルス文庫，1978年）参照。
9) 『老子』，115-116頁。

彷徨う。

　そこで，むろん無為自然から有為自然へと向かう試みは，なされてはきている[10]。しかし，その向かう先は，いよいよ有為不自然な世界。人生のさまざまな出来事は，「如意の『みずから』と，不如意の『おのずから』との，両方からのせめぎ合いの『あわい』で起きているといってもいい」[11]と，竹内は述べている。不如意という無為と如意という有為の「あわい」で揺れ動く人間。

　が，現代のわたしたちには，とりわけ「わらの犬」として自らを自覚し直すことが求められているのではなかろうか。この「取るに足らなさ」（humilitas）こそ，「大地」（humus）より生まれ，しばらくのあいだ活動し，再びここに還る「人間」（humanus）の原点なのではなかろうか。「わらの犬」としての人間。されど，このことの深い自覚に拠り立つとき，わたしたちはみずからの「真の飼い主」を知る，賢明な犬となるであろう。

2節　自然へのセンス・オブ・ワンダー

　しかし，このように言葉で表現され自覚された段階で，わたしたちはやはり，すでに不自然な生き物として存在することになる。東洋の「自然」とは，self-so あるいは what-is-so-of-itself[12]。言葉によって，あらゆる「こと」が「わけられた」時点で，「ことわり」としてロゴス化された時点で，もはや「一」を離れて「二」となり，わたしたちは分裂し，「無心」ではなく「有心」となってしまう。「おのずから」が「みずから」に変調してしまう。

　人間はみな，人生の半分，たとえば寝ているときの無意識においては，確

---

10) たとえば，小川環樹編『世界の名著 4　老子／荘子』（中央公論社，1978年），416頁参照。
11) 竹内前掲書，238頁。東洋の古典も含めて，こうした大きな問題に関する考察は，今後の課題としたい。
12) 『世界の名著4』，19頁。

かに無為自然を生きている，といえそうである。が，また人生の半分，たとえば起きているときの意識においては，とくに教育において，有為自然を作為として求めざるをえない。生まれ出た赤子の時点では，だれしもが無為自然で無意識あったはずであるが，やがて無為と意識的有為が交錯するなかで「宿命」に翻弄されて生を送り，最後には再び意識を失って無為自然に還る。humanus は humus へと，人は土へと還る。すべては，元に戻るのだ。

　無為自然は，「おのずから」わたしたちの現実の根底としての大地である。そして，有為自然は，「みずから」この大地の上に成り立つ活動であり，人為による文化である。ともに，わたしたち人間のリアリティの裏と表である。が，実体はひとつ。夜の地球も昼の地球も，夜のわたしも昼のわたしも，ともに同じ地球であり，わたしである。ただし，その「あわい」には，無限のヴァリエーションがある。「おのずから」と「みずから」の「あわい」に，人間は生きている。

　いずれにせよ，まずわたしたちの故郷としての大地＝自然，すなわち「おのずから」に対する「センス・オブ・ワンダー」の覚醒に，ただの犬になるか，「わらの犬」を自覚する賢い犬になるかを分ける，大きな違いがかかっているといえるであろう。そして，「おのずから」に目覚めて，ようやく本来の有意義な「みずから」も作動するのではなかろうか。ともかくわたしたちは，やはり動物以上，神未満の中間的生物であり，やっかいな生き物であることだけは，間違いない。

3節　それでも希望を求めて

　同じく，グレイはこう述べる。

人間は道徳が荷物にならない，もっと軽快な生き方を身につけていいはずだが，純粋な無為自然には帰れない。（中略）道徳は人間特有の病弊である。よく生きようと望むなら，動物の美質に洗練を加えるのがいちばんだ。動物の本能を起源とする道徳に根拠は必要ない。だが，道徳は人間

の，矛盾する希求の狭間で暗礁に乗り上げる[13]。

　人間存在が，動物と神とのあいだ（あわい・狭間）で，いかに矛盾にあふれ，不協和音のなかで「ときどきは面白いこともある」気晴らしを求めて，自らをごまかしながら生きざるをえない生物である様子もまた，これまで明らかにしてきた。道徳教育は，このとき絶えず暗礁に乗り上げざるをえないが，しかし，原罪という病を完治できない人間にとって，対処療法としてのごまかしもまた，この現実世界においては必要である。つまるところ，道徳にせよ教育にせよ，不完全な動物としての人間にとってこれらは，わたしたちがかろうじて生き続けるための，究極のごまかしの術である。が，この術は必要不可欠の生きる術である。アートであり，テクネーである。

　ともかく，生き物としてのわたしたちは本能に従い，なおも生き続けなければならない。それが生物としての宿命であろう。しかも，生きることに意味を求める人間にとっては，ここに何らかの信仰が不可欠となる。再度，バーガーの言葉を引用しておこう。

　　信仰とは，「世界は善いものである」という信頼である。（中略）信仰とは，「最後に喜びがある」ということに賭けることである[14]。

　もしかしたら，そうではないかもしれない。にもかかわらず，わたしたちはこの希望に賭けるのである。そうした夢と希望なくして，多くの人間は生きることができない。この信仰と希望は，絶えず悪夢と絶望に苛まれることにはなるものの，それでも生きている限り，土に還るまで，わたしたちはこれを保ち続けなければならない。そして，愛の行いに励むよりほかはない。

　以上，わたしたちの実存が，極めて不合理な「賭け」において成り立っていることだけは，明らかとなった。わたしたちの実存を究極的に支える「意味」を与えてくれる働きとしてのスピリチュアリティは，これからも探究さ

---

13) グレイ前掲書，120-121頁。
14) P. L. バーガー『現代人はキリスト教を信じられるか―懐疑と信仰のはざまで―』（森本あんり・篠原和子訳，教文館，2009年），22頁。

れなければならない。その触手として，センス・オブ・ワンダーがあるのだ。

＊　　＊　　＊

　死と生，絶望と希望，あるいはときに「おのずから」と「みずから」のあいだ（あわい）で，常に翻弄されて苦悩しながら生きるのが，どうやら人間の宿命であるようだ。からだで感じるモラリティも，無為自然と有為自然のあいだで，絶えず揺れ動いている。情念の教育思想史は，こうした不完全な生き物としての人間がこの世に存在する限り，完結には至らない。

　畢竟するに，人はみないつか死に，そして終末が来るのは確かである。ただ，わたしたちは最善世界（ムンドゥス・オプティームス）を信じるオプティミストとして，生きている限り，この営みを続けねばならない。ときどき訪れるささやかな快楽を，大いに楽しみ大切にしながら。無情・非情な現世ではあるが，それほど捨てたものではない，と思える喜びの瞬間もある。後のことは，すべて安心して神に任せるとしよう。最後に残されるのは，祈りしかない。

あ と が き

　希望は信仰より，信仰は祈りより来る。そこで，わたしたちはこの世の中で生きている限り，祈りによりもたらされる信仰と希望，そして愛の行いに励むほかない。道徳と教育のもつ意味や目的，そして希望は，畢竟するに祈りによって与えられるであろう。それは，からだで感じるモラリティとして具体的に作動する。

　人間にとって教育という営みは，確かにこの世の中，ルターの言葉を用いれば「人々の前」(coram hominibus) における実践である。この次元においては，教育事象に関するさまざまな説明や方法が，自然科学的あるいは唯物論的に探究できるであろうし，それも必要である。

　しかし，本書でとくに問題としてきたのは，同じくルターの言葉を用いれば，「人々の前」と同様の重みをつ「神の前」(coram Deo) におけるわたしの存在理由である。すなわち，個々人が生きて在ることの意味である。フランクルも語っていたが，わたしたちの生の全体が，単なる有機体の酸化作用にほかならず，燃焼過程にすぎないとするならば，わたしたちの実存を究極のところで支える意味は，無となってしまう。行いや実践や活動を支える根拠が，何もないことになってしまう。これでは，救いのない終末論に呑み込まれてしまう。

　多くの人々は，そうした無意味感と不安に耐えられるほど強くはない。「神の前」に還る「おのずから」があって，はじめて意味ある活動，すなわち「人々の前」における「みずから」の行いが充実し，光り輝くのではないか。実践を支える内面的な信仰と，ここに根ざす外面的な愛の行いとは，まさに表裏一体である。とかく外面的活動とその成果だけに目をとられていては，自己の拠り立つ根本を徐々に掘り崩すことになるであろう。エックハルト (Meister Eckhart, 1260頃-1328頃) の言葉を借りれば，おのれの源泉に還る「観想的生」(vita contemplativa) があって，おのれから出る噴水として

の「活動的生」(vita activa) がある。人生全体（tota vita）は，この往還にほかならない。泉は深ければ深いほど，水も高く湧き上がる。これに気づくのが霊性(スピリチュアリティ)であり，その触手としてのセンス・オブ・ワンダーの重要性を，本書では述べてきた。人間だけが，この霊性を通じて「神」と交わることができる。はじめにセンスありき。わたしたちは，まず美を感じ，次に善へと促され，そして真の探究へと進む。ここにスピリチュアリティの成長がある。教育とは成長しつつある者にのみ可能な実践である。

ただし，わたしたち人間の内には，扱うのに非常にやっかいな情念もまた同時にセットされていた。生そのものを原理的に駆動させる働きは，善きも悪しきも情念に求められる。これこそが，「おのずから」と「みずから」の結節点である。

からだで感じるモラリティは，確かに情念を原動力とはしているが，しかし，この情念はスピリチュアリティによって，常に更新され成長しつつある情念である。絶えずスピリットによって充満された，スパークリングな情念である。ルターのいうように，信じる者の全生涯が悔い改めなのであり，わたしたちは日々の努力なかで，不断に新しい人間へと生まれ変わる。ここには，精神(ガイスト)と心情(ヘルツ)の両方を具えた「人間」が生きている。わたしたちは，そうした人間を育てていかなければならない。毎日が，新しい１日の始まりである。

前著『近代教育思想の源流―スピリチュアリティと教育―』を出版してから，早くも５年余りが過ぎた。今回も，編集部の相馬隆夫氏にお世話になった。心よりお礼申し上げる。まえがきで述べたように，最後に，ようやく一点の希望の光でも見出せたであろうか。情念の教育思想史の探究は，いまだ途上にある。読者諸賢のご批判ご教示のほど，お願い申し上げる。

2011年２月

菱　刈　晃　夫

初出一覧

書き下ろしを除き，いずれにも加筆・修正が施されている。

- 第1章…「からだで感じるモラリティに向けて―脳科学から見た道徳―」国士舘大学初等教育学会編『初等教育論集』第8号，2007年，1-25頁。
- 第2章…「情念と教育―ルターとその周辺―」教育思想史学会編『近代教育フォーラム』第17号，2008年，1-17頁。
- 第3章…「メランヒトンにおける道徳の基礎としての自然法―エキュメニカルな道徳教育を求めて―」国士舘大学初等教育学会編『初等教育論集』第10号，2009年，52-69頁。
- 第4章…「メランヒトン以前・以後のリベラル・アーツ」国士舘大学初等教育学会編『初等教育論集』第11号，2010年，30-60頁。
- 第5章…「快楽と道徳に関する一考察」国士舘大学初等教育学会編『初等教育論集』第10号，2009年，93-103頁。
- 第6章…「欲動と道徳に関する一考察」国士舘大学初等教育学会編『初等教育論集』第11号，2010年，73-90頁。
- 第7章…書き下ろし。
- 第8章…書き下ろし。
- 第9章…「情動知能の育みと道徳教育」国士舘大学文学部編『人文学会紀要』第41号，2009年，107-126頁。
- 第10章…「センス・オブ・ワンダーを育む特別活動―「生きる力」再生のために―」国士舘大学文学部編『人文学会紀要』第39号，2007年，61-78頁。
- 第11章…「センス・オブ・ワンダーを育む道徳教育に向けて―道徳性（モラリティ）の生物学的基礎づけから―」国士舘大学初等教育学会編『初等教育論集』第9号，2008年，14-36頁。
- 第12章…書き下ろし。

索　引
（本文のみ）

あ 行

IQ ……………………191
アインシュタイン ………115
アウグスティヌス ……3, 52, 70, 74, 77, 78, 79, 83
アクィナス ……………52, 78
『悪徳の栄え』 ………17, 111
アドラー ………………123
アフェクトゥス……3, 14, 40, 42, 165, 167
アリストテレス …28, 31, 42, 50, 53, 54, 78, 81, 85, 88, 148, 150, 153, 154, 155, 156, 157, 173, 190, 202, 241, 242
アルクイン ……………78, 80
EI …179, 180, 190, 191, 192, 193, 194, 197, 198, 201, 202
イエス …25, 41, 58, 59, 141
EQ ……………………193
生きる力………183, 204, 205, 206, 210, 211, 212, 213, 216, 217, 221, 223, 224, 225
イシドルス………………78
いじめ……………………7, 12
イソクラテス……71, 74, 75
イソップ…………………63
ウィルソン………231, 232, 233, 234, 235, 236, 237
ヴェーバー ………………ii
ウェルギリウス…………63
ヴォルテール …142, 143, 144
エウリピデス …………29, 30

『エチカ』 ………14, 146, 167
エックハルト ……………255
エピクロス……103, 104, 105, 106, 107, 108, 109, 111
『エミール』 ………………16
MI……………………191, 192, 202
エラスムス ………24, 31, 35, 36, 37, 38, 39, 40, 43, 47, 64, 108, 109, 190
エリアス…………………92
エロス……115, 126, 180, 181, 183
エロティシズム ……112, 113
『エンキリディオン』 ……35
エンペドクレス……184, 185
オウィディウス …………184
オプティミズム……134, 135, 138, 139, 141, 142, 143, 144, 145, 147, 148

か 行

ガザニガ …239, 241, 242, 243
カーソン………203, 204, 205, 219, 221, 222, 225, 226
カッシオドルス………78, 79, 81, 82, 83, 84
カッシーラー …………144
カトー……………………63
ガードナー………191, 192, 193, 195, 202
カペラ……………………78
神の法 ……54, 55, 56, 62, 103
感情 ……2, 4, 5, 7, 8, 9, 10,

12, 13, 15, 16, 22, 24, 117, 145, 158, 164, 165, 167, 169, 175, 176, 179, 189, 194, 199, 200, 208, 212, 213, 216, 228, 240, 241, 249
『カンディード』 ……142, 144
カント ……2, 30, 90, 114, 119, 120, 121, 122, 133, 144, 241
キケロ………50, 54, 64, 71, 73, 74, 75, 76, 77, 99
基礎づけ主義 …………48, 65
ギブソン ……………217, 218
『宮廷哲学入門』………93, 95
共感 ……………5, 6, 8, 9, 220
共苦 ………………………8
キルケゴール ……………182
クインティリアヌス………78
クオリア………… i , 22, 228, 231, 233, 234
グレイ ………248, 249, 252
クロソウスキー …………112
敬虔主義……………44, 69, 90
『形而上学』 ……………156
啓蒙主義……………90, 91, 96
行為義認論………………33
幸福……………13, 15, 17, 18, 21, 22, 39, 44, 94, 153, 155, 169, 171, 172, 173, 174
『こころ』 ………………29
心の理論 ………………196
『国家』 …………………149
コナトゥス 14, 15, 17, 19, 158
『ゴルギアス』 …………30

ゴールマン………193, 194, 195, 196, 202

さ 行

最善世界（ムンドゥス・オプティームス）……141, 148, 254
再洗礼派…………………68
サド ………2, 16, 17, 18, 19, 20, 21, 30, 48, 49, 52, 66, 104, 109, 110, 111, 112, 144, 172, 180, 183, 184, 185, 186, 188
サルトル ………………124
『ジェローム神父の物語』…19
自己愛…3, 8, 16, 17, 33, 41, 174
『自然の体系』……………170
自然法 ……40, 41, 42, 43, 45, 51, 52, 54, 66, 94, 103, 109, 162, 163, 176
『社会生物学』……………231
シャフツベリ ……………136
自由意志 ………3, 35, 38, 40, 68, 109, 130
自由学芸 …66, 69, 70, 77, 78, 79, 80, 83, 84, 85
習慣 …………38, 57, 67, 109, 153, 154, 155, 190, 191
『シュタンツだより』……197
情意…………………2, 3, 24
情動………2, 4, 5, 7, 8, 9, 10, 12, 13, 15, 24, 93, 145, 180, 189, 190, 194, 195, 196, 199, 228
情動知能 …178, 179, 188, 195
情念…………ii, iii, 2, 3, 4, 7, 12, 13, 16, 17, 18, 20, 21, 22, 23, 24, 26, 28, 29, 30, 34, 35, 36, 37, 38, 39, 40, 41, 43, 46, 47, 62, 110, 116, 121, 148, 149, 150, 156, 157, 162, 173, 177, 179, 185, 186, 190, 254, 256
『情念論』…………………23
ショーペンハウアー…2, 180, 181, 182, 186, 187, 234
『神学命題集』 ……………64
人格教育 ………………216
進化発達心理学 ……178, 190
信仰 ……… ii, 32, 34, 43, 62, 90, 176, 177, 253, 255
信仰義認論………………33
『新ジュスティーヌ』……17
『人性論』…………………5
スコレー…………74, 235
ストゥディウム・ゲネラーレ ………………………86
スピノザ………13, 14, 15, 16, 18, 22, 144, 145, 146, 158, 164, 165, 166, 167, 168, 169, 170
スミス ……………2, 5, 7, 8
『政治学』…………153, 154
聖なるもの………………… i
世俗化 ……………… ii, 63
『善悪の彼岸』 ……………30
『センス・オブ・ワンダー』 ………………………203
想像力（イマジネーション） ………………………8
惻隠の心 ………………5, 8
惻隠の情 ………………176
ソクラテス…………52, 183

た 行

ダーウィン …………144, 188
多重知能 ………………191
タナトス ………112, 115, 126
ダマシオ………8, 9, 10, 11, 12, 13, 15
『沈黙の春』……………203
『ツァラトゥストラはこう言った』………………207
罪 ………3, 34, 35, 103, 114
『ティマイオス』………38, 39
デカルト…………………23
テレンティウス……………63
同感………………………7
同情……………………5, 7, 8
『道徳感情論』……………5, 7
『道徳の系譜』……………30
ドゥルーズ ………………167
ドーキンス……180, 188, 245, 246
トマジウス……40, 42, 43, 44, 45, 46, 90, 91, 92, 93, 94, 95, 96, 97, 98
ド・ラ・メトリ ……184, 186
ドルバック……170, 171, 172, 173, 174, 184
奴隷意志 ……………34, 40
奴隷意志論 …………114, 119

な 行

夏目漱石 ……………29, 33
『ニコマコス倫理学』150, 153
ニーチェ……17, 25, 27, 30, 48, 49, 50, 52, 66, 126, 179, 180, 182, 186, 207, 209, 210
ニヒリズム ……48, 114, 122, 125, 126, 131
『人間の本性について』…231
熱狂主義者………………68
ノディングズ ……………199
ノモス＝フュシス論争 …28, 30, 51

索引 *261*

は 行

パイデイア ………31, 50, 70, 78, 100, 178, 183
ハイデガー ………124, 125
『パイドロス』 ………71
パウルゼン………63
パウロ………42
バタイユ………17, 112, 113
非社交的な社交性 ………121
ヒック………66
『美徳の不幸』……17, 18, 48, 111
ピュタゴラス………83
ヒューム ……2, 4, 5, 7, 8, 10, 108, 186, 230
福音 ………54, 55, 58, 69, 103
ブーゲンハーゲン………62
フーゴー………78
ブッダ ………229, 239
フマニタス ………31, 50, 74, 78, 100, 178
プラウトゥス………63
プラトン …26, 27, 28, 30, 38, 52, 71, 72, 73, 74, 75, 148, 149, 150, 151, 152, 153, 154
フランクル……114, 117, 122, 123, 124, 125, 127, 128, 129, 130, 131, 132, 133, 255
フランケ………43, 44, 90
『フランス人をいかに模倣するか』………92
フーリエ………2, 16, 20, 21
プルタルコス ………184, 185
ブレンツ………62
フロイト………112, 114, 115, 116, 117, 118, 122, 123, 133, 189, 209
ヘシオドス………38
ペスタロッチ………197, 198, 199, 200, 201
ベーメ………187
『変身物語』………184
『弁神論』…135, 136, 137, 141
『弁論術』………154
『法律』………26, 148
ボエティウス………80
ホッブズ…158, 159, 160, 161, 162, 163, 164, 166, 170, 175
ポープ ………136, 139
ホムンクルス主義 …123, 125
ホメオスタシス …11, 13, 14, 17
ホメロス………28

ま 行

『マグニフィカート』 ……32
マルセル………124
ミーム………245
ミル………241
無律法主義………55
『メデイア』………28
メランヒトン……3, 4, 24, 31, 33, 40, 41, 42, 43, 50, 51, 52, 53, 54, 55, 56, 57, 58, 59, 60, 61, 62, 64, 65, 66, 67, 68, 69, 77, 89, 97, 103, 108, 109, 111, 114, 190, 191, 200
『孟子』………4, 5
モラル・センス（道徳感覚）………197, 200, 226, 238, 242

や 行

ヤスパース………124
ゆとり教育 ………204
ユング………209

ら 行

ライプニッツ………134, 135, 136, 137, 138, 139, 140, 141, 145, 147, 148
ラシュドール………87
『リヴァイアサン』………158
リオタール………233
利己心 ………8, 174, 175
『理性学入門』………44
律法……41, 42, 60, 62, 68, 103
リード………2
リビドー………131
リベラル・アーツ……65, 68, 69, 71, 73, 74, 76, 86, 88, 89, 97, 98, 99, 101, 151
良心 ……41, 42, 163, 176
『倫理学概要』………53, 57
『倫理学実践』………47
ルソー………2, 16, 17, 143, 170, 174, 175, 176, 177
ルター………3, 24, 31, 32, 33, 34, 35, 38, 40, 41, 43, 47, 50, 51, 62, 64, 68, 97, 103, 108, 109, 114, 177, 183, 255, 256
霊性（スピリチュアリティ）………i, ii, 33, 43, 253, 256
『ロキ（神学要覧）』……3, 55
ロゴセラピー …124, 127, 128

わ 行

和辻哲郎 ………100
わらの犬 ………249, 250, 252

著者紹介

菱刈晃夫（ひしかり・てるお）
1967年　福井県（福井市）生まれ
京都大学大学院教育学研究科博士課程修了
京都大学博士（教育学）
現在，国士舘大学文学部教授
専攻：教育学，教育思想史
主な業績：『ルターとメランヒトンの教育思想研究序説』（溪水社，2001年），『近代教育思想の源流―スピリチュアリティと教育―』（成文堂，2005年），『教育にできないこと，できること―教育の基礎・歴史・実践・探究―［第2版］』（成文堂，2006年），N. ノディングズ『幸せのための教育』（監訳，知泉書館，2008年），『講義 教育原論―人間・歴史・道徳―』（共著，成文堂，2011年）など

からだで感じるモラリティ
―情念の教育思想史―

2011年4月1日　初　版第1刷発行

著　者　菱　刈　晃　夫

発行者　阿　部　耕　一

〒162-0041　東京都新宿区早稲田鶴巻町514番地
発行所　株式会社　成　文　堂
電話 03(3203)9201(代)　Fax 03(3203)9206
http://www.seibundoh.co.jp

製版・印刷　シナノ印刷　　　　　　　製本　ベル製本
© 2011 T. Hishikari　　　Printed in Japan
☆乱丁・落丁本はお取替えいたします☆　検印省略
ISBN978-4-7923-6097-9 C3037

定価(本体3500円＋税)

〔既刊〕

教育にできないこと，できること〔第2版〕
　　教育の基礎・歴史・実践・研究
　　　　菱刈晃夫著　　　　　　　　　　　　　　Ａ5判上製284頁／2,500円

近代教育思想の源流
　　スピリチュアリティと教育
　　　　菱刈晃夫著　　　　　　　　　　　　　　Ａ5判上製342頁／3,500円

講義 教育原論
　　人間・歴史・道徳
　　　　宮野安治・山﨑洋子・菱刈晃夫著　　　　Ａ5判上製256頁／2,800円

（定価は税抜き）